国家自然科学基金资助（71872049）

HEFEI'S ROAD TO
UNEXPECTED SUCCESS

合肥逆袭之路

创新四螺旋

The Quadruple Helix
Innovation Model

张青 著

上海交通大学出版社
SHANGHAI JIAO TONG UNIVERSITY PRESS

内容提要

　　本书从合肥近 30 年的飞速发展现象分析入手,揭示其在不同阶段的发展特点及规律;在吸纳三螺旋理论与硅谷实践经验之精华的基础上,结合中国二元经济的特点,构建具有中国特色的创新四螺旋理论,后分别从研究型大学、创新金融、有为的政府、创新型企业四个方面对合肥逆袭成功的深层原因进行详细剖析,最后,探讨四螺旋支持的创新链—创新生态—城市发展之间的内在机制,较为全面、深入地揭示合肥成功逆袭的内在密码。

　　本书适合创新管理研究者以及政府、企业相关管理人员参考阅读。

图书在版编目(C I P)数据

　　合肥逆袭之路:创新四螺旋 / 张青著. —上海:
上海交通大学出版社,2023.10(2024.8 重印)
　　ISBN 978 - 7 - 313 - 29599 - 6

　　Ⅰ.①合… Ⅱ.①张… Ⅲ.①城市建设-研究-合肥
Ⅳ.①F299.275.41

　　中国国家版本馆 CIP 数据核字(2023)第 196605 号

合肥逆袭之路——创新四螺旋

HEFEI NIXI ZHI LU——CHUANGXIN SILUOXUAN

- -

著　　者:	张　青		
出版发行:	上海交通大学出版社	地　　址:	上海市番禺路 951 号
邮政编码:	200030	电　　话:	021 - 64071208
印　　刷:	苏州市古得堡数码印刷有限公司	经　　销:	全国新华书店
开　　本:	710mm×1000mm　1/16	印　　张:	18
字　　数:	279 千字		
版　　次:	2023 年 10 月第 1 版	印　　次:	2024 年 8 月第 2 次印刷
书　　号:	ISBN 978 - 7 - 313 - 29599 - 6		
定　　价:	69.00 元		

前　言

　　科学与技术从来没有像今天这样,深刻影响着国家前途命运。城市作为创新的重要区域载体,集聚大量创新资源,是创新链与产业链交汇之地,创新网络的重要节点,在国家创新体系与企业创新之间起着承上启下的作用。尤其在面对美国的科技竞争与产业链脱钩情况下,如何充分发挥城市功能,构建具有自主、可控的创新链、产业链,聚集未来的重大科学开展研究并实现成果产业化,无疑具有重要的现实意义。

　　在世界创新型城市群之中,美国的硅谷独树一帜。它以美国一流大学斯坦福、伯克利和加州理工等世界知名大学为依托,以高技术的中小企业集群为基础,并拥有思科、英特尔、惠普、朗讯、苹果等大公司,融科学、技术、生产为一体,成为美国高新技术的摇篮。英国伦敦也不示弱,拥有着世界一流的教育和设计机构,是享誉全球的设计之都和广告产业的中心,闻名遐迩的创意特色产业也逐步成为其带动周边城市和区域创新发展的引擎动力。但这些都是市场经济条件下城市自然生长的结果,与此不同的是,转型经济背景下中国合肥的精彩绽放则是后起之秀。从0到1具有世界领先水平的原创成果竞相涌现。"人造太阳"惊艳亮相,量子通信、动态存储芯片等领域实现与国际同行从并跑到领跑,悟空探秘、墨子传信等重大科技成果世界瞩目,以芯片、平板显示、装备制造及工业机器人为代表的地标产业加速壮大,而被人们称之为"最大黑马城市""最牛风投城市""最有人气的顶流城市"……

　　若以大学的数量、质量来论,北京拥有大学的规模国内第一,也不缺国内顶级的高校和研究机构,更不乏战略新兴产业发展的条件,为什么没有产生诸如量子科学、量子通信的技术与产业;若论发展机会,深圳依赖于改革开放,凭借其对知识、科技和人才资源的吸引集聚机会，但并没有产生多少原创性的技术与产品，其创新停留在模仿层次；更有国际化大都市的上海，产业体系健全发达，创新要素富集，国际化程度较高，研发能力全国领先，产业规模持续保持高速增长态势，却面临西方国家的"脱钩断链"窘境。而处于中西部地区的合肥经过近30年的奋斗，从当年330亿GDP进入今天万亿俱乐部，不仅经济规模增长快，而且创新能力进入国内前十，成功地实现了逆袭。人们不禁要问：在众多的城市中为什么是合肥冒出来？到底是什么成就了合肥？其成功逆袭的密码是什么？哪些经验具有普遍意义？哪些经验独具特色？合肥的成功能否一直保持下去？

一时间，合肥成功模式成为社会关注的热点。有人认为，它是体制创新、机制创新，是技术的创新，是科学的创新，从不同的维度给出了答案，见仁见智。但不全面、不系统，需要进行深度挖掘，才能给出比较客观的回答。Steven Jobs曾言："了解过去才能够更好地开创未来"，正是出于好奇，我花费近两年的时间，对合肥市发展演变过程及其逆袭成因进行较为深入的探索与思考，对合肥成功逆袭的经验进行归纳总结，并与美国的硅谷进行比较，写就本书——《合肥逆袭之路——创新四螺旋》。

美国学者威利斯·哈曼在《未来启示录》一书中曾指出：在解决问题的过程中，不仅要有效解决"如何做"这类操作上的问题，还要对于"为什么"这类意义上的问题具有清晰的认识和透彻的把握。若对"为什么"这层意义上的问题，缺乏透彻的理解和有效的把握，也会失去正确的方向，甚至于逐渐迷失。中国的《易经》有"三易"之说。一是，变易，是研究变化的学问；二是，不易，是研究变化背后不变规律的学问；三是，简易，研究变化背后不变规律，并且用简约的方式呈现的学问。易经是变易、不易和简易的综合，我深以为是。创新，无论是突变，还是渐变，皆为变化的形式，研究合肥创新模式，正是探索其创新背后的不变规律，并以简单、简约的形式呈现给人们。同时，正如硅谷模式不可以"复制"，合肥模式同样不可复制，下一个合肥需要主政者、创新者从合肥经验中领悟到其成功的真谛，依靠创意和想象力，从自身的基础出发对之加以改进或加以再创造才能产生；只有创新者不是"模仿者"，才能创造下一个合肥。因而，本书无意仅仅停留在对合肥现象的描述，更重在对于现象背后的道理分析，为国内城市主政者进行其他创新型城市建设提供更深层次的启发与参考。

当有为的政府、研究型大学、创新型企业、政府创新金融在合肥高度集聚以及激烈竞争的市场环境叠加在一起产生的创新核聚变而产生的能量,无法估量。基于上述思考,本书主要探索合肥逆袭现象背后四大要素动态相互作用、螺旋式前进的内在规律。具体内容分为八章,按照总—分—总的布局,先从合肥近30年的飞速发展现象入手,通过案例的思考、理论研究,构建其后的四螺旋创新理论,再分别从研究型大学、创新型企业、创新金融、有为的政府四个方面展开进行详细剖析,最后回到基于科学的创新与城市发展,进一步深层次探讨四螺旋支持的创新链—创新生态—城市发展之间的超循环机制,全面、深入地揭示合肥成功逆袭的内在密码。

我的博士生吴玉翔完成第五章创新型企业案例的写作,提供了第二章第二节合肥市经济发展阶段分析资料;博士生唐娜完成第四章第三节科学家创业案例写作,第二章第一节合肥市经济发展趋势分析的写作,其余内容为笔者本人完成。对他们的辛勤劳动表示感谢! 同时,为他们跟着我研究创新管理所取得的快速进步感到欣慰!

本书写作过程中,安徽省创谷资本董事长钱进、经理宁俊锟,中国科技大学科大硅谷刘启明,为本书提供了大量的调研资料。复旦大学管理学院 EMBA 王辉同学在合肥调研时,为调研做了大量的联系与协调工作。本书得到了国家自然基金委提供的国家自然科学基金项目(批准号 71872049)的资助。同时,上海交通大学出版社的提文静编辑为本书的出版提供了大量支持与帮助,在此一并表示深深的感谢!

本书可供从事政府部门管理、大学管理人员,企业家、科技工作者以及从事创新金融的 VC、PE、天使投资等读者学习与工作参考。

虽比高飞雁,犹未及青云,愿合肥在国际化的创新空间飞得更高、更远。

张　青

2023 年 7 月于上海

目 录

Contents

第一章 概 论

第一节 研究背景

城市是创新活动的基层载体,不仅提供了创新有关的基础设施和资源,拥有大量的创新企业和创新人才,还是人群聚集的地方,为不同人群之间相互交流、合作、创新提供了便捷通道。在城市的演变过程中,一些城市便成为创新、创意和创业活动的发源地[1],创新活动是城市或区域的产物。如美国十个最具创新能力的城市仅占全国人口的23%,却拥有48%的专利和33%的国内生产总值。旧金山湾区2000年产生专利占美国所有专利的12%以上,随后的15年里,发明率则增加了一倍多,专利在美国所有专利总量的占比近20%[2]。同样,在此期间,美国的其他大城市的专利申请不是停滞不前,就是呈现下降。

高水平的创业活动同样集中在这些区域。旧金山湾区在创业资本支持的初创企业中所占份额从1995年的约22%增加到2015年的45%以上。美国初创企业份额增加的城市分布在纽约的麻省理工、哈佛大学周围的地区,以及硅谷到旧金山市中心、邻近地区。瑞典区域学家将其描述为:"有创造力的人需要有创造力的城市。"[3]

正因为创新、创业活动在城市中的重要作用,20世纪90年代,西方发达国家开始着力建设以文化、工业、服务和科技等为主体的创新型城市,并取得显著的效果,先后涌现出文化创新型城市如法国巴黎、英国伦敦,科技创新型城市如美国硅谷、印度班加罗尔等。在科学技术日新月异和经济全球化发展的今天,城市作为国家间竞争网络的节点,其创新创业能力已成为国际竞争优劣的决定因素。许多国家都希望通过创新型城市的建设带动所在区域的经济发展和社会进步,推动整个国家在未来全球竞争中获得领先地位。

生存在全球化环境中的中国,也不甘落后。为适应世界经济发展新形势,应对国家之间的激烈竞争,中国政府在 2006 年的《国家中长期科学和技术发展规划纲要(2006—2020)》中,就明确将创新型国家作为面向未来的战略选择。而城市作为国家在区域层面的核心主体与重要支撑,其创新体系是国家创新体系中不可分割的重要组成部分[4]。为落实建设创新型国家战略,国家发改委、科委自 2008 年开始以深圳市为首个创新型城市的试点后,经过几次扩大试点范围,到 2022 年底,全国共有 103 个城市获批纳入国家创新型城市试点,其中长江三角洲城市群是中国创新型城市试点政策实施密集度最高的地区。

创新型城市试点以城市为依托,通过地方政府颁布实施各类优惠政策,旨在利用城市的产业集聚、科技推动、人力资本吸引等先天优势,打造以创新为驱动力的经济发展模式,直接推动这些城市创新活动的蓬勃发展、创新要素投入的增加和创新产出的迸发,共同冲击着这些城市的产业结构,促使它们的产业转型与升级,取得不错的效果。《国家创新型城市创新能力监测报告 2022》和《国家创新型城市创新能力评价报告 2022》显示,截至 2022 年底,科技部共支持 103 个城市(区)建设国家创新型城市,这些城市以占全国 51% 的人口,汇聚全国 85% 的研发(R&D)经费投入和 72% 的地方财政科技投入,培育全国 85% 的高新技术企业,产出全国 81% 的高新技术企业营收,覆盖全国 67% 的 GDP。在全国城市创新能力百强榜中,北京、上海稳居榜首,苏、鲁、浙、粤上榜城市较多,分别为 12 席、12 席、10 席和 8 席。但区域之间呈现较大差异。创新能力越强,城市经济发展水平越高,那些未能跻身全国城市创新能力百强榜中的城市多处在欠发达地区。然而,特别值得关注的是处于中西部地区的合肥。

这个靠近东部沿海的内陆城市,虽为安徽省省会,30 年前,其发展优势并不突出,直到 20 年前,还被人们视为一个"大县城"。当时的合肥经济发展,既缺"天时",没有先天的工业基础;又乏"地利",15 年前没有铁路,坐省线到蚌埠才能转国家铁路；还少"人和"，每年大量的优秀人才借助于高考而离开安徽，大量的劳动力因没有更好的就业机会而背井离乡。然而，合肥主政者并没有气馁，而是带领着合肥人，励精图治，奋力拼搏，开始其赶超之路。2006年，在同类型城市中触底反弹开始起飞，2022年GDP实现12 013.1亿元，连续七年每年跨越一个千亿台阶，多项指标增速居全国万亿城市前列，并且，在创新人才、创新载体、创新投入、创新产出、创新环境构成的创新能力排名上也跻身创新型城市前十强，实现了经济增长量与质的同步提升。从一个默默无闻的边缘城市，一跃成为备受热捧的明星城市，以惊人的"加速度"成功实现逆袭，成为中国城市发展史上的一大奇迹。

这种现象并非中国独有，国外的创新型城市发展情况也是如此。并非所有城市都能很好地进行创新，也并非所有城市都以相同的方式，或以相似的程度在国家地理区域进行创新，一些区域经济体能够实现自我更新，另一些区域经济体则处于衰退之中[5]。一些城市在人口和经济方面的增长速度如此之快，以至于基础设施供应和其他与创新相关的组织和服务可能无法跟上，而另外一些城市则呈现"衰落"之势，大量的创新基础设施则变成沉没成本[6]，真可谓差距悬殊，天壤之别。为什么相同国家环境之下，城市创新效果出现如此差异？产生这种局面的根本性原因究竟是什么？亟待学界的回答。

三螺旋理论给出的解释是：创新驱动的区域经济发展，离不开大学、企业、科研机构、政府等主体要素的协同，政—产—研构成的三螺旋是支撑城市经济发展的关键要素。换言之，政—产—研三个关键要素及其它们之间的关系决定了创新型城市创新效果的差异。产业（公司）作为创新的主体与用户提供拉动力，大学则通过知识和技术转移提供推动力，政府则通过宏观调节和金融配置将推动力与拉动力结合起来，最终推动产业发展。大学、产业、政府是平等的合作伙伴，三方形成混合型组织。政府不再"高高在上"地"参与"大学—产业—政府的多边互惠中，不再是保证有适当的创新基质，而是在微观和制度层面塑造创新行为的轨迹和方向。对创新来说，政府是在大学和生产性部门关系中干预主义的行动者[7]。三螺旋理论能够较好地解释市场经济条件下，发达国家创新驱动区域经济发展的逻辑，并提供较好的理论指导或参考。但该理论对于处于体制与创新模式转型环境之中的中国创新型城市的发展，是否适用、是否存在

"水土不服"则尚需探讨。构成中国创新型城市的三螺旋与发达国家存在较大的差异,主要体现在以下方面。

(1)政府引导与市场呈现双强态势。政府在三螺旋之中居于主导地位,拥有制定政策、规章和掌握资金等方面的优势,在各方运行机制、目标和价值取向不尽相同的情况下,能够更好地发挥政府部门在创新活动中的组织协调作用,政府主导着大学—产业之间的合作,并为二者牵线搭桥、提供相应的政策支持与协调引导。与发达国家不同的是,中国的地方政府是与产、研之间并不平等的合作伙伴,在此情形下,其运行的逻辑肯定有别于三螺旋理论,同时,政府引导作用的发挥与市场资源配置的基础作用如何结合才能取得最佳协同效果,也是需要考虑的问题。

(2)高校和科研院所作为重要的创新主体在知识创造、技术扩散和经济发展等方面的积极作用日益凸显,与国外高校、科研机构相比,技术供给端的中国高校、科研院所的专利、论文呈现高增长,但在技术需求端的企业却缺乏先进技术,瓶颈究竟在哪里?原因是什么?如何才能提高创新转化效率?改革开放40年来,中国经济发展培养了一批企业家,但大多属于套利型企业家,而不是创新型企业家,中国真的从依靠过去的资源配置改进的增长,转向了创新推动的增长?企业家能否真正实现从套利型转向创新型[8]?需要结合中国科技基础、体制、文化特点进行思考才能回答。

(3)中国的创新模式正由基于技术的创新转向基于科学的创新,科学发现引领技术发展,催生基于科学的创新的诞生,并不断产业化形成新兴产业,优化创新型企业的种群结构,形成相互迭代,推动企业群落的进化,实现产业组织的转型升级、产业结构的高级化。而创新模式的转型,需要大学与产业之间协同,关注创新链的前端,重视基础研究;并涉及大学教育转型,从传授知识到创造知识,从教学型向研究型的转型,面向产业来培养学生创造性思维及创业精神。

转型经济环境造成了中国城市的政—学—产与发达国家存在较大质的差异,决定了三螺旋理论在指导中国城市经济发展上存在较大的局限;更为重要的是,三螺旋理论的本身也需要进一步优化与完善。支撑区域经济发展的关键要素为什么是三螺旋,而不是四、五螺旋……若有,第四螺旋是什么?是中介机构、社会大众,还是创业投资?若是创业投资究竟是私人的,还是政府的,或者是二者结合？硅谷创业投资占全美创业投资总额的三分之一，是其成功的关键要素之一，皆为私人投资，而中国合肥实现逆袭，政府创新投资基金则功不可没。政府创新投资基金与三螺旋之间如何架构，互动机制是什么？为什么合肥市能够脱颖而出，其他城市却未能如愿，其背后的运行逻辑究竟又是什么？

正是这些理论问题尚未解决，导致实践之中的中国城市管理囿于传统创新模式下的管理思维，既缺乏对创新模式转型之下的基于科学的创新之特点及规律的认知，又不能有效地借鉴世界创新型城市的典型经验和三螺旋理论的精髓，考虑中国体制与创新模式转型的特点，将有为的政府与有效的市场结合起来，来制定创新型城市战略，更不会按照政—学—产—金内在逻辑，进一步提出更加合理的建设方略，有效地整合资源，培育城市的核心竞争力和战略新兴产业，最终提升创新型城市建设的绩效。

由此看来，构建中国特色的四螺旋创新模式，解析合肥逆袭之路，探索各行为主体之间互动与演变的内在机制，不仅对三重螺旋创新模型本身的认知跃迁及其理论拓展具有重要价值，而且对促进中国创新型城市建设，提高其建设效果具有重要的现实意义。

第二节　主要概念的界定与文献综述

概念的界定是研究的基础。学者们根据自己的研究需要，对于同一概念有其不同的边界，同时，今天的研究是前人成果的继续与拓展，有必要在研究之前，进行主要概念的界定和文献回顾，以确定研究的方向与空间。

一、主要概念的界定

（一）创新

创新出自 Schumpeter 在 1912 年出版的《经济发展理论》[9]，其内涵是建立一种新的生产函数，在经济活动中引入新的思想、方法以实现生产要素的新的组合。具体分为五类：生产新产品；引入新的生产方法、新的工艺过程；开辟新的市场；开拓并利用新的原材料或半成品的供给来源；采用新的组织方式。熊氏对创新的认识非常广泛，包括技术创新、制度创新、组织创新等。

技术创新是概念的首次商业化,包括创意通过研发、生产、营销等过程实现其商业价值。基于科学的创新,定义为从新知识的产生、新技术的开发到新产品的生产、新产业的形成直至新价值实现的一个复杂的、系统的动态过程[10],并根据不太严格的时间逻辑顺序将科技创新过程划分为知识创新、技术创新与初期技术扩散三个阶段和内容。知识创新是技术创新的基础和源泉[11]。

在实践之中,通常提及更多的"科技创新",在学界没有这样的概念。科学只有发现,没有创新。牛顿发现万有定律,爱因斯坦发现 $E=mc^2$,后人无法再发现而创新,而只能发现新的规律。技术与科学不同,其可以通过试验、研发而不断完善实现创新。为区分创新的基础不同,学界提出了基于科学驱动的创新与基于技术的创新,其中,基于科学驱动的创新往往能够引发一系列的产业创新,甚至引发新的产业创新范式。例如,1962 年美国无线电公司的科学家 Richard Williams 关于氧化偶氮苯甲醚光电效应的开创性研究,为当今液晶显示产业的发展奠定了基础,没有这一以科学为基础的创新,就没有今天 IT 产业的辉煌。

技术创新从社会对商品的需求出发,对知识创新成果进行应用性与可行性孵化,并以产品的形式商业化,实现其市场和经济价值;技术创新是企业发展的根本。知识创新是通过科学研究获得新的基础科学和技术知识的过程[11],包括基础研究与应用研究,创新主体主要为国有科研机构(包括国家科研机构和部门科研机构)和教学科研型大学,还包括部分企业科研机构。知识创新的成果是论文、专著、发明或专利等。技术创新是知识创新成果的运用及商业化。技术创新的主体主要是企业,主要包括产品本身对某种知识创新成果(比如专利等)的直接使用,以及在产品生产过程中应用某种新技术进而提高生产效率。与此相对应,借鉴 OECD(1992)[12]对技术创新的定义,从工艺创新(生产过程创新)和产品创新两方面理解技术创新,工艺创新是改变生产率的创新,是实现或采纳新的或重大改进的生产方法或生产组织形式,具体包括提升要素质量(采用更加便宜、更加环保、更加高效的新材料或半成品供给,对相关员工进行培训)、优化要素组合(采用新设备)、改进工艺流程(ERP 系统在工厂生产中的运用)等。其中,优化要素组合与改进工艺流程的区别在于对优化要素组合的阐述和理解是静态的,而对工艺流程的改进是对工序先后安排的优化,是动态过程。产品创新是改变产品的创新,是产品本身对知识创新成果的直接应用,具体表现在通过对新技术的直接应用使得产品的性能提高、产品功能增加等。技术创新的成果是新产品及其商业化价值。

知识创新与技术创新的边界总是不甚清晰。比如企业的 R&D 行为到底属于知识创新还是技术创新? 知识创新与技术创新密切相关,但存在区别:①两者目标不一样。知识创新追求发现新规律、开发新技术;而技术创新目标在于商业后的经济利益。②两者的创新过程不一样。知识创新是开发新知识,形成知识和技术成果的过程;而技术创新是知识或技术成果的应用或转化为现实生产力的过程;两者在时间上基本属于一前一后,并且前者是后者的基础。③两者的成果形式不同。知识创新的成果主要是论文、专著、发明或专利等;而技术创新的成果则是新的产品或服务。R&D 包括基础研究、应用研究和试验发展,其中基础研究与应用研究的目标主要是发现新规律、新知识,其成果主要为论文或专利;而试验发展的成果一般为可以达到设计定型的新产品;可以认为R&D 贯穿了知识创新和技术创新两个阶段。

技术扩散(technological diffusion)是一项技术从首次商业化应用,经过大力推广、普遍采用阶段,直至最后因落后而被淘汰的过程;初期技术扩散可以定义为从首次商业化到普遍采用的阶段。技术扩散至关重要,Schultz(1971)[13]曾经指出,没有扩散,创新不可能有经济影响。从一般意义上讲,微观的技术扩散才会形成宏观的产业化,提高整个行业和相关产业的运行效率,在更大范围内产生经济效益和社会效益。

制度创新是指改进现有的制度或引入新的制度以提高行为主体的效率。其功能可以加速成果转化,在为技术创新赋能方面功不可没。在创新型城市中,制度创新主要的功能是规范创新主体的行为,保障创新主体的利益,刺激和鼓励创新主体进行创新活动,形成健全的技术市场,引导社会各种资金进入创新领域等。政府作为制度创新的主体,为城市提供法律法规及政策保障,并着力解决市场失效等问题,降低创新的外部成本,从根本上保障创新活动的有效和持续开展。制度创新是保障知识创新、技术创新、产业创新等的重要条件,是创新型城市建设的前提要素。

综上,本书提及创新具有一般含义,具体为技术创新、制度创新,而创新依据其来源基础不同区分为基于技术的创新、基于科学的创新。鉴于之前国内学界与实践界采用"科技创新",已成为历史而无法更改,只能顺其自然而保留原貌。

(二)基于科学的产业与基于技术的产业

Gibbons et al.(1974)[14]将产业划分为基于科学的产业(science-based industries)和基于传统工艺的产业(traditional "craft" industries),并指出前者比后者更依赖于科学研究。在此基础上,Nelson et al.(1982)[15]将技术范式划分为"基于科学的技术范式(science-based technological regime)"和"积累性的技术范式(cumulative technological regime)"。他们指出在基于科学的产业中,产业外的变化(如高校科研的新发现)推动创新,技术发展的可能性存在外生变量,创新行为不依赖于企业已有的技术能力。而在"积累性"的产业中,技术发展的可能性不存在科技外生变量,创新依赖于企业已有的技术能力。Pavitt(1984)[16]则将产业划分为"基于科学的产业(science-based industries)""生产密集型产业(production intensive industries)"以及"供应商主导的产业(supplier dominated industries)",基于科学的产业中的技术进步关键取决于公共科研机构的科学突破。在"基于科学的产业"中,科学研究成果到成果产业化的时间间隔很短,制药业、生物科技产业等都属于此类产业。Autio(1997)[17]提出基于科学的企业(science-based firm),主要将科学现象和理论应用于商业中,相对较多地将科学知识转化为基础技术和特定的应用技术。基于工程的企业(engineering-based firm),则主要致力于推广应用技术,它们更多地将基础技术转化为特定的应用技术。

(三)创新型城市

创新型城市最早由英国学者 Charles Landry 提出,迄今为止,实践中有下列三种不同的表达。

创新型城市(innovative city)是指在经济、社会和环境等方面都拥有强大创新能力的城市,强调城市的科技和产业创新,注重科技研发和创新成果的应用。简言之,强调创新作为驱动力的城市经济发展模式[6]。

创意城市(creative city)是指具有创新和创造力的城市,通过创造性地解决城市发展中面临的问题从而带来城市复兴,主张创意应被视为城市发展战略因素的概念,具有吸引人才、创新企业和文化活动的能力,并为这些元素的融合提供了机会和场所[18]。

智慧城市(smart city)是指技术与城市的融合,通过创新提高当地的竞争力,通过更好的公共服务和更清洁的环境提高公民的生活质量[19]。概念表达中包括自然资源和能源、交通和流动性、建筑、生活、政府以及经济和人[20]。

三个概念存在许多相同之处,都关注城市的发展和创新,并旨在创造高效的城市环境;强调城市的创新能力和推动力,城市的创新能力是推动城市发展和经济增长的重要因素;强调城市的开放性,认为城市的开放性和多样性是推动创新和发展的重要因素,因而许多学者并未对三者做出详细的区分,有些直接统称为 smart innovative city。

但三者强调侧重点不同。创意城市强调城市的文化、创意方面的创新和创造力,通过开发和吸引创意产业等来推动城市的经济、文化和社会发展;创新型城市侧重于城市的科技、产业和商业方面的创新和创造力,通过推动科技创新和产业升级来提高城市的经济竞争力和创新能力;智慧城市则更侧重于运用信息和通信技术来提高城市的效率、可持续性和居民的生活质量。

国内创新型城市的概念,伴随着创新型城市试点和建设而提出,更多体现在城市发展模式从原有的追求数量向质量切换,发展动力从传统的要素驱动向创新驱动切换。创意是创新的重要因素,智慧是创新的必然手段,都是围绕着创新的核心。本书采用 innovative city 的表达。

二、文献综述

本书研究的是城市创新模式,涉及区域创新系统、产业生态、三螺旋、创新型城市四个方面,这里从三个方面进行文献梳理,以期掌握国内外相关研究前沿,找到相关领域的薄弱空间,确定本书研究的方向。

(一)区域创新系统

区域创新系统研究起点是从创新链开始,到创新集群、创新生态,目前学界主要聚焦于创新链和基于科学的创新研究。

创新链的研究包括:创新链的内涵及特点,创新链效能、集群、生态等方面。早期国外研究对于创新链的内涵形成了价值链和供应链两种不同的视角。前者认为,创新链是价值链的一种拓展,包含创意产生、创意转化与创意扩散三个主要过程[21]。而后者则认为,创新链是企业供应链上供应商的创新能力所构成的链条体系[22]。国内学者也对创新链内涵和构成等进行了研究,创新链是创新过程中基础研究、技术开发、应用和部署等环节参与主体之间的分工关系[23],涵盖技术主体、商业主体与政治主体,代表创新知识来源、创新推动者、创新基础设施三方力量[24]。

随着研究的深化,学界开始关注创新链效能。研究认为,创新链高效运作取决于各功能节点顺畅地过渡与衔接,任意功能节点的断裂都可能导致整个创新链条的中断[25]。在欧美市场,创新链断裂的识别与修补主要以市场引导完成。在中国,通常由政府引导实现,但其作用逐渐由"主导"向"引导"与"连接"转变,核心科技企业与科技合作平台的功能愈加凸显[26]。从全局视角出发,学者们还发现跨链合作和多链融合是提高创新链效能的新趋势[27]。

空间集群带来的竞争能激励单个功能节点性能提升,同时,地理邻近性促进了不同创新节点的互动,创新集群发展已成为改善生物医药产业创新链效能的重要途径[28]。针对这些特点,Hendry et al.（2006）[29]、Herrmann et al.（2012）[30]、Kircher et al.（2018）[30]等人围绕生物医药产业集群进行了诸多探讨。然而,地理邻近性并不必然产生有效的集聚效应。实践中,集群内各创新主体的能力差距、创新模式惯性等因素可能导致集群内部活力不足、沟通不畅、协同不佳[31],"集而不群"问题的存在阻碍了创新链集群效能的发挥。

近年来,越来越多的研究将注意力由集群转向创新生态系统,探究创新生态系统的特性与组成[32]、创新生态系统的演化过程与机制[33],以及创新生态系统的治理主体与模式[34]。

鉴于创新链有基于技术的创新与基于科学的创新之分,随着物理学、化学等基础科学的进步,科学研究与应用研究的界限被打破[35],基于科学的创新作为一种特殊的创新模式从传统的技术创新研究中剥离出来。正是认识到基于科学的创新与基于技术的创新之间的差异,学界对基于科学的创新的特点、模式、驱动因素等进行了深入的探讨。

（1）特点:创新依赖于基础科学领域的新发现,这些新发现主要源于大学和公共研究机构[36];研发投入大,新产品开发周期长,失败风险高[37];需要跨学科的知识整合能力[38];可能创造出大量潜在的技术机会,甚至开拓全新的市场和领域[36]。

(2)模式:张庆芝等(2015)[39]提炼了三种基于科学的创新模式:企业主导、企业与大学或公共机构合作、新创企业转化成果。值得注意的是,高校和公共研究机构作为科学研究的主体,其创业和商业化的倾向在增强[40]。

(3)驱动因素:研究发现基础科研发展[41]、企业科学能力培养[42]、围绕高校和科研院所打造创新平台[43]、自主构建基于科学的产业生态[44]是基于科学的创新以及相关产业发展的重要驱动力。

总之,区域创新系统,呈现从链—集群—生态系统发展趋势,总体趋于宏观。但关于创新链与产业链之间如何融合,形成产业生态的成果比较鲜见。尽管学界已经认识了基于科学创新的特点、创新模式、驱动因素,相关研究也为区域创新系统的研究奠定了理论基础,但真正对创新型企业—产业集群—产业生态进行深入研究的成果并不多,进而揭示创新型企业驱动城市经济发展的研究更是少见。

(二)三螺旋

三螺旋理论与国家创新系统理论有重要不同。后者强调以产业为创新主体,前者则不强调谁是创新主体,大学—产业—政府三方都可以是创新的组织者、主体和参与者。产业(公司)作为创新的主体与用户提供拉动力,大学通过知识和技术转移提供推动力,政府则通过宏观调节和金融配置将推动力与拉动力结合起来,最终推动产业发展。无论以哪一方为主,最终都要形成动态三螺旋,推动各种创新活动的深入开展,并且相互作用、协作创新、共同演化,促进区域经济与社会发展的繁荣。

随着科技与经济的不断发展、社会分工的不断细化,政府(政)、企业(产)、科研机构与高校(研)已经不能代表所有的创新主体,三螺旋模型已经不能圆满诠释政、产、研之外的创新主体在促进社会整体创新发展中的作用,以及新兴创新主体与原有的政、产、研三大创新主体之间的互动关系。有些独立或基本独立于政、产、研之外,且发挥着不可忽视的作用的主体,如信息、金融、中介等并未在三螺旋模型中予以体现。Etzkowitz(2006)[45]和 Leydesdorf(2012)[46]都预测三螺旋未来可以扩展为四螺旋、五螺旋……N 螺旋,甚至提出第四螺旋可能是创业投资。正因如此,学界开始探索三螺旋之外的其他螺旋的存在。经过学者的努力,出现了强调财政、投资、税收、金融、采购作用的"政—产—研—金"[47]、将中介机构作为第四螺旋的"政—产—研—介"[48]、引入公众、用户、市民、媒体、民间社会等社会全员参与机制的"政—产—研—众"[49]、将信息情报机构、智库咨询机构、技术转移机构、金融投资机构、专业中介机构归纳为服务机构构成第四螺旋的政—产—研—服[50]。

三螺旋理论产生于发达国家,也被应用到发展中国家。Etzkowitz et al.(2005)[51]和 Abd Razak et al.(2011)[52]分别对巴西孵化器创新、马来群岛三重螺旋模型进行分析,发现大部分发展中国家的三重螺旋属于不成熟的交迭模式;阻碍三重螺旋创新的因素主要是官僚体制和政府权力过大、商业创新缺乏。

与此同时,从较为宏观的国家或区域开始延伸到应用于微观企业或项目。Ruuska et al.(2009)[53]研究了微观层面的公私合作。企业的目标主要是盈利,政府则要更多考虑不同利益主体的平衡,在企业和大学、政府进行公私合作时必然产生目标、价值等方面的冲突,而三重螺旋强调协同共生关系存在偏差。因而,需要清晰的项目章程,相当强而有力的领导者,构建连续、开放的交流,确保相互谅解,达成一致。在创新系统中小企业是弱势群体,缺乏技术、人才和资金,使得其本身技术创新能力较差,并且在三重螺旋合作创新中也面临着一些风险和挑战。Johnson(2008)[54]对这一类问题进行了研究,提出引入参与者的第四方帮助管理三重螺旋,这样能够提供其他合作方不能提供的资源和好处。

Leydesdorff(2002)[55]以及 Leydesdorff et al.(2003)[56]利用负熵来计算交迭,对美国、欧盟等国的三重螺旋关系进行分析,并取得了较好的效果。不仅如此,TH 计量方法还被应用到技术、组织和区域关系三重螺旋模型上。如Leydesdorff et al.(2006a)[57]和 Leydesdorff et al.(2006b)[58]分别通过技术—组织—区域的三重螺旋关系计算荷兰和德国的知识基础问题,认为中等技术制造业相对高技术制造业和知识密集型服务业对建设知识经济的基础更为有利,但对处于转型经济的匈牙利知识经济研究中,得出匈牙利经济的知识基础区域差异很大。

三重螺旋模型研究已从理论探讨、对策研究、案例分析,进入了实证检验。检验研究主要是设计线性回归方程,通过分析自变量间的同期效应、分离效应、交互效应等来检验三重螺旋之间的关系。如 Belkhodja et al.(2007)[59]对加拿大三重螺旋中大学合作问题开展了研究,Shapiro(2007)[60]则对韩国 R&D 资金三重螺旋进行检验。检验结果显示,三重螺旋模型更多的是一种非线性关系,采用线性分析回归模型所得的结果很难准确。庄涛等(2015)[61]从三重螺旋的视角,运用中国高技术产业五大行业 1998—2012 年的面板数据,测量不同行业的"产学研"合作创新效率,并分析了三重螺旋理论对创新效率的影响因素。王成军(2006)[62]提出了"产学研"理论在实践层面及其指标测量、历史考察、理论分析方面存在严重不足,并结合国内现实问题,提出了三重螺旋是政府、产业、大学三方合作发展的最佳形态和结构。蔡翔等(2010)[7]认为三重螺旋理论的贡献在于它较好地把握了知识和知识创新的统一性与多样性等新趋势,解释了研究型大学的新使命和大学变革的新方向。

三螺旋研究从最初的三重螺旋概念的起源、理论发展的主要事件,到三重螺旋模型的含义、结构类型,从发达国家到发展中国家,从区域到企业,从影响因素到交迭的计算方法以及实际检验,取得较好的效果,为后来的研究奠定了基础,而三螺旋维度的可拓展性,又为该理论的未来发展提出了新的空间。

(三)创新型城市

创新型城市研究主要围绕创新型城市的特征与构成要素、类型与模式、创新能力评价与应用、政策效应等四个方面展开。

1. 创新型城市的特征与构成要素

创新型城市必须具备的特征体现在技术(technology)、人才(talent)和宽容(tolerance)三个维度[63]。规划大师彼得·霍尔(Peter Hall)则认为具有创新特质的城市往往处于经济和社会的变迁中,大量的新事物不断涌现,融合并形成一种新的社会[64]。

表 1-1 创新型城市构成要素

学者	构成要素
Landry(2012)[65]	富有创意的人、意志与领导力、人的多样性与智慧获取、开放的组织文化、对本地身份强烈的正面认同感、城市空间与设施和上网机会

（续表）

学者	构成要素
Simmie(2003)[66]	高素质的知识劳动者,完善的交通、电信、图书馆系统等城市基础设施
Balland et al.(2020)[2];Florida et al.(2017)[1];Scott(2006)[19]	经济复杂性、基础设施建设、风险投资、地域吸引力
Audretsch et al.(2017)[67];Caragliu et al.(2019)[68]	创新生态系统
杨冬梅等(2006)[69]	创新活动行为主体、创新制度、创新资源和创新文化
刘红光等(2006)[4]	科技、知识、人力、文化、体制
王程韡(2011)[70]	经济资本、社会资本、文化资本和知识资本
陈潇潇等(2016)[71]	创新制度、创新的基础资源、创新文化的要素驱动上,着重强调了政府推动要素构成
王晓红等(2021)[72]	产学研协同、创新氛围

2. 类型与模式

较早对创新型城市类型进行划分的是 Hall(2000)[69],其将创新型城市分为文化型、工业型和服务型三大类。在此基础上,Hospers(2003)[73] 进行了细化,依据其主导产业差异性将其分为技术创新型、技术组织型、文化技术型以及文化智力型。尤建新等(2011)[74] 比较深圳和上海创新型城市建设中的经验,提出"深圳模式"和"上海模式"。李靖华等(2013)[75] 通过比较东京、巴塞罗那和赫尔辛基三个创新型城市的建设模式,提出了政府主导、市场主导和混合主导三种模式。辜胜阻等(2016)[76] 通过总结深圳市创新型城市建设经验,总结出"深圳模式"的特色——以企业为主体、以市场为导向、产学研一体化的自主创新模式等。

3. 创新能力评价与应用

Landry et al.(2012)[77] 提出了"创意城市指数"体系,澳大利亚创新研究机构制定了全球创新型城市评价指标体系。从不同的城市创新视角构建城市化发展体系,为当前中国探索创新型城市建设指引了方向。

评价创新型城市的创新能力评价分为单一指标和多指标体系。单一指标如 Jungmittag（2006）[78]提出的城市专利数；因其难以全面地衡量城市创新水平，而逐渐为多指标体系所替代。Pinto et al.（2010）[79]利用 170 多个地区数据，通过因子分析法进行归纳提炼技术创新、经济结构、人力资本和劳动力市场状况等 4 个维度。最具有代表性和权威性的有欧洲创新记分牌（EIS，European Innovation Scoreboard）、联合国开发计划署（UNDP）的国家技术成就指数（TAI）、联合国贸易和发展会议提出的创新能力指数、世界经济论坛提出的创新能力指数（ICI）、世界银行提出的知识经济指数（KEI）以及联合国工业发展组织提出的产业竞争力绩效指数等等。国内最为权威性的是《建设创新型城评价指标体系》（国科发创〔2016〕370 号），包括创新要素集聚能力、综合实力和产业竞争力、创新创业环境、创新对社会民生发展的支撑、创新政策体系和治理架构和特色指标等六大类一级评价指标，诸多二级评价指标构成的创新型城市评价体系。

马秀贞等（2014）[80]采用青岛市 2001 年至 2011 年创新投入和创新产出数据，对科技产出相对效率实证分析后发现，科技投入对城市创新能力提升具有促进作用。章文光等（2016）[81]采用创新投入与产出相关指标，进行 53 个创新型城市试点横向对比，分析各个城市的表现并提出相应的建议。许治等（2016）[82]利用 Kernel 密度和马尔科夫链方法研究 21 个试点城市的技术成就指数的动态演进。章文光等（2017）[83]、王默等（2018）[84]分别采用二阶段 DEA 方法，将创新型城市发展分阶段进行创新投入与产出效率分析，得出我国创新型城市的创新水平偏低的结论，后者则提出创新型城市建设不仅要重视科技创新，还要充分重视社会和生态效益。

4. 政策效应

中国创新型城市建设始于 2008 年，起步较晚。基于统计数据可获得性和政策效应的滞后性，相关的研究相对较少。研究层面主要有创新型城市建设政策对宏观的区域经济、微观的企业的影响。

宏观层面的政策效应评估，大致思路是以代表地区经济发展水平的地区人均实际 GDP 为被解释变量，利用多期双重差分模型，对创新城市的面板数据进行处理，分析创新型试点政策对区域经济发展水平的影响效应[85],[86]。在此基础上，现有的研究开始以产业结构、产学研知识流动效率为被解释变量，探索创新型城市政策的效应及其内在机制,标志着此领域的研究更加细化与深入。如胡兆廉等(2020)[87]运用技术选择模型阐释创新型城市引致的创新效应及其对产业结构的作用机制,王晓红等(2021)[73]利用2004—2018年长三角城市群24个城市的面板数据,基于空间DID模型研究创新型城市试点政策对长三角城市群产学研知识流动效率的影响机制。微观层面,以企业创新产出为被解释变量,同样采用多期DID和多重差分法,对创新型城市建设政策对企业创新行为的影响效应进行评估,并进一步探索政策效应对于不同企业产生的异质性[88]。

国内外学者对创新型城市特征、构成要素、类型进行探究,奠定了创新型城市研究的基础。明确典型性的城市模式与类型,总结城市建设的经验,对创新型城市的实践具有借鉴和参考价值。但这些模式研究对象主要是西方发达国家的东京、硅谷和赫尔辛基等,存在于市场经济环境之下,经济发展、创新基础与国内城市存在较大差异,能否适用需要进一步检验。创新能力评估与政策效应的研究,从城市内部、外部为促进创新型城市建设提供更为具体的策略与政策优化建议,提供了相应工具与方法的支撑,但缺乏深入的内在机制研究,而难以取得更好的整体效果。创新型城市构成要素、创新能力、政策之间内在机理缺乏探讨,创新主体之间如何协同等问题值得进一步挖掘。

综上,国内外区域创新系统、产业发展、三螺旋、创新型城市的相关研究已经取得了一些成果,但也存在一些问题有待于理论界与实践界共同努力加以解决。概括起来主要有以下几点。

(1)区域经济增长从传统要素驱动转向知识(包含技术)、人力资本,制度、文化、技术创新驱动作用日益凸显,更多地取决于创造和创新,进行"知识的生产"。当基于科学的创新替代基于技术的创新而成为区域创新的引擎时,赋予区域创新以新的内涵。现有区域创新系统研究,主要集中在传统产业的基于技术的创新,缺乏对基于科学的创新的本质把握和系统思考,难以通过基于科学的创新链部署产业链,催生战略新兴产业的涌现,也缺乏基于产业链布局基于科学的创新链来提升现有产业的能级,并将二者予以有效地融合,进一步优化产业生态,推动区域经济持续发展。

(2)三螺旋的构成维度并非仅限于三维,具有可拓展性,可以拓展到四螺旋甚至更多维度,但学界更多是理论上的探索,缺乏相应的实证检验与案例研究,尤其发展中国家的案例非常缺乏;诞生于西方发达的市场经济情景之下的三螺旋理论,在中国二元经济情景下是否"水土不服",尚缺乏完整案例加以检验,中国特色的 N 螺旋理论究竟是什么,尚待学界探讨。

(3)创新型城市涉及的因素众多,缺乏共识和论证。虽然提及风险投资、创新生态、基础设施等因素,但缺乏将创新型企业、研究型大学、创新金融以及政府管理纳入一个系统,研究它们之间相互依赖、相互作用推动创新型城市发展的内在逻辑,因而不能很好地指导中国创新型城市的升级与持续发展。创新型城市的研究对象,国外主要是硅谷及其仿制品,国内更多是上海、深圳等,缺乏普适性,地处中西部地区、中等创新型城市更具普遍性的研究成果,亟待拓展。

因此,把握区域创新系统从创新链—创新集群—创新生态发展趋势,运用跨学科的分析方法和生态系统观,聚焦具有普适性的中等城市,运用三螺旋思维,对创新型城市发展进行深入剖析、系统梳理,析取关键因素,构建适合本土的四螺旋理论,提出创新型城市建设的有效策略,既是中国创新型城市建设实践的现实需要,也是学界责无旁贷的责任。

第三节　研究架构

一、研究对象

本书选择地处中国中西部、中等城市——合肥作为研究对象,研究其纵向的演化过程,析取其关键要素,探索这些要素之间动态变化的逻辑。之所以做出这样的选择,主要因为以下几方面。

(1)典型性。中国创新型城市有 103 座,既有特大型的上海、北京,也有中小型的徐州、包头。这些城市要么存在较好的创新市场与政策机会,要么规模超大、创新要素聚集,创新型建设基础条件好,而大多数城市属于中型、小型,缺少创新资源与机会,特大型城市成功的经验难以为它们所借鉴,而这种类型创新型城市建设,若能取得成功,其建设经验则更具有普适性和推广价值。遗憾的是,相关的研究比较少见。合肥便是这方面的典型。缺乏特大型城市的创新资源,缺乏沿海开放的机会,没有优越的区位优势,30 年前还是个"大县城",但经过近 30 年的奋力拼搏,GDP 从当时的 300 亿发展跃升到万亿,创新型城市排名跻身前十,快速实现逆袭,不能说不是个奇迹。解剖合肥发展过程,探索其发展规律,对于中国大多数创新型城市建设具有启发意义。

(2)异质性。硅谷的成功为世人知晓,尽管其成功要素的总结,见仁见智、众说纷纭,归纳起来,主要有如斯坦福大学、政府的间接支持、诸如苹果等创新型企业、基础设施建设等。硅谷已经成为众多国家、地区学习、模仿的标杆,如印度的班加罗尔、中国台湾的新竹、日本的东京、英国的剑桥等,但真正取得成功的可谓凤毛麟角。中国的合肥模仿其中的哪些因素,又创新哪些因素?无疑是学术界、实践界想知道的,也是城市主政者所关心的。换言之,合肥创新模式的研究,可以挖掘出其与硅谷成功的同质性与异质性因素,提高中国创新型城市学习效率。

(3)中国情景。硅谷成长情景是美国的市场经济,萌发于战时的政府需求,始终在市场无形之手牵引下,逐渐在探索中走向成熟;合肥成长情景是中国的转型经济,既有市场无形之手牵引,也受政府的有形之手的支配。其成长正处于中国从传统体制向市场经济体制转型、基于技术的创新向基于科学的创新转型的时期,必然受到转型经济特征的影响而呈现中国特色,既有利用硅谷的经验的后发优势,也有结合中国国情进行探索之艰难。

二、研究方法

根据研究问题的性质,依据研究方法与研究问题相匹配的原则,本书综合运用文献研究、质性研究、案例研究方法,对合肥创新型城市建设过程进行系统、深入的研究,以获得合肥创新模式的精髓。

(一)文献研究法

文献研究法旨在通过收集、鉴别、整理和阅读大量文献资料,对研究对象的本质和发展规律进行深入的研究。灵活运用文献研究法有助于在系统了解事物全貌的前提下,有针对性地进行分析、比较和归纳,在前人研究的基础上,继续进行深入探索。本书利用文献研究方法,主要了解国内外三螺旋、区域创新系统、创新型城市等方面的相关学术文献的最新成果,吸纳最新的观点、思路和方法,以提高本书研究的先进性。

(二)质性研究法

质性研究在管理学、社会学领域被学者广泛采用,是构建理论的常用方法。

本书采用质性研究方法来分析合肥创新模式的关键要素。作者直接深入到合肥创新型城市建设的实际,结合深度访谈,搜集实地资料,对实地资料进行归纳提炼,以寻找合肥创新模式关键要素之间的联系,最终形成或构建系统化的理论。

(三)案例研究法

案例研究能够给研究者提供系统的观点,通过对研究对象尽可能完全直接的考察与思考,从而建立起比较深入和周全的理解。案例分析法又称个案研究法,旨在根据研究目的,选择最具有代表性的事物或现象,通过分类和取舍,在典型案例中寻求共性,并应用到实践中去。案例分析主要通过面对面访谈、电话访谈、现场观察、参加企业会议等方式获取第一手数据,同时,通过网站信息、新闻报道、内部资料等二手数据的收集与整理来完成。

案例选择对于研究的完成非常重要。本书选择中国的合肥与美国的硅谷,一方面,验证模型的有效性;另一方面,探索二者的差异;创新型企业选择京东方、蔚来汽车、科大讯飞,科学家创业选择潘建伟与国盾量子,创新金融选择了合肥对京东方、蔚来汽车的投资,有为政府选择了中国科大硅谷。

三、研究内容

本书从系统学的视角,结合中国特有的政府与市场构成二元经济特点,在三螺旋理论基础上,构建研究型大学、创新型企业、创新金融与有为的政府构成的四螺旋模型,发展三螺旋理论,为中国创新型城市建设提供理论指导和可操作性的策略。本书采用总—分—总结构,先从合肥近 30 年的飞速发展现象入手,通过案例的思考、理论研究,构建其后的四螺旋创新理论,再分别从研究型大学、创新型企业、创新金融、有为的政府四个方面进行详细剖析,最后回到创新与城市发展,进一步深层次探讨四螺旋支持的创新链—创新生态—城市发展的角度,归纳出内在存在的超循环机制,研究架构如图 1-1 所示。

第一章,主要讨论本书的研究背景及研究意义,在此基础之上,进行主要概念的界定,如基于技术的创新与基于科学的创新、创新型城市等,明确其边界,回顾相关文献,寻找理论的不足,为后续理论的开发做好铺垫。研究框架包括研究对象的选择,给出本书的各章节构成及其逻辑架构。

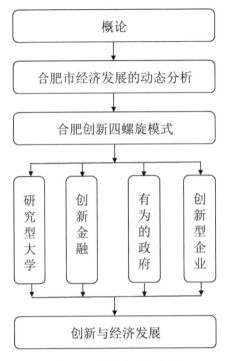

图 1-1　本书的研究架构

第二章，主要从总体上分析合肥市 20 年来的经济发展轨迹，探索合肥市经济发展的驱动因子及其趋势；再采用阶段分析法，分析合肥市在不同时间阶段的制度、资源、产业、创新等维度演化特征，挖掘合肥市经济发展的动态逻辑。

第三章，采用理论分析的方法，在三螺旋理论基础之上，通过结合成功经验的总结，构建创新四螺旋模型，再引入中国合肥案例，进一步验证该模型的有效性，并给出硅谷模式与合肥模式的异同。

第四章，提出研究型大学是城市创新的动力之源。本章以中国科技大学为案例，从创造人才培养、知识创新、科学家创业（国盾量子）三个维度解剖研究型大学如何支持城市创新的密码。

第五章，探讨创新金融为城市创新提供源源不断的血液。本章从合肥政府创新基金的融资、投资、政府创新基金链与创新生态之间的关系进行分析，全面揭示合肥创新金融与创新生态之间的内在逻辑。

第六章，指出有为的政府是城市创新模式的支撑。本章从合肥市政府的前瞻性谋划、高质量执行、高效率协同三个维度，分析合肥政府如何通过有效的管理,实现城市创新的高效运营。

第七章,探讨创新型企业是城市创新的核心。本章选择模仿式创新的京东方、用户驱动创新的蔚来汽车、生态化创新的科大讯飞三个案例,从不同的维度较为全面地展示创新型企业如何促进合肥城市创新。

第八章,创新与城市经济发展,主要从创新链的构建、产业链融合、企业群落与城市发展内在关系进行解剖,进一步解开合肥市经济发展的逆袭之谜。

第二章 合肥市经济发展的动态分析

以人为镜,可明得失;以史为鉴,可知兴替。合肥经济发展总体研究,能展现出合肥经济动态发展过程中的驱动因素与变化趋势;合肥经济发展阶段研究,能揭示不同时间段的制度、资源、产业、创新等因素演化特征,发现其阶段性动态变化规律,为后续揭示合肥创新模式形成的内在机理做好前期铺垫。

第一节 合肥市经济发展总体趋势分析

21 世纪以来,合肥市经济发展呈现出飞速发展之势。2001 年,合肥市 GDP 仅有 559.53 亿元,经济增量在中部省会城市排名倒数第一,不及武汉的二分之一。2021 年,合肥市 GDP 总量位居全国省会城市第 9,增幅位列全国省会城市第 3。合肥市的跨越式发展离不开其资源持续优化、科技持续进步、产业持续升级、创新持续发展的共同努力,这些要素和环节的演变可以通过各个维度经济数据的变化所体现。本节将从合肥市经济总量、产业结构、市场需求以及创新发展等几个方面展开,全方位展现合肥市经济发展新图景。

一、经济增长

经济增长可以从经济增长总量、经济增长可持续性、经济增长的辐射效果等方面进行综合评价,一个城市经济增长总量的变化趋势和变化幅度体现了该区域综合实力的演变,也体现出该地区经济主体聚集、协调和利用生产要素的能力;经济增长可持续性体现了经济发展与自然环境和谐之间的关系,一定程度也反映了该地区经济增长的效率性;经济增长的辐射效果是指一个城市经济增长对周边地区发展的带动效应,以及该城市对所在省份各类生产资源的协调能力。改革开放以来,合肥市充分发挥其独特的科教资源优势,整合招商引资、产业链带动、本土创新创业等多种方式,在经济发展上取得巨大成就,可从城市经济增长总量、经济增长可持续性、经济增长辐射效果等多个方面进行阐述。

(一)经济总量持续、非线性攀升

GDP 作为描述经济总量的宏观经济指标,可以反映一个国家或地区的经济发展规模,其变化幅度则可判断其经济总体实力变化和经济发展的快慢。图2-1 显示,合肥 GDP 在 2001—2021 年期间保持持续快速的非线性增长。从2001 年的 559.53 亿元一路跃升到 2021 年的 11 412.80 亿元,增长 19 倍多。继2020 年首次跻身万亿俱乐部后,2021 年合肥市 GDP 达到 11 412.80 亿元,按可比价格计算,比上年增长 9.2%,GDP 总量位居全国省会城市第 9 位,增幅位列全国省会城市第 3 位。这些数据表明,合肥市经济总量持续攀升,经济实力显著增强,呈现出良好的经济发展趋势。

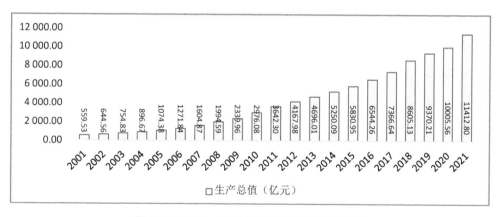

图 2-1　2001—2021 年合肥市 GDP 变化情况

数据来源:《合肥统计年鉴 2022》

GDP 反映了一个城市地区经济增长的绝对情况,生产总值指数则反映出一定时期内生产总值增长的速度。图 2-2 展示了 2001—2021 年合肥市与全国生产总值指数(上年＝100)的变化情况,首先,一个国家和地区的 GDP 增长速度符合边际递减的规律,在新产业格局未形成之前,随着经济体量扩大,经济增长速度总体会保持下降趋势。2001—2021 年,全国以及合肥市的生产总值变化符合上述特征。但是,合肥市生产总指数始终位于全国生产总指数的上方,并且在多个时间段内呈现不同的变化趋势,意味着合肥市以超越全国平均的增长速度发展经济,并在多个关键时间段内实现逆势成长。

2001—2007 年,因合肥市较早实现工业化发展,其经济增速与全国平均水平差距较大,合肥市经济增长潜力十足。此后,2007—2010 年、2014—2017 年,在全国经济增速受到国际金融危机、经济结构调整等因素影响而大幅削减的情况下,合肥市经济增长反而逆势加速,可见其经济发展活力之足、韧性之强。十年间,合肥 GDP 累计涨幅高达 213.83%,位居全国第一,经济增长速度令人瞩目。随着经济体量快速扩大,合肥市经济增长速度仍能维持在全国平均之上,其背后的原因发人深思。

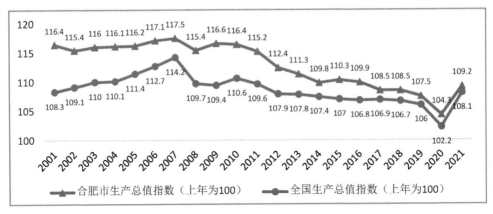

图 2-2   2001—2021 年合肥市与全国生产总值指数动态变化

数据来源:《合肥统计年鉴》《中国统计年鉴 2022》

除了通过 GDP 总体水平了解城市地区综合实力变化外,考察其人均 GDP 增长情况能进一步了解经济增长效能与居民生活水平提升等情况。如图 2-3 所示,合肥市人均 GDP 从 2001 年的 8 718 元增加到 2021 年的 121 187 元,增长近 13 倍,年复合增长率达到 114%,近乎每年都在翻倍提升。合肥市人均 GDP 保持稳定增长,反映出合肥市人民生活水平与经济发展水平同步提升,并且人均经济发展效能逐步上升。

根据《经济增长的阶段》[89]中提出的经济起飞理论,以人均 GDP 为门槛,将一个国家和地区的经济发展划分为四个阶段:贫困陷阱(1 000 美元以下)、起飞阶段(1 000～3 000 美元)、中等收入陷阱(3 000～5 000 美元)、高收入阶段(10 000 美元以上),经济阶段之间的跨越难以依靠量变积累实现,需要通过要素禀赋、产业结构、科技水平以及经济增长方式等多种因素的转变来实现。这也意味着无法实现经济发展要素的根本性变革,经济体发展将长期停滞在某个阶段,甚至倒退。

2001 年合肥市人均 GDP 达到 1 000 美元,突破"贫困陷阱"进入起飞阶段;2007 年合肥市人均 GDP 成功突破 3 000 美元,标志着合肥市突破"中等收入陷阱",经济进入快速发展阶段;2021 年合肥市人均 GDP 突破 1 万美元,意味着合肥市率先进入高收入阶段,经济增长方式由要素驱动型成功向创新驱动型转变。

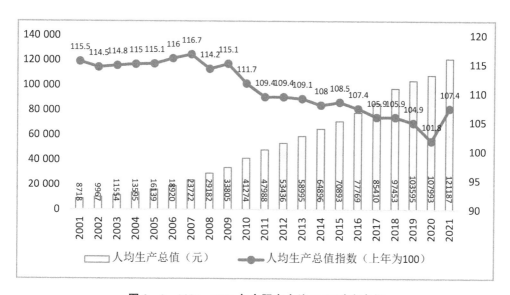

图 2-3　2001—2021 年合肥市人均 GDP 动态变化

数据来源:《合肥统计年鉴 2022》

(二)经济增长的可持续性增强

中国经济增长方式正经历着根本性转变,从传统高速增长转向注重"天人合一"可持续性发展。在确保经济持续增长的同时,更加关注社会民生、环境和谐,注重经济增长的可持续性。合肥市经济增长的可持续性体现在资源利用效率、环境影响、社会公平等方面。

资源利用效率提升意味着相同程度的资源消耗可以实现更多经济产出,以能源消耗为例,单位 GDP 能耗是指一定时期内能源消费总量与 GDP 的比率,反映了经济增长的能源消耗程度。图 2-4 所示,合肥市单位 GDP 能耗一直低于全国平均水平,从 2006 年 0.96 吨标准煤/万元下降到 2021 年的 0.24 吨标准煤/万元,年均降幅达到 109.05%,而全国的年均降幅为 105.93%,合肥市 GDP 能耗下降幅度明显高于全国。合肥市以高于全国平均的经济增长速度快速发展,并在经济发展的能耗水平和能耗节约上优于全国平均水平,其经济发展效能和可持续性有目共睹。

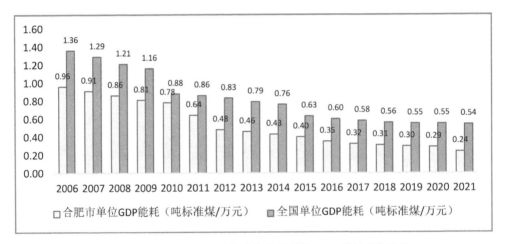

图 2-4　2006—2021 年合肥市与全国单位 GDP 能耗变化趋势

数据来源:《合肥统计年鉴》

从排污指数据变化也可以反映出当地经济发展的可持续性,包括二氧化硫排放量、二氧化碳排放量、水和土壤污染程度等。2022 年,合肥加快推进绿色转型,新增省级以上绿色工厂 13 家,绿色建筑竣工面积 2 300 万平方米,创历史新高;污染防治成效显著,20 个国家考核断面全部达标,水质优良率 85%。图 2-5 展示了 2010—2021 年合肥市二氧化硫排放量的变化情况,2010 年到 2021 年合肥市二氧化硫排放总体呈下降趋势,从 2010 年的 3.33 万吨减少到

2021 年的 0.52 万吨。虽然在 2019 年触底后略有回升,但总体维持在较低水平,意味着合肥市经济发展"含绿量"在不断提高,经济增长对生态环境造成负面的影响在不断减少。

图 2－5　2010—2021 年合肥市二氧化硫排放量动态变化

数据来源:《合肥统计年鉴》

除此之外,可持续的经济增长还应该关注社会的包容性和公平性,确保经济发展成果惠及广大社会成员,涉及收入差距、就业机会、教育和医疗资源的分配等。据图 2－6 显示,2001 年到 2021 年,城镇居民人均可支配收入由 0.68 万元增长到 5.32 万元,农村居民人均可支配收入从 0.20 万元提高到 2.69 万元,合肥市居民整体收入和生活水平均实现明显改善。城镇居民与农村居民人均可支配收入比值由 3.35 降低到 1.98,反映了合肥市城镇居民与农村居民的贫富差距总体在缩小,农村地区的广大居民也享受到了发展的红利。

在公共服务方面,2012 到 2021 年,合肥全市社区综合服务机构和设施总数从 702 个增长到 1 835 个,卫生机构数量从 969 个增加至 3 543 个,床位数从 37 188 张增长到 68 514 张,城镇职工基本医疗保险参保职工人数从 135.41 万人增加至 253.84 万人。这些数据显示,合肥市持续推进发展成果人民共享,保障社会的包容性和公平性,经济增长的可持续性不断提高。

(三)辐射带动作用更加突出

"经济首位度"刻画了首位城市在其省份经济影响力,一般通过第一大城市

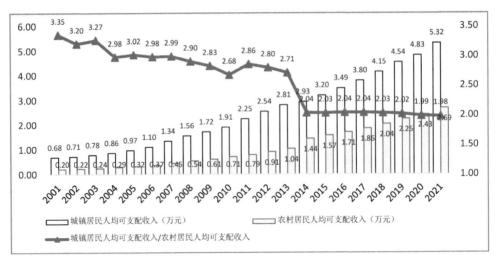

图 2 - 6   2001—2021 年合肥市城乡居民人均可支配收入动态变化

资料来源:《合肥统计年鉴》

经济指标(如 GDP)占全省比重进行计算。经济首位度越高,说明该城市在相关地区的经济发展实力、资源协调能力、创新号召力越强。

2001 年,合肥市经济首位度为 10.38%,在中部六个省会城市中排名末尾,还不及第一名武汉的三分之一。2004 至 2019 年,合肥市经济首位度快速提升,先后超越郑州、太原、南昌,并在 2021 年达到 26.81%,仅次于武汉和长沙,并且其差距逐渐缩小。合肥市经济首位度快速提升,不仅意味着合肥市作为省会愈发成为经济增长的核心动力,也凸显了合肥市在安徽省内的资源协调、产业发展、区域协同上的重要角色。在合肥市的辐射带动作用下,2021 年,合肥都市圈实现地区生产总值 27 306 亿元,财政收入 2 111 亿元,社会消费品零售总额 12 981 亿元,分别占全省的 63.6%、60.3%、60.5%。合肥都市圈,以全省四成左右的国土面积和人口,贡献了全省近六成的经济总量,表明其引领全省经济发展核心增长极作用不断增强。除了排名发生改变外,2018 年之后,在中部六个省会中只有合肥市的经济首位度依然保持上升态势,并且速度有望进一步提升。武汉、长沙则踱步不前,郑州、太原、南昌更是扭头向下。可见,合肥市早年大力发展高技术产业,近几年其战略性新兴产业规模快速扩张,并逐渐向集群式、生态式方向发展,基于创新驱动发展的后劲正逐步显现。

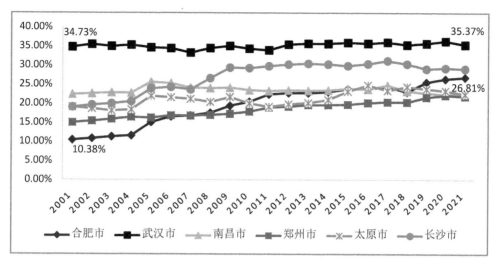

图 2-7　2001—2021 年中部六个省会城市的经济首位度变化情况

数据来源：国家统计局、《合肥统计年鉴》《安徽省统计年鉴 2022》

二、产业结构

生产端对合肥市经济发展情况分析需要考虑生产规模、生产效率和产业结构等因素。生产规模一定程度上可以通过 GDP 指标的变化反映出来，而创新通过技术进步、流程改进、新产品开发和提高竞争力，是提高生产效率的重要途径，在后面的创新部分进行详细分析，这里重点分析合肥市的产业结构合理化、高级化。

在经济的发展过程中，受到内外部因素影响的产业结构会进行优化调整，会依次向一二三产业演进，第三产业和以技术和知识为代表的产业在经济发展过程中的占比不断提高，产业结构逐渐由低级转向高级的动态演进。在这个动态演变过程中，国家或者地区的产业竞争力在国际上显著提高、产品的附加值不断提升、产业分工在全球价值链的地位不断向中高端攀升。产业结构合理化是一二三产业产值的内部比例趋于协调的状态，使得产业结构不断趋于最佳优化的状态；而高级化是产业形态处于由低级转向高级的动态变化过程。

（一）服务型经济特征愈加明显

经济增长推动产业结构升级，而产业结构的优化又会促进经济增长。随着经济的不断发展，不同产业部门的经济规模会产生一定的差异，引起产业结构的变化。根据钱纳里的"标准结构"理论,处于初期产业阶段时,经济的发展很大程度上依赖于农业,现代工业基础较薄弱。在中期产业阶段,制造业部门对经济的贡献不断增大,同时第三产业的经济规模也在壮大。在后期产业阶段,制造业的内部结构发生了变化,以技术密集型产业的发展为代表,同时第三产业开始分化,并逐渐占据主导地位。

如图 2-8 所示,合肥市三次产业结构从 2001 年的 10.5∶48.5∶41 转变为 2021 年的 3.1∶36.5∶60.4,尤其是 2018 年以来,合肥市的第三产业增加值占 GDP 比重持续高于第二产业,这说明第三产业逐渐占据其经济发展的主导地位。根据《工业化和经济增长的比较研究》[90]中提出的"标准产业结构"理论,合肥市"三、二、一"产业结构已经形成,合肥市已经逐渐发展到后期产业阶段。

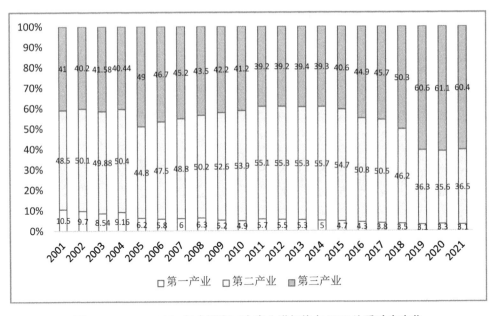

图 2-8 2001—2021 年合肥市三次产业增加值占 GDP 比重动态变化

数据来源:《合肥市国民经济和社会发展统计公报》

三次产业贡献率是第一、二、三产业增加值增量与 GDP 增量之比,反映第一、二、三产业对经济增长的贡献大小。如图 2-9 所示,2005—2021 年,第一产业对合肥经济增长的贡献率始终维持在较低的水平,这说明随着城市化和工业化的加速,农业在其整体经济结构中的地位逐渐下降,第一产业的贡献率相对较低。

第二产业的贡献率在 2011 年以前,一直超过第一产业、第三产业,2012 年之后,第二产业贡献率总体低于第三产业,但仍维持在较高的水平,这说明工业发展对合肥市经济增长起到了十分重要的促进作用,对经济增长贡献较大。更多数据可以说明这一点。2021 年,合肥规模以上工业增加值同比增长 19.6%,分别快于全国、全省 10 和 10.7 个百分点,位居省会城市第 2 名、长三角主要城市第 2 名。2012—2021 年,合肥市规模以上工业增加值保持年均 12.2% 的中高速增长,明显高于全国 6.3% 的水平。这些数据体现了合肥紧抓工业发展的城市特色。

图 2-9 还显示,2012 年以后,除 2020 年第二产业贡献率超过第三产业外,第三产业保持贡献率最高,说明随着经济结构的调整和产业升级,服务业已经成为经济增长的主要驱动力。另外,尽管合肥市三大产业对经济增长的贡献率存在差异,但三次产业贡献率均为正,显示三大产业都仍具有发展潜力,持续贡献于经济增长。

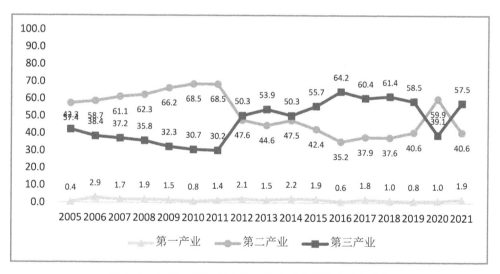

图 2-9　2005—2021 年合肥市三次产业贡献率动态变化

数据来源:《合肥统计年鉴》

(二)新兴产业稳步发展

在技术变革日益加速的当下,如果不能及时跟进产业发展步伐,超前谋划面向未来的新兴产业,很容易迅速失去竞争力。战略性新兴产业对经济社会全局和长远发展具有重大引领带动作用,成长潜力巨大。随着战略性新兴产业在经济增长中的占比不断提高,产业结构将持续优化,地区的产业竞争力在国际上显著提高、产品的附加值不断提升、产业分工在全球价值链的位置不断向中高端攀升。

合肥国资聚焦市委、市政府确立的战略性新兴产业发展目标,有效发挥国有资本引领带动作用,撬动社会投资,推动项目落地,促进了战略性新兴产业的蓬勃发展。10 余年来,合肥国有资本在战略性新兴产业领域累计投入超 1 600 亿元,带动项目总投资超 5 000 亿元,2021 年当年就引领了 9 个百亿元以上项目落户合肥。目前,合肥市的战略性新兴产业已具有鲜明的特色和优势,以“芯屏器合”“集终生智”为引领的战略性新兴产业领跑全国。数据显示,2012 至 2021 年,合肥市战略性新兴产业产值增速始终快于规模以上工业,年均增长 19.2%,占全市规模以上工业的比重由 2012 年的 24.4% 提高到 2021 年的 54.9%,对全市工业增长贡献率由 2012 年的 30.5% 提高到 2021 年的71.6%。2021 年,合肥市战略性新兴产业产值增长 28.3%,高于全市工业 7.9 个百分点。其中,生物、新能源汽车、新一代信息技术产业产值分别增长 102.1%、45.4% 和 27.1%。合肥初步形成了以战略性新兴产业为先导、传统优势产业为主导的产业体系,战略性新兴产业的发展壮大构筑起合肥新的“产业地标”,为合肥经济的高质量发展提供了关键驱动力。

三、市场需求

需求端包括消费需求、投资需求和外部需求。这里从消费、固定资产投资、出口三方面来分析合肥需求结构的动态变化。

(一)消费主导作用更加突出

消费是经济活动中最直接的需求来源,且具有相对稳定的特点,可以为经济增长提供持续的动力。社会消费品零售总额指国民经济各行业直接售给城乡居民和社会集团的消费品总额,是研究零售市场变动情况、反映消费活力、经济景气程度的重要指标。如图 2-10 所示,2001—2021 年,合肥市社会消费品零售总额持续提高,从 224 亿元一路增长到 5 112 亿元,消费潜力持续释放。单就 2021 年的情况来看,年末限额以上商品零售额中,金银珠宝类增长 45.5%,日用品类增长 24.2%,化妆品类增长 13.3%,家用电器和音像器材类增长 12.9%,通信器材类增长 36.5%,其中智能手机增长 1.3 倍,新能源汽车增长 5.5 倍。这些数据反映了合肥市居民消费水平和消费需求的提高,显示了市场消费活力的增强和消费升级的趋势。社会消费品零售总额的增长有助于促进经济增长和就业增加,改善居民生活水平。

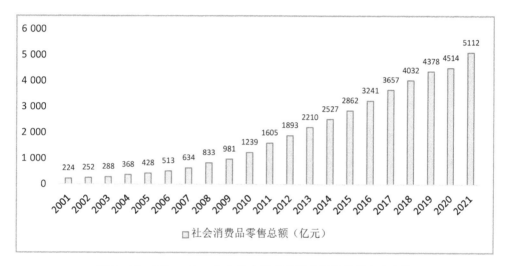

图 2‑10　2001—2021 年合肥市社会消费品零售总额动态变化

数据来源:《合肥统计年鉴》

(二)固定资产投资稳中提质

固定资产投资水平与增速体现了一个地区制造业发展的重视和推进程度,从合肥市固定资产投资的历年变化能够看出合肥市重视制造业、发展制造业的基本思路。

如图 2‑11 所示,从总体趋势来看,合肥市固定资产投资增速持续高于全国平均水平,并且在 2003 年至 2008 年显著高出全国平均水平,反映出此阶段合肥市在制造业投入与发展上领先全国,体现其“工业立市”战略的实施与推进。在前期进行了制造业基础设施与生产能力的铺垫后,2009 年,合肥市固定资产投资增速与全国同步开始下调,这是合肥市激活既有生产资源、调整产业结构、转变经济增长方式的缩影,为其大力发展高技术产业、战略性新兴产业等创新举措奠定基础。

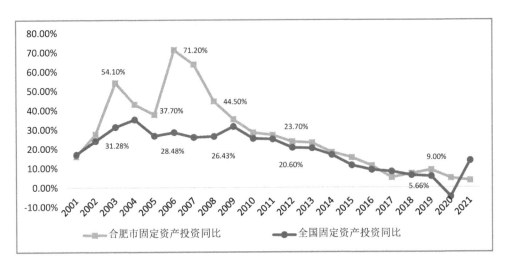

图 2 - 11　2001—2021 年合肥市固定资产投资动态变化

数据来源：国家统计局、《合肥统计年鉴》

（三）出口总值稳步提升

出口通过扩大市场规模、创造就业机会、推动技术进步和创新，以及获得外汇收入和国际影响力，为经济增长提供动力。出口总额是反映一个国家或地区工业竞争力和国际贸易地位的重要经济指标。如图 2 - 12 所示，从 2002 到 2021 年，合肥进出口总额从 22.99 亿美元增长到 514.60 亿美元。其中，出口总额从 15.20 亿美元提高到 314.13 亿美元。

数据表明，合肥市长期保持贸易顺差，出口总值稳步提高，呈现明显的上升势头。另外，合肥市出口结构持续优化。2022 年前三季度，合肥出口高新技术产品 812.6 亿元，增长 21.6%，占同期全市出口值 47.6%。其中，出口笔记本电脑 368.5 亿元，增长 40.6%；太阳能电池 136 亿元，增长 49.5%；集成电路 114.8 亿元，增长 46.5%。数据反映，合肥出口商品科技含量明显提高，高附加值、高技术产品的竞争力不断提升。

四、创新驱动作用显著增强

创新能够解决发展的动力问题，在高质量发展中居于核心地位。下面将从

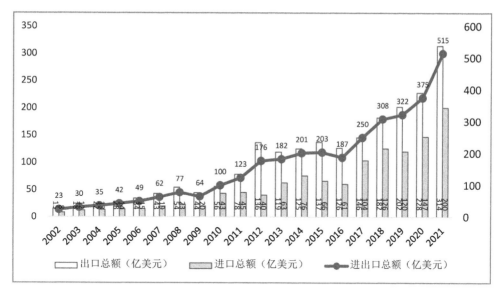

图 2‑12 2002—2021 年合肥市进出口总额动态变化

数据来源:《合肥统计年鉴》

创新主体、创新投入、创新产出、科技成果转化四个方面来分析。

(一)创新主体

企业在创新活动中占据主体地位。科技企业是创新的重要实施者和推动者,具有创新动力和技术能力,能够将科研成果转化为商业化产品,推动科技成果的应用和市场化。丰富的科教资源培育了合肥扎实的科学产业,在其有力的支撑下,合肥科技企业爆发增长。如图 2‑13 所示,2004 年到 2021 年,国家高新技术企业由 311 户增长到 4 578 户,增长 13.7 倍。2022 年,合肥更是净增国家高新技术企业 1 834 户,平均每天诞生 5 家国家高新技术企业,创历史新高;培育国家科技型中小企业 8 200 余家,同比增长近七成;新增国家专精特新"小巨人"企业 78 家,总数达 139 家。截至目前,合肥在科创板上市企业数 19 家,居省会城市第 2 位、全国城市第 6 位。企业在创新中占据主体地位,合肥科技企业数量快速增长,创新主体规模持续扩张,这将激发合肥市的创新活力,提升创新水平。

图 2 - 13　2004—2021 年合肥市国家高新技术企业数量动态变化

数据来源:《合肥市国民经济和社会发展统计公报》

(二)创新投入

作为创新驱动的"催化剂",资金是创新发展中最活跃、最积极的要素之一,企业的技术创新具有高风险、高收益和超前性的特点,离不开大量资金的"兜底"。人才的力量对于科学技术的发展和更新换代具有至关重要的作用。除了资金投入之外,研发人员投入在科技创新中同样不可或缺。

从科教资源来看,合肥一直以科教优势而著称,基础科研实力位居全国前列。清华大学产业发展与环境治理研究中心联合施普林格·自然集团发布《国际科技创新中心指数 2022》报告,合肥跻身科学基础设施全球前十城市,排名第 9 位。截至 2022 年底,合肥拥有中国科学技术大学、中国科学院合肥物质科学研究院等各类高等院校 58 所,其中研究生培养院校 9 所;已建成全超导托卡马克、稳态强磁场、同步辐射 3 个国家大科学装置,在全国已经建成和正在建设的 38 个重大装置当中,有 8 个在合肥;拥有国家级(重点)实验室 12 个,省级(重点)实验室 128 个;有院士工作站 71 个,在合肥服务两院院士 138 位。从潜在科技人才培养来看,丰富的科教资源为合肥的科技创新奠定了坚实的基础,为其创新实力的增强提供了有利的条件。

资金投入方面,图 2 - 14 展示了 2012—2021 年合肥市规模以上工业企业 R&D 经费内部支出变化。可以明确看出,合肥市规模以上工业企业 R&D 经费

图 2‑14　2012—2021 年合肥市规模以上工业企业 R&D 经费内部支出动态变化

数据来源：《合肥统计年鉴》

内部支出持续增加，从 2012 年的 54.86 亿元一路增长至 2021 年的 225.27 亿元，反映了企业对创新的强烈需求和大力投入。通过增加 R&D 经费，企业能够加强技术研究和产品创新，提高产品质量和市场竞争力。

与此同时，合肥加大财政科技投入，支持创新发展。

从数据来看，如图 2‑15 所示，2011 年到 2021 年，合肥全市财政科技投入占一般公共预算支出比重由 4.01% 增长到 14.23%。这一指标的显著提高反映

图 2‑15　2011—2021 年合肥市财政科技投入占一般公共预算支出比重动态变化

数据来源：《合肥统计年鉴》

了政府对科技创新的重视和投入的增加。通过增加财政科技投入,政府可以为科研机构、企业和创新者提供资金支持和更有利的研发环境,促进科技创新活动的开展。另外,合肥市采取多项政策措施,加大研发支持力度,营造有利的创新环境。如遴选一批"卡脖子"技术项目,通过"定向委托""揭榜攻坚"等方式,给予最高 1 000 万元补贴。对承担关键共性技术研发和重大科技成果工程化项目的,择优给予 50 万元~100 万元支持。

在人员投入方面,如图 2-16 所示,合肥市规模以上工业企业 R&D 人员折合全时当量总体呈现明显的上升趋势,从 2012 年的 18 552 人增长至 2021 年的 42 878 人。规模以上工业企业 R&D 人员折合全时当量的增加,表明企业认识到创新人才对推动创新和提高竞争力的重要性,并愿意投入更多资源用于人才培养和吸引。合肥市政府也是如此。合肥制定"人才政策 20 条""创新创业 8条""重点产业人才 7 条""高校毕业生 9 条"等政策,打造"国内外顶尖人才引领计划""双引双培人才计划""产业紧缺人才引进资助计划"等一系列重点人才工程,这些政策与措施的密集出台和落实,提高了合肥的人才吸引力,导致合肥人才整体规模稳步扩大,人才质量不断提升。截至 2021 年底,合肥全市汇聚高层次人才达 8 000 余人,在合肥服务两院院士 138 人,入选国家级人才工程(计划)1 800 多人次。高端人才的持续集聚,充分发挥起"创新智囊团"的作用,有力促进了合肥创新实力的增强。

图 2-16 2012—2021 年合肥市规模以上工业企业 R&D 人员折合全时当量动态变化

数据来源:《合肥统计年鉴》

（三）创新产出

专利来源于研发活动,且专利数据具有数据规范、客观性、可比性和实用性强等特点,成为衡量创新产出的重要指标之一。如图 2‐17 所示,2009 年,合肥全年受理专利申请 3 536 件,其中发明专利 1 412 件。到 2020 年,合肥全年受理专利申请数量达到 76 651 件,其中发明专利 27 818 件,专利申请数量增长 20.7 倍,发明专利申请数量增长 18.7 倍,增长势头良好,研发更加活跃,研发能力不断增强,研发产出持续增。近两年来合肥发明专利申请数量相较于 2017、2018 年有所减少,合肥已经不再单纯追求发明专利申请数量的增多,而更加关注发明专利质量的提升,尤其重视培育高价值发明专利。

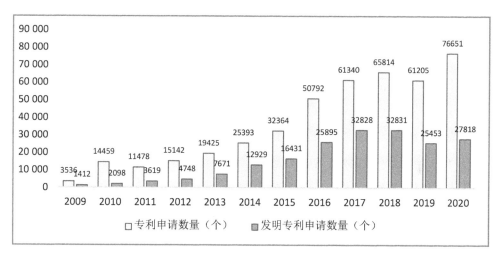

图 2‐17　2009—2020 年合肥市专利申请数量动态变化

数据来源:《合肥市国民经济和社会发展统计公报》

从专利授权数量来看,如图 2‐18 所示,2008—2021 年,合肥专利授权数量从每年的 1 176 件增长至 53 843 件,一路突飞猛进。发明专利授权数量呈现了同样的快速增长趋势,从 2008 年的 252 件增长至 2021 年的 9 741 件,有力地反映了合肥创新实力持续增强。合肥跃居 2022 全球"科技集群"第五十五位,较上年提升 18 位,全球"科研城市"第十六位,前进 4 位,显示了良好的创新发展势头和巨大的发展潜力。

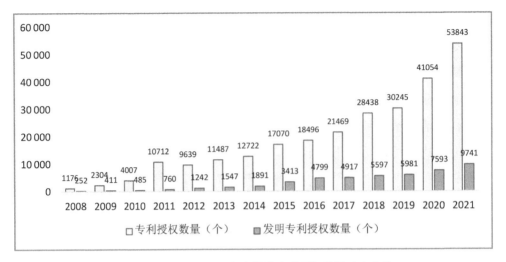

图 2 - 18   2008—2021 年合肥市专利授权数量动态变化

数据来源:《合肥市国民经济和社会发展统计公报》

(四)科技成果转化

科技成果的产生并非终点,需要进一步实现其应用化和市场化,才能为经济发展做出贡献。科技成果转化的情况反映了创新活动的实际效果和经济影响力,对于全面评估创新表现具有重要意义。近些年来,合肥市高度重视科技成果转化工作,将科技优势转化为产业发展优势,科技成果转化成效显著。技术市场成交额代表了一个地区创新成果的扩散程度,以及该地区的知识和技术成果应用情况。如图 2 - 19 所示,2010 年,合肥全年技术交易合同总数为 4 096 个,2021 年增长为 21 295 个,增长 4 倍多。技术交易合同成交总金额增长更为迅速,从 2010 年的 29.78 亿元增加到 2021 年的 866.97 亿元,增长 28 倍。这些数据显示,合肥市技术交易愈发活跃,技术交易市场愈发成熟,科技成果转化工作顺利推进。

合肥在科技成果转化上取得优异的成绩,离不开政产学研合作的深度推进与科技中介机构的建设发展。

政产学研合作方面,合肥聚焦产业发展痛点和市场需要,定向招募国内外知名高校院所,共建方向明确的创新平台和新型研发机构,实现创新链和产业链精准对接。截至目前,合肥已组建并运行省级以上新型研发机构 61 家,包括"安徽创新馆"、中科大先进技术研究院、中科院合肥技术创新工程院、清华大学

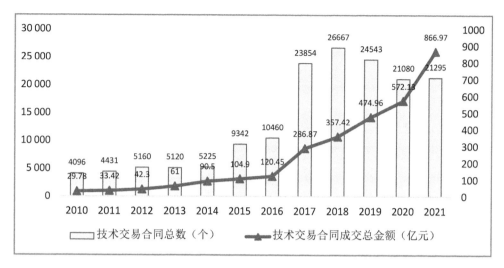

图 2‑19　2010—2021 年合肥市技术合同成交金额动态变化

数据来源:《合肥市国民经济和社会发展统计公报》

合肥公共安全研究院。通过这些新型研发机构,真正将各类科技创新资源转化为产业发展动能,强有力推动了合肥产业快速高质量发展。

科技成果的有效转化,还离不开科技中介机构的支持。如图 2 - 20 所示,从 2017 到 2022 年,合肥市级以上科技企业孵化器和众创空间数量持续增加,

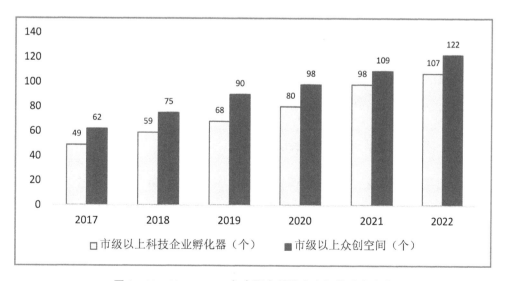

图 2‑20　2017—2022 年合肥市科技中介机构动态变化

数据来源:《合肥市国民经济和社会发展统计公报》

科技中介主体规模不断扩大。截至 2022 年,合肥已拥有市级以上科技企业孵化器 107 个,其中国家级 24 个、省级 49 个。市级以上众创空间 122 个,其中国家级 28 个、省级 41 个。科技中介机构的建设和发展,有力地推进了合肥市的科技成果落地转化。

综上,合肥经济总量持续攀升,经济增长可持续性增强,辐射带动作用更加突出。从生产端看,合肥已经迈入后期产业阶段,形成"三、二、一"产业结构,服务型经济特征愈发凸显,产业内部结构优化升级,新兴产业发展壮大。从需求端看,消费主导作用更加突出,消费升级态势明显,固定资产投资稳中提质,出口总值稳步提升。从核心动力看,科技创新成为引领合肥高质量发展的第一动力,合肥创新主体规模壮大,创新投入力度持续加大,创新产出大量涌现,科技成果加速转化,创新驱动作用显著增强。

第二节　合肥市经济发展的阶段分析

合肥与中国众多城市一样,经历过从计划经济体制向市场经济体制的变革;经历过产业结构由农业主导向工业主导的转变,以及工业从分散到集中、集群;经历过科研成果产业化形成技术创新链,再到创新集群化,真正将创新植入经济。合肥市当前正依靠其雄厚的科学基础,实现基于技术的创新到基于科学的创新的转型,逐渐成为创新的策源地。合肥市的这些变化,使其经济发展呈现出明显的阶段性特征。这些阶段性特征,既是城市经济发展规律的外在体现,也是正在学习、追赶合肥的其他城市未来发展需要遵循的逻辑。

一、合肥市历年来经济发展动态

合肥几十年的发展过程,可谓栉风沐雨,筚路蓝缕,其中存在几个节点值得关注。1991 年是中国改革开放的加速点;2006 年是合肥 GDP 首超千亿,在各省会经济排名中触底反弹点;2016 年是合肥 GDP 超西安、哈尔滨进入省会十强的起点。以这些节点为界,可将合肥市经济发展历程划分为以下四个阶段。

(一)第一阶段:1991 年之前,探索期

党的十一届三中全会开启了我国经济、科技发展的新征程,迎来了中国科学技术发展的春天。面对新一轮科技机会和日趋激烈的全球科技竞争,1985年中国开启科技体制改革,并颁布了《中共中央关于科技体制改革的决定》,明确指出将科技体制改革与拨款制度、组织结构和人事制度的改革同步。改革试点从地方开始,包括试行科研责任制和课题承包制、尝试成果有偿转让、探索政府科技管理职能转变、改革科研人员管理制度等一系列创新举措。1986年,国家发布《高技术研究发展计划纲要》(简称"863计划"),旨在加强生物、航天、信息、海洋等高技术领域的研究,并陆续出台了星火计划、国家自然科学基金等科技计划以及支持高新技术产业发展的"火炬计划",有步骤、有重点地为科技创新活动提供指引和资金支持。

无论是体制与制度的改革,还是高技术研发计划,其落实与产生效果存在着一个时间过程。然而,当时合肥很多企业面临着技术陈旧、发展后劲不足等难题,面对国内技术落后的困境,利用外资、引进国外技术成为企业突围的重要方式。中国安利人造革有限公司开启利用外资、引进技术,嫁接改造国有企业的先河之后,合肥掀起了引进技术、利用外资的热潮,涌现出合肥日化厂引进洗衣粉生产技术和设备、合肥无线电二厂引进彩电生产线等成功案例。

90年代之前,合肥的工业基础已具一定规模,门类也较为齐全。尤其"六五计划"时期投产建设的彩色电视机、电冰箱、洗衣机、空调器等新兴电子生产厂,大大提高了这些轻工产品的产量。彩色电视机由1985年的3万台增加到1990年的123.7万台,洗衣机由1981年的2 000台增加到1990年的50万台。除此之外,合肥市开始形成自己的品牌,如黄山牌电视机、美菱牌冰箱、荣事达牌洗衣机等,与青岛、顺德的家电品牌渐成鼎立之势。然而好景不长,全国电视机厂遍地开花,长虹彩电发起价格战,市场竞争加剧。本土企业打败洋品牌的同时,也导致黄山牌彩电严重滞销,逐渐被市场淘汰。尽管如此,这些家电制造企业的发展,不仅推动合肥市产业结构"轻量化",也为后来合肥市大力发展制造业积累了宝贵的经验。

合肥市的科教事业也在此阶段起步。1970年10月中国科学技术大学(以下简称"中国科大")整体南迁、安徽大学迁建以及合肥工业大学等当地高校开始向合肥市聚集,为合肥市经济发展奠定了科教资源基础。1978年10月,中科院在光学精密机械研究所、等离子物理研究所、智能机械研究所、固体物理研究所等 4 个科研大所的基础上组建了中科院合肥分院。更重要的是,1983 年 4 月,原国家计委批准立项建设国家同步辐射实验室(NSRL),其拥有的同步辐射装置,被称为"合肥光源(HLS)",开始落地合肥。科教资源的迁入与集聚,大科学装置的建设,极大提升了合肥的科技实力,使合肥成为与北京、西安、成都并列的全国四大科教基地。

科技硬件、人才建设的同时,敢为人先的合肥于 1985 年 3 月率先开始科技体制改革,在科技进步奖励与科研成果转化方面进行制度创新,包括将科技三项费用由无偿拨款逐步改为有偿拨款或贴息贷款,加大对科研项目应用性创新的考核,还出台了国内较早系统性进行科研进步奖励的制度——《科技进步奖励暂行规定》。此外,合肥市还开展了一系列创新实践探索,例如安徽省生物研究所以成果转让、技术服务(承包)、委托研制、协作攻关、科研生产联合体五种形式实行有偿合同制,企业与研究所实现双赢。与此同时,合肥技术市场也逐步建设起来,并在一年内展出成果 1 000 余项,签订技术转让意向书 44 份。

在制度创新的基础上,1989 年,合肥市进一步提出了"教育为本,科技立市"的基本方针,明确要建立起科教为经济建设服务、经济建设依靠科教的新机制,着力提升科技创新能力,以及通过"火炬计划"实现科技成果转化落地,将合肥的科教优势转化为发展优势。

到 1990 年,合肥 GDP 达到 58.1 亿元,排名全国 72 位,三次产业增加值分别为 246.17 亿元、251.48 亿元、160.37 亿元,一、二产业占 GDP 比重相似,工业发展已初具规模。在科学与教育资源聚集与结合下,合肥市取得一系列科技突破。1976 年底,被电子部命名为 DJS—050,中国首台全部国产化的微型计算机在合肥诞生。

(二)第二阶段:1991—2006 年,起步期

进入九十年代,中国进入社会主义市场经济建设的加速期。国有企业改制快速推进,企业组织结构与所有制形式发生重大变化,产权关系更加清晰,法人治理结构进一步完善。制度创新为国企发展注入新活力,为民营企业发展提供新机会。

1993 年,《中华人民共和国科学技术进步法》颁布,将科技进步提升到社会发展的核心地位,并提供了法律保障。1995 年,《关于加速科学技术进步的决定》提出了"科教兴国"战略,打通了科技进步、经济增长与社会发展的互动关系,建立并完善相关机制以明确科技研究到科研成果产业化等一系列环节主体的权责利。1996年《关于"九五"期间深化科学技术体制改革的决定》提出产学研合作模式,明确以企业为主的技术创新战略。1999年《国家科学技术奖励条例》颁布,提高了国家科技奖励的奖励力度和授奖标准,成立了国家科学技术奖励委员会,对国家科学技术奖励进行宏观管理和指导。这些政策与制度的出台,为国家创新体系构架的形成提供了政策指引和具体思路。

在国家创新体系政策指导下,合肥市相继发布了"科技兴农""科技兴工""科技兴贸"三大计划,积极尝试将科研成果应用到各个经济部门的效率改进与发展水平提升上,制定并出台了多项政策、制度,如《关于实施科教兴市战略加速科技进步的若干意见》《关于加快发展高新技术产业的若干意见》《合肥市科学技术进步条例》《合肥市科技创新型企业认定管理办法》《关于支持产学研结合的实施意见》《合肥市科学技术奖励办法》《合肥市科技创新平台建设管理办法》,涉及产业发展、人才、资金、平台建设、法律保障、激励机制等各个方面,切身落实科教兴国以及创新体系建设等国家重大战略。

1992年,合肥市正式成为对外开放城市,享受沿海地区利用外资的优惠政策,泰国正大、日本日立建机、三洋电机和太古可乐等跨国公司纷纷来合肥投资、落户,合肥引进外部技术呈现不断增长趋势。1993年原合肥洗衣机总厂改制为荣事达洗衣机股份有限公司,并在家电行业利用"无形资产"的概念,首次实现以小搏大的资本运作;美菱集团成为安徽省第一家上市公司,也成功地借助资本市场获得大发展。尤其是,2005年世界500强中排名前列的联合利华在合肥正式签约,投资2 000多万欧元,建设立顿茶叶类产品生产包装工厂;奶业巨头伊利集团也宣布投资2.41亿元,建设年产13.5万吨液态奶、5万吨冰淇淋的生产工厂。这些商业举措有效地改变了合肥的产业结构,实现轻工化。

工业化与城市化是区域经济发展的"鸟之双翼、车之双轮"。作为后发地区的安徽,城镇化率长期在低位徘徊,为突围城市化,合肥市开始做大做强。与此相呼应,1993年9月18日中共合肥市委则提出"开放开发,再造新合肥"新战略,重点建设合肥高新技术产业开发区(高新区)、合肥经济技术开发区(经开区)和合肥新站综合开发区(新站区)等三大开发区,且各具特色。高新区以高新技术产业见长,经开区则是以工业经济发展取胜,新站区则以综合性、多功能、现代化夺魁。正是它们的相继建立、鼎足而立、相互促进,而成为后来合肥引凤筑巢、招商引资的重要承载地、科研成果应用的试验田,为合肥后来的产业发展和持续创新打下坚实的基石。

2002 年 3 月,合肥进行区划大调整,重新划分成立四个区,城区人口与面积双双增大。一个改变合肥发展轨迹的规划出炉,即"千亿合肥"。以合肥自身的产业基础和空间承载力,建设面向巢湖的滨湖大城市,构建联动周边的合肥经济圈。2004 年,合肥市又提出建设"一个主城区、四个城市副中心、一个滨湖新区"的空间发展战略,改变了以往发展资源配置上重市区、轻县域的状况,促进了市县一体化规划,城市建设模式再次突破。

经济起步阶段,合肥市科教资源得到了进一步增加与丰富。1994 年底,中国科学院国家等离子体研究所建设大科学装置——中国第一台大型超导托卡马克装置 HT-7,其研究成果受到国际聚变界广泛关注。2001 年,经开区规划建设合肥大学城,集聚了 17 所高校,拥有 10 多万学子,形成了庞大的"大学群"。同年,合肥市与清华大学签订全面协议,深度开展科教合作;中国科学院合肥分院、安徽光学精密机械研究所、等离子体物理研究所、固体物理研究,以及后期并入的合肥智能机械研究,成立了中国科学院合肥物质科学研究院。

合肥市虽拥有国内同等城市中名列前茅的科教实力,经济发展水平却相对落后,两者之间形成了强烈反差。为提高全民科技意识,加快科技进步,合肥于 1991 年 8 月 17 日举办了首届科技节,顺势创建了科技工业园。同时,为促进技术市场的培育,中国科学技术大学等单位兴建了合肥高科技广场。1991 年,合肥市科委专门设立了技术市场管理办公室完善技术管理相关工作,以确保技术市场有序发展。1994 年,安徽省第一家全国性的科技成果、产品汇集、交易场所——科技大市场开业,成为合肥科技市场发展的一个"里程碑"。截至 1997 年,合肥全市各类技术合同金额达到 6 315 万元,其中技术交易额为 2 625 万元,技术项目流向全国 20 多个省、市、自治区,其技术成交率在全省名列第一,有力地推动了科技成果的转化,促进了科技与经济的结合。1997 年,中国(合肥)技术成果及专利技术展示交易会的成功举办,加快催生合肥市开放式技术市场体系建设。2004 年 7 月,科技部与安徽省人民政府签署了《省部会商制度议定书》,明确在"合肥科学城"的基础上,重点支持合肥市科技体制综合改革,共同搭建科技资源共享平台,建立国家科技创新型示范基地。借此春风,合肥加大了创新力度,科教资源的活力被激发,科教城市开始向创新型城市蜕变。

伴随着国企改革进入全面推进的新阶段,合肥市产学研结合能力增强,科技成果转化步伐加快,尤其是全民创业行动,深度激活民间资本,催生一大批中小企业发展,创新能力得到显著提高,涌现出一批科技创新型企业。1999年8月,国家科技部批准合肥建设"民营科技企业园"。2000年1月,民营科技企业园开工建设,当年有17家企业入园。到2000年,全市民营科技企业发展到1 200家,其中产值超亿元的4家,超千万的有22家。截至2005年,合肥市高新技术企业已312家,省级以上的企业技术中心、工程研究中心、工程技术研究中心59家,高新技术产业增加值超过百亿元,占全市生产总值的12%。

科技体制的改革、制度的落实,促使"十五"期间合肥市高新技术产业快速发展。2005年,合肥市高新技术产业产值、技工贸收入分别达到482亿元、452亿元,比2000年分别增长2.27倍、2.22倍,年均分别增长31%、32%。全市共取得专利授权量为3 330件,年均递增10%,比"九五"期间增长85%。合肥先后被国家批准为全国科技进步先进市、全国科技兴贸重点城市、全国专利工作试点城市、全国科技进步示范市,全国第一个国家科技创新型试点市。

(三)第三阶段:2006—2015年,成长期

2006年1月,中共中央、国务院作出《关于实施科技规划纲要增强自主创新能力的决定》,其核心是"增强自主创新能力,努力建设创新型国家",反映了科技创新尤其是自主创新能力成为国家竞争新优势。同期,国务院发布了《国家中长期科学和技术发展规划纲要(2006—2020年)》,其中,自主创新、重点跨越、支撑发展、引领未来的战略方针,体现了国家科技发展的重大战略转变,从模仿、跟踪转变为自主创新和国家创新体系建设新阶段。2008年,科技部等部门联合颁布了《高新技术企业认定管理办法》与《国家重点支持的高新技术领域》,既规范了高新技术企业认定管理,也明确了新技术企业可依照有关规定申请享受15‰的企业所得税优惠政策。2009年,我国开展国家自主创新示范区建设,建设成为世界一流的高科技园区,相继出台中关村"1+6"试点政策等。同年,中共中央、国务院印发《关于深化科技体制改革加快国家创新体系建设的意见》。

在此期间,安徽省先后发布《安徽省高新技术产业发展实施方案(2003—2007 年)》和《安徽省科技发展"十一五"规划纲要及 2020 年远景展望》,旨在增强高技术产业对经济升级的带动作用,明确了全省自主创新事业建设的具体规划。2008 年的《关于合芜蚌自主创新综合配套改革试验区的实施意见(试行)》发布,标志着安徽省创新发展从点状开展向区域面上互动迈进。这一切为合肥进行创新型城市建设提供了良好的氛围。

当众多城市都陷入基建投资、大造新城、利用房地产繁荣拉动 GDP 的追逐之时,合肥则顺应工业化发展规律,适时作出了实施"工业立市"的重大决策,审议通过《合肥优先加快工业发展行动纲要》(以下简称《行动纲要》),将完善工业门类、发展新型制造业、完善产业链体系作为工业立市决策的重要抓手。立足当时的产业基础和资源优势,合肥选择了汽车、装备制造、家用电器、化工、新材料、电子信息及软件、生物医药等产业作为发展的重点,以建成全国重要的先进制造加工业基地。

为使工业立市战略落地,借助东部的产业转移,合肥开始了"大招商"与"招大商",着力引进一批"顶天立地"的大企业、大集团,开启了"引入大企业构建产业链"的快速扩张模式,并形成规模与聚集效应。合肥市以 2009 年京东方落地为里程碑,先后引入了京东方、兆易创新等先进制造企业,打造合肥显示器件、计算机电子、集成电路等一系列先进制造产业链,按照"领军企业—重大项目—产业链—产业集聚—形成基地"思路,集聚企业、人才、研发机构、研发项目等,开展好国家区域战略性新兴产业发展集聚试点,以此来示范引领高端产业集聚发展。

产业链的构建与完善为创新提供了新机会,合肥充分发挥自身的创新优势,抓住这些创新机会,自主构建了晶合集成、合肥长鑫等一系列技术创新企业,实现产业链带动创新链。2007 年 2 月,合肥市出台了《加快新型工业化发展若干政策》,与此相配套,还出台了《合肥市科技创新专项基金管理办法》《合肥市高科技种子基金管理办法》等一系列政策,并设立了 2.5 亿元的"加快工业发展专项资金",安排了 1 亿元财政资金设立"合肥市科技创新专项基金",扶持 20 家初具规模的高新技术企业进一步发展壮大。合肥市全社会科技研发投入

(R&D)由 2006 年的 21.26 亿元,增长到 2015 年的 174.87 亿元,总体增长达 7.2 倍。全社会科技研发投入占 GDP 比重也由 1.98%增长到 3.09%,为技术创新提供了强大的资金支持。

具有国际先进水平、可为众多学科领域的科学研究提供强磁场极端实验环境和实验手段的"强磁场实验装置"国家重大科技基础设施建成,中科大先进技术研究院等新型协同创新平台加快建设,新增国家、省级工程(技术)研究中心、企业技术中心、实验室 279 个。新建国家级企业技术中心 1 家、省级工程研究中心 1 家和工程技术研究中心 4 家,国家级科技企业孵化器 1 家,并开通了网上技术交易平台。

除了创新企业直接进行产业链合作外,高校与创新企业的跨界合作也能有效促进创新链完善与强化。2015 年,中科大与英特尔、阿里巴巴等联合共建研发平台 36 家、孵化科技企业 136 家。清华大学合肥公共安全研究院建成启用,与中科院合肥物质研究院合作共建离子医学中心,合肥市还入选了国家小微企业创业创新基地城市示范,出台"三年行动计划"和 28 条"双创"政策,建成 5F 创咖等众创空间 24 家、科技孵化器 32 家。成立机器人、集成电路、新能源汽车、轨道交通装备等产业技术创新战略联盟。

2008 年 10 月 17 日,合芜蚌自主创新综合配套改革试验区建设启动,合芜蚌自主创新综合试验区合肥创新平台——"一中心三基地"建设,即建设科技创新公共服务和应用技术研发中心、科研集群、科研孵化与产业化基地。依托高等院校、科研院所和高新技术开发区,探索一条"产业转移+自主创新=跨越式发展"的全新路径,建立比较完善的区域创新体系。

2009 年 1 月,安徽省政府批复同意设立合肥国家科技创新型试点市示范区,引领合芜蚌试验区的创新驱动发展,合肥国家高新区综合排名居全国第 8 位。次年,科技部正式批复合肥高新区建设国家创新型科技园区,这些意味着合肥市创新型城市建设进入加速新阶段。

在强化创新要素聚集、促进创新主体质量提升方面,合肥市在全国率先组织实施《科技创新型企业培育计划》,选择 6 个行业制定《合肥市科技创新型企业行业评价指标体系》,并按企业规模大小分类,引导一大批创新型企业快速成长。安徽江淮汽车股份有限公司、安徽科大讯飞信息科技股份有限公司、合肥美亚光电技术有限责任公司等 15 户企业为首批"合肥市创新型企业"。其中有不少企业还进入了国家"创新型试点企业"行列。

十年磨一剑,功到自然成。2006 年,合肥市地区生产总值突破千亿,首次超越太原走出中部省会经济总量"谷底"的尴尬,门槛一旦跨过,就是连续"跨栏"的加速提升。2006 年后的十年间,合肥市 GDP 从 1 300 亿元增长到 6 500 亿元,排名连续超过 8 个省会城市。"十二五"以来,合肥市主要经济指标均保持两位数增长,增速位居前列。GDP 年均增长 11.3%,总量前进六位,居全国省会城市第 9 位。财政收入年均增长 13.7%,地方财政收入升至第 10 位。进出口总额 249.59 亿美元,稳居全国第 9 位。全社会研发投入占 GDP 比重为 3.2%,专利授权量年均增长 40.2%,技术交易合同额年均增长 28.7%,国家级高新技术企业数达到 1 056 户,高新技术产业增加值达到 1 280 亿元,占 GDP 比重 23%,自主创新主要指标全部进入全国省会城市"十强"。同时,创新成果加速迸发,国家级高新技术企业数量居第 7 位,发明专利申请量和授权量分别居第 4 位、第 7 位。涌现出量子通信、智能语音、光伏逆变器、高清视频转换芯片、五轴联动高档数控系统、65 纳米制版光刻设备、微小型燃气轮机、太赫兹人体安检仪、新能源汽车、6DCT 变速器等为代表的一批原创性或全球领先的创新成果。产业方面,合肥市平板显示及电子信息、家电、装备制造产值均超千亿元,家电"四大件"产量稳居全国之首。

（四）第四阶段:2016 年—现在,质量提升

党的十八大后,创新被摆在国家发展全局的核心位置,2016 年《国家创新驱动发展战略纲要》发布,标志着中国进入全面实施创新驱动发展战略,推动经济高质量发展的新阶段。为实现建设世界科技强国的战略目标,国家制定强化国家战略科技力量,提升企业技术创新能力,激发人才创新活力,完善科技创新体制机制等方面的政策,为中国经济未来发展走向自立自强铺设道路。同年,安徽省发布《安徽省"十三五"科技创新发展规划》以及《创新驱动发展"1+6+2"配套政策》为国家创新驱动发展战略的落地和各地市承接作了有效衔接。

正是乘势而上千帆竞,策马扬鞭正当时。同年,国务院正式批复合肥建设国家自主创新示范区,合肥实现了从"试验区"到"示范区"的华丽转身。次年 1 月,合肥又被赋予为全国科技创新探路示范的重大使命,国家批准合肥市建设综合性国家科学中心,加快打造具有国际影响力的创新之都。为落实国家的重大战略部署,安徽省委、省政府和中科院共同印发《合肥综合性国家科学中心实施方案(2017—2020年)》,进一步推动国家科学中心建设从"设计图"转为"施工图",合肥市在"施工图"导引下,建立科技管理和投入新体制,形成具有合肥特色自主创新政策体系;建立市与县(市)区、开发区创新指标及政策联动机制,将各项任务进行细化落实。

经过几十年的投入和积累,合肥不仅拥有厚实的工业制造基础,还有丰富的科教资源和研发能力。2016年,拥有中国科学技术大学等高等院校60所,省部级以上重点实验室和工程实验室150个,国家科学实验室和大科学装置数量位居全国前三;国家高新技术企业总数达1 056个。2020年11月,全市科技企业孵化器总数达68家,备案众创空间88家,并着力完善"众创空间＋孵化器＋加速器＋产业基地"全生命周期双创服务链,优化其创新创业生态环境。

产业作为创新驱动发展的重要载体,依然是合肥经济发展关注的重点。前些阶段产业发展关注的是产业链的打造,与此不同的是,此阶段则更加关注通过基于科学的创新培育战略新兴产业,成功地培育出量子、空天信息等战略性新兴产业并实现领先。如以综合性国家科学中心产业转化项目为牵引,采取财政补助和股权投资等多种方式,合肥成功地培育出以量子通信、量子计算、量子精密测量为代表的量子信息产业,拥有核心企业15家,配套企业20余家。同时,持续推进资源要素向战略性新兴产业集聚、政策资金向战略性新兴产业倾斜,推动"芯屏汽合""急终生智"①产业提质、提速。

产业发展离不开创新,尤其是基于科学的创新。2020年,安徽省设立了首个市级自然科学基金,初期规模500万元,重点支持与产业紧密相关的战略性、原创性、前瞻性关键技术研究。为吸引更多科技成果就地交易、转化与应用,《合肥市推动科技成果转化三年攻坚行动方案》出台;加强与省内外城市和大学大院大所对接,打造"覆盖全省、辐射全国、连通全球"的千亿级安徽科技大市

---

① 芯,即集成电路产业;屏,即新型显示产业;汽,即新能源汽车和智能网联汽车产业;合,即人工智能赋能制造业融合发展。急,即城市应急安全产业;终,即智能终端产业;生,即生物医药和大健康产业;智,即智能语音及人工智能产业。原为"芯屏器合""集终生智"的写法("器"是装备制造及工业机器人产业),2021年1月,合肥市委会议上,把"芯屏器合"调为"芯屏汽合";同年11月,"急终生智"取代"集终生智"登上官方文稿。

场,完善技术交易功能,实现省市县三级联动、线上线下互动。同时,合肥设立规模为 2.09 亿元的天使投资基金,以扶持种子期初创期科技企业,杭州银行、徽商银行、招商银行等商业银行在合肥设立科技支行,支持技术创新。根据资本足迹地图,2022 年合肥市资本到访量排名全国第四,仅次于北京、上海、深圳。中国科学技术大学硕士毕业生留肥比例达 43.5%、博士毕业生留肥比例达 44%;合肥每万人拥有在校大学生数超 800 人。

除拥有丰富的本地资源外,合肥还主动嵌入外地、国际网络,拓展创新空间。加强与知名高校院所合作,建设中科大先进技术研究院、合工大智能制造技术研究院、哈工大机器人国际创新研究院等 20 余家"政产学研用金"一体化新型研发机构。2018 年 6 月,合肥成为 G60 科创走廊节点城市,成立全国首批省院共建的区域性工程科技智库——中国工程科技发展战略安徽研究院,建设国家大科学装置聚变堆主机关键系统综合研究设施,成为国际磁约束聚变领域参数最高、功能最完备的综合性研究平台。合肥加强与长江中游城市群、珠三角和环渤海地区的合作与交流,开启上海、合肥众创空间战略合作的大幕。

以科大硅谷建设为契机,加强与"一带一路"沿线及欧美等国家和地区开展产学研合作。如在美国硅谷等全球创新资源富集区设置 1 至 2 家"科大硅谷"海外创新中心、海外联络站,链接全球高端创新资源。国际聚变能联合中心、中俄大气光学联合研究中心,累计建设国际科技合作基地达 52 家,集聚世界领先研究力量,共同开展科技攻关。积极推动大科学装置面向国内外开放共享,EAST 实验装置吸引美法德英日等国 50 个国外研究机构开展合作。合肥建设 10 家海外人才工作站、5 家外国专家工作室、国际人才城等,开辟外国人才服务绿色通道,深度融入全球创新网络。2018 年至 2022 年,合肥市连续 5 年上榜科技部"魅力中国——外籍人才眼中最具吸引力的中国城市"主题活动榜单。

几十年风雨兼程,几十年砥砺前行。合肥始终坚持创新促进发展的初心,不断积累科技资源,提升创新能力,营造创新创业环境,加快打造具有国际影响力的创新高地和创新的策源地,取得显著的成绩。技术不断创新,量子通信、铁基超导、雷达、低温制冷、核聚变与核安全等技术水平位居世界前列。创新型产品不断涌现,世界首台超越早期经典计算机的光量子计算机问世,建设全球首条 10.5 代液晶面板生产线,研发出国内首辆正向设计 5 人座 A0 级电动轿车、首款完全自主知识产权双离合自动变速器,诞生全球第一款效率超过 99% 的商业化逆变器等。一批国际竞争能力强的骨干企业加速成长,涌现出国盾量子、阳光电源、国轩高科等一系列全国乃至世界领先的创新型企业。2019 年的战略性新兴产业增加值年均增长 20.6%,对全市规上工业增加值贡献率由 42.4% 提升到 76.9%。

2022 年,安徽自贸试验区合肥片区获批建设,世界制造业大会永久落户,合肥市与 220 多个国家和地区开展经贸合作,48 家境外世界 500 强企业在肥投资。长三角一体化深入推进,合肥都市圈扩容升级,长江中游四省会深化合作,合肥在国家区域发展格局中的地位显著提升。2022 年,合肥市 GPD 达到 12 013.1 亿元,全国排名 21 位。合肥市 GDP 排名从 2000 年全国 80 名到 2022 年全国 21 名,二十三年间上升了 59 名。2022 年合肥战略性新兴产业完成产值同比增长 14.3%,对全市工业增长贡献达 7.7%。实现高技术制造业增加值占全市工业比重由 2015 年末的 16.9% 提升到 2022 年末的 56.2%。2023 年合肥每天净增国家高新技术企业 5 户,每月新增上市企业一户,每年净增市场主体超 20 万户,合肥市已经成为战略性新兴产业的重要高地。

二、合肥市经济发展的阶段特点分析

合肥市从改革开放初期的利用外资、技术引进到大招商,到后来的招大商承接产业转移,从利用科教优势培育高技术企业到依靠基于科学的创新培育创新型企业,从工业立市、打造产业链、培育产业集群到科技兴市,利用创新链培育战略新兴产业,成功实现城市经济发展的逆袭。其经济发展四个阶段呈现出以下特点。

(一)第一阶段:1990 年及之前

伴随改革开放之风,科技意识开始恢复并重视,国家的重大科技计划的实施,同步推出科技体制与制度改革,为合肥市新的科技管理制度的落实提供依据和方向,这些制度的创新为激活企业的研发热情,科技人员的积极性、创造性提供了强大的动力。尤其是"教育为本,科技立市",成为后来合肥经济持续发展的定海神针。

此阶段,合肥市受资本与技术短缺约束,经济增长主要以传统的人力资源、土地为支撑。受市场的引导,工业企业开始有追求利润的冲动,在短缺经济背景下,彩色电视机、电冰箱、洗衣机、空调器、轻工产品需求最大,且国外资本与技术的支持,成就诸如美菱、荣事达等一些轻工业企业,黄山牌电视机、美菱冰箱、荣事达洗衣机等本土品牌的迅速崛起,形成较好的产业发展,但基础较为薄弱,持续性不长。

中科大、中科院等研究机构等科教资源通过搬迁和迁建开始向合肥聚集,科教基地基本形成。但从事科学研究不仅人才数量相对有限,而且投入的资金也不多,未能形成规模;高校、官办研究机构是研发活动的主要承担者,企业尚未成为研发的主体,技术创新链并未形成。技术市场的初建带动了各类技术中介机构、技术贸易机构的迅速发展,但缺乏高质量的科技成果,实现产业化的科技成果更少。尽管如此,这个阶段的优质科教资源聚集、研发经验积累,研发能力培养为合肥市未来的科技与经济发展塑造了原始基因。

总体来看,无论面向市场经济的科技进步、经济制度建设,还是工业基础夯实、科技资源聚集、科技基础设施建设,以及在此过程中培育的制造能力、研发能力,这一系列都奠定了合肥市创新驱动经济发展的坚实基础。但这些环节并未彼此联结形成完整的创新链,以实现科技成果转化成市场价值的完整闭环,创新驱动经济发展总体处于孕育期。

(二)第二阶段:1991—2005 年

此阶段,中国进入社会主义市场经济的加速期,为加速国有企业改制,民营企业发展提供新的机会。而中部地区崛起战略和科教兴国战略,深化科技改革、产学研合作模式,推动了以企业为主的技术创新战略形成,为构建国家创新体系构架提供了政策指引和具体思路。

合肥市经济发展承担着工业化、城市化双重任务,资源的获取依靠传统的投入,借助于国内外引进和城市边界的扩大而获得,创新投入依赖于国家、省政府财政,企业投入较少。国企改革深化,劳动力市场活跃,资金依然呈约束状态。技术市场扩大迅速且常设化,为技术的产业化提供稳定渠道。

合肥高新技术产业开发区、经济技术开发区和新站综合开发区,相继建立、鼎足而立,既是"开放开发,再造新合肥"战略的落实,也是其引凤筑巢、招商引资,推进产业发展的重要基地。依靠制度与投资的驱动,轻工业发展呈增长趋势,涌现出合肥海尔、美菱、荣事达、华凌;江汽集团、安凯客车的工业企业,工业基础开始塑造,但家电、汽车产业链、集群并未形成,高新技术产业发展处于初级阶段。

科研投入的增加、大型超导托卡马克装置 HT－7 的投入运营,取得了很好的研究成果,进一步提升了合肥的研发能力;科技服务中介的配套、安徽科技大市场的建设,拓展合肥科技市场规模与范围,提升了技术成交率和科技成果的转化能力,合芜蚌自主创新综合试验区合肥创新平台——"一中心三基地"建设,为各创新主体之间产学研模式合作提供了广阔的空间。

总体来看,这一阶段,合肥的经济发展呈现工业发展与科技进步并举,工业发展开始聚集轻工业、汽车,既是前期家电业发展的延续,提升合肥的制造能力,也有利于带动创新链构建;科研投入增加、大装置的投入运营,提升合肥的研发能力;聚集创新的痛点,进行技术市场的拓展、产学研合作模式的推行,贯通整个创新链,促进科研与经济结合和创新系统能力的形成,总体处于创新起步期。

(三)第三阶段:2006—2015 年

《国家中长期科学和技术发展规划纲要(2006—2020)》《中华人民共和国科学技术进步法》《高新技术企业认定管理办法》《国家重点支持的高新技术领域》《关于深化科技体制改革加快国家创新体系建设的意见》等一系列文件的出台,进一步指明了创新城市建设的方向,《加快新型工业化发展若干政策》、合肥市科技创新型企业行业评价指标体系、创新型企业认定开始塑造创新主体、创新环境的营造、科技创新专项基金、种子基金管理办法等创新政策颁布与举措落地,在制度上确保了创新投入的持续性。

合肥市"工业立市"战略的制定与实施,三个开发区功能开始得到充分发挥,加速资源与创新要素向合肥的聚集。与前期做法不同,此阶段合肥采用大招商、招大商方法,根据其产业发展战略规划,引进龙头企业带动配套企业、打造产业链、形成产业集群,推动产业快速构建与发展,为后期的集群创新奠定基础。此举为合肥引入了京东方、兆易创新等一系列先进制造企业,提升其先进制造能力,促进产业链向研发环节延伸,塑造创新能力。国家、省市、企业通过多渠道投入资金,创新人才引入和前期建设的国家大科学装置开始集成并发挥作用,创新主体研发能力得到很大提升,产学研开始密切合作,创新服务逐步配套完善,城市整体创新能力显著提升,涌现出安徽江淮汽车股份有限公司、安徽科大讯飞信息科技股份有限公司、合肥美亚光电技术有限责任公司等创新型企业。

总体看来,建设创新型国家等制度出台为创新型城市建设提供良好的制度环境。强化开发区、工业园区的规划和整合,推动产业向园区集聚,培育一批主业突出、核心竞争力强、带动作用大的大企业,打造了显示器件、计算机电子、集成电路等一系列先进制造产业链,先进制造业占比迅速提升,同时,科教资源聚集整合形成创新能力,高技术产业的比重同步提高;博观而约取,厚积而薄发,合肥的经济呈现快速发展,总体处于成长期。

(四)第四阶段:2016 年—现在

国家创新驱动战略的实施,强化国家战略科技力量,提升企业技术创新能力,激发人才创新活力,完善科技创新体制机制等方面政策的推行,省委省政府颁布了《合肥综合性国家科学中心实施方案》《中国科大硅谷建设的方案》《合肥市推动科技成果转化三年攻坚行动方案》等一系列政策,从不同层面为合肥国际化创新中心建设提供了制度保障。

经过多年积累和持续创新投入,合肥已经形成了完善的工业体系、强大的制造能力、丰富的科教资源、领先的研发能力,数量排名前三的国家科学实验室和大科学装置,以及安徽省自然科学基金、合肥天使投资基金等创新要素到位,实现增量激活存量,围绕合肥市形成了"覆盖全省、辐射全国、连通全球"的千亿级科技大市场,扩大了科技市场的规模与范围,且赋予其新的内容。选择性获取优质资源、国际科学资源,合肥经济发展的重心由推进创新资源的集聚转移到创新资源的有效配置,推动创新进入了相对稳定的循环,并形成有效的创新能力,推动城市经济的持续发展。

基于技术的创新开始转型为基于科学的创新,面向重大科学问题,强化基础和前沿研究,提升知识创新能力,持续催生变革性技术。技术创新链进一步延长到基础研究,形成基础研究—技术开发—成果转化—新兴产业。综合性国家科学中心打造,增强大学与科研机构的基础研究能力和新知识的创造,科大硅谷建设、国际研发联盟及网络的构建,扩大知识资源获取渠道,进一步拓展创新空间。强调科研成果的就地转化以促进战略新兴产业的形成,涌现出诸如国盾量子等全国乃至世界领先的创新型企业。

在保持经济持续增长的同时,合肥的产业结构由高技术含量向高科学含量转变,战略新兴产业的培育成为重点。"芯屏汽合""急终生智"产业提质、提速,量子、空天信息等战略新兴产业的迅速成长,促进传统家电业—先进制造业—战略新兴产业的逐级迭代,提升产业的能级;不同类型产业之间替代,既保持经济发展的活力,又增强经济发展的韧性。总体处于创新质量提升期。

三、合肥市经济发展的特征总结

总体来看,合肥市经济发展历程呈现出以下规律特征。

(一)质量与数量相互匹配

创新驱动城市发展的结果最终表现在经济增长的数量与质量两个方面。数量上,合肥经济呈现非线性增长;质量上,表现为经济结构的高度化、高附加值、技术、科学含量不断提高,并通过产业结构经历农业→轻工业→新型工业化→先进制造业→基于科学、技术的创新→战略新兴产业的演变加以呈现。没有量的非线性增长,难以形成规模,为质量的提高创造条件;没有质的提升支撑,量的增长难以持续。

(二)制度创新与技术创新相互协同

正如罗森堡所言"任何时候任何技术的生产率都不可能脱离其制度环境而存在,因而必须在其制度环境中加以研究[91]"。合肥的技术创新与经济发展也不例外。它是技术、制度创新共同演化的过程。合肥经济发展过程中的制度创新涉及国家大政方针、政策的创新,科教兴国、创新驱动发展、创新城市建设等重大战略的实施,市场经济体制的建立、科技体制与机制的改革,也包括安徽省、合肥市为适应国家重大战略而实施的新政策以及为配套而细化政策,如工业立市、技术市场、创新金融等。没有这些政策与制度的变革,就没有合肥的三个开发区建设与运营,也没有"芯屏汽合""急终生智"产业链,更没有世界领先的量子等方面科学成果的问世。正是合肥围绕着工业发展、技术创新适时进行的制度创新,才形成制度创新与技术创新彼此协调、相互匹配,而有效地推动经济发展。

(三)发展战略守正用奇

孙子云:"凡战者,以正合,以奇胜,……,奇正之变,不可胜穷也[92]",战略的设计必须守正用奇。改革开放后的合肥,与兄弟城市相比,没地利,也没人和,想发展,只能"用奇"。早在1989年,合肥市委、市政府审时度势、高瞻远瞩,提出"教育为本,科技立市"的基本方针,确立了"科技立市"的战略,紧紧把握了科技园建设、国家科技创新型试点城市、合芜蚌自主创新综合试验区、国家创新型城市试点、综合性国家科学中心的试点等机会,始终坚持创新不动摇,将科技立市战略予以落实,加速了科学之城→科教之城→创新型城市→国际创新中心的迭代,实现了科技兴市;但科技立市、兴市离不开工业基础,"用奇"必须"守正"。合肥又从城市本身的资源、能力、产业基础的实际出发,把握国家、区域发展大势,适时提出"工业立市"战略,进行产业链的打造,制造能力的培育,以工业立市→制造业集群→基于科学与技术的创新→战略产业,正是"用奇"与"守正"结合,合肥实现经济的腾飞。

(四)合肥的经济发展是创新能力构建与完善的过程

凭借先天的科教资源基础和后天的投入吸引外部科教资源,合肥加以聚集与整合,形成强大的研发能力。面向构建社会主义市场经济而进行的体制与制度创新,催生并健全了要素市场、产品市场,为创新提供了良好的市场与竞争环境;通过市场交易,整体上提升了工业企业的营销能力。借助于工业化,合肥建成了门类齐全、体系较完善的工业体系,形成强大的先进制造能力。综合上述三者,在打造创新链过程中,加以补齐瓶颈,形成合肥整体基于技术的创新能力。而大科学装置的建设、基础研究的强化、科大硅谷的建设,则进一步提升了合肥科学能力,形成合肥基于科学的创新能力,而使之成为国际创新高地。与此同时,合肥创新管理能力也在创新管理实践的干中学得到很好的锻炼与提升。无论是国家创新战略规划的落实,合肥创新规划制定与细化,科技园、开发区科教资源布局与优化;还是与区域、国内外的创新网络的联结,内外创新资源获取与整合,以及科技市场范围与功能完善,行政与市场手段的使用与协调等,无不在提升其创新管理能力。正是创新管理能力将其研发能力、制造能力、营销能力等加以集成,才成就了今天合肥创新。

(五)合肥的经济发展是企业成为市场主体、创新主体的过程

基于技术、科学的创新涉及高校、科研院所、政府、金融中介等多个主体,但企业才是市场与创新的主体,其他机构都为其服务。伴随着市场经济体制的建立,脱胎于传统体制下的企业随着国有企业的改制,民营企业的创生而逐渐成为市场主体。但市场主体并不是创新主体，只有企业绩效依赖的重点完成微笑曲线的营销→制造→研发演变，企业的发展依赖创新，才是真正创新主体。在这一演变过程中，也是企业科技含量不断提升的过程，从传统的工业企业→高新技术企业→基于技术的创新企业（创新型企业）→基于科学的创新企业演变，支撑了合肥"工业立市→科教兴市→创新驱动"的三级跳跃。

（六）合肥经济发展是"内力"与"外力"结合，由外生向内生转变的过程

前期的经济发展，合肥内生发展能力比较薄弱，主要依赖外力，利用外资、引进国外技术，产业承接、招商引资；项目引进、人才招聘，但外力的借助服从合肥产业城市长期发展的需要，实现大企业→产业链→产业集群→产业基地的放大，形成了厚实的工业基础，后期的经济发展，则适时进行依靠外力向内力、从外生向内生的切换，按照基于技术、科学的创新→孵化、加速→新创企业→战略新兴产业集群方法，形成较为完整的产业生态，保持经济发展的持续与韧性。

（七）合肥的经济发展是其从传统体制走向市场经济，是有为政府与有效市场结合的过程

在经济发展前期，无论是中央政府、安徽省，合肥市政府在整个经济发展过程中扮演着重要的角色。国家科教兴国、科教兴皖、科教立市、工业立市战略层次上形成鲜明的综合性部署，制定保证战略意图在具有经济、社会、文化等多重目标的创新项目上得到体现，政府主导整个创新、经济发展，合肥只是服从，企业按照相关制度的规定，完成市场主体、创新主体身份的转换，到后来政府引导的创新和来自市场和社会的创新相互呼应、配合，再到通过深化"放管服"改革，构筑了精准化创新创业孵化服务体系，政府从管理型向服务型转换，相关市场主体依赖市场，而协同其创新过程，进行创新，后来市场主导，政府配合，"有为政府"与"有效市场"匹配。

总之，合肥坚定发展高科技，实现产业化，将创新驱动发展作为最重要的政策，从制度创新—技术创新—基于科学的创新，自主创新能力的不断提高，从科技工业园—国家高新技术产业开发区—创新型城市—世界创新高地，实现从合肥城—合蚌芜创新区—长三角区域—国际全球，创新能级不断提升，成为建设创新型国家的战略支点，探索出了一条"科学—技术—创新—产业—经济发展"的持续发展之路。

第三章　合肥四螺旋创新模式

理论的开发遵循实践—理论—再实践路径,四螺旋创新模式的提出也不例外。它源于区域经济发展的实践,是对三螺旋模式的拓展。故本章先从美国硅谷经济演化历史中析取四螺旋模式,再进行理论的解构分析,给出新增维度——创新金融的依据,分析四螺旋之间相互作用的逻辑;最后,将其应用于中国合肥市经济发展的实践加以检验,并给出合肥与硅谷的差异。

第一节　硅谷模式

他山之石,可以攻玉。美国硅谷发展的成功已经为国际学界与实践界所认可。对于其成功的关键因素,学界有不同的见解,未能达成共识。三螺旋理论便是其中的一种,但该理论缺乏对创新金融的关注。现对硅谷发展的历史进行分析,构建硅谷关键因素模型。

一、案例概况

硅谷由果园变成科技重镇,无中生有,平地而起,变化快速。作为创业、创新的中心,拥有超过 50 名诺贝尔奖获得者,每年获取创业投资约占全美的30%;世界 100 强科技企业硅谷占有 20 家,惠普、英特尔、苹果、谷歌、应用材料、基因泰克、Facebook、Twitter 等等耳熟能详。虽然如此,但硅谷发明的东西并不多,信息技术诸如集成电路、个人电脑、互联网、搜索引擎、社交网站和智能电话皆不在此地发明,生物和绿色技术也是如此。硅谷的优势在于其凭借独特的、近乎魔鬼般的嗅觉,迅速解析已有技术的颠覆前景,将其孵化成创业企业并加以扩散,实现这些技术的经济价值。自从仙童公司创办至今,硅谷历经半导体、处理器、软件业直至互联网,不断进化,步步发展。仅用占美国 1% 的人口,创造了美国 13% 的专利和 40% 的美国 100 强企业[93]。正如美国科学家所说:"硅谷之于美国,正如美国之于世界。"硅谷既是美国的创新之都,为美国乃至世界带来巨大财富,又深刻地影响着整个世界的文明进程与生活方式。其迅速崛起与成长,为世人所关注,并成为世界各国争相学习的标杆。

硅谷虽得名于以硅为原料的半导体产业,但其成功则源于高校。美国《商业周刊》就曾指出,"硅谷今天之所以能够发展成为一个聚集着学术精英、科技天才、无限想象力及充足资金的殿堂,其中斯坦福大学功不可没。"现按照斯坦福大学的诞生到 20 世纪 50 年代的萌芽期,20 世纪 50—70 年代的启动期,20 世纪 70 年代后期—80 年代末期以计算机技术创新与应用为标志的活跃期,20 世纪 90 年代之后以网络发明为代表的创新中心期等几个阶段,来透视硅谷发展的历史,以析取其关键成功要素。

(一)斯坦福大学的诞生到 20 世纪 40 年代之前:萌芽期

斯坦福大学于 1891 年建立,设有 25 个院系,让学生选择,除了英语必修外,其他课程皆为选修。如果说学校坚持实用教育,鼓励教师和学生创业,为后来硅谷神话的产生提供了前瞻性的指导[94],那么,校长 Frederick Terman 教授身体力行,带领电机系学生在旧金山湾区实习的时候,则为硅谷播下了创业种子,尤其是 1939 年,William Hewlett 和 David Packard 采用低成本测量音频频率方法开发了精密音频振荡器,并在特曼教授的支持和帮助下,创建电子仪器公司——HP 公司,则直接开创了大学科研人员创办公司的先河。

(二)20 世纪 40 年代—70 年代:启动期

"硅谷"创新始于电子技术工具和国防应用。二战期间,美国政府的 Office of Scientific and Development(OSRD)主任 Vannevar Bush 的高徒——斯坦福大学教授特曼认识到可以让大学参与军事科研,大学可以从军方获得 5 万美元科研基金,于是,建立了斯坦福 Electronic Research Lab(ERL),开始了相关的基础研究,并于 1946 年获得 Office of Naval Research 第一份合同。

1949 年—1950 年初,苏联第一颗原子弹的爆炸和朝鲜战争的爆发,美苏之间冷战对抗的继续,给斯坦福的发展再次带来新机遇。军方要求特曼建立 Applied Electronics Lab(AEL),从事机密的军事研究,斯坦福也第一次成为军事工业和政府的合作伙伴。特曼决心把斯坦福的资源集中起来,使之成为国家安全部(NSA)、中央情报局(CIA)、海军(Navy)和空军(Air Force)的科研中心,斯坦福的电子工程系也会因此而扩大一倍。

1950 年,特曼意识到"大学不仅仅是求知场所,它们要对国家工业的发展和布局、人口密度、地区声望和经济发展产生重大影响""要成为第一流的大学,必须有第一流的教授",在此基础上,特曼提出了"学术尖端"构想,既要有顶尖人才,还要有学术顶尖科系,在化学、物理和电子工程上形成优势。

与此同时,斯坦福还采取了一系列新规则:鼓励研究生毕业后去创业而不是去读博士;鼓励教授到企业中参与咨询;修改技术和知识产权转让规则,简化科研成果转化的流程,成立了技术专利办公室,通过专利许可和技术转让把斯坦福大学的科研成果转向硅谷,以获得经济收益。尽管如此,斯坦福依然坚持了大学的底线,只做科研和提供咨询,让他人去建公司,让军方给他们钱去创业。与此相配套,1951 年,根据特曼教授提出的"技术专家社区"设想,斯坦福研究园(第一个高新技术开发区)建立,以容纳由这些创新者领导的公司。

威廉·肖克利(William Shockley)等人就是这些创新者的一部分。1951 年,在其发明的晶体管基础上,带领一群充满激情的科学家,成立了肖克利半导体实验室,开始研究半导体的应用,并推动晶体管商业化。之后,研究室的八位工程师因与肖克利的技术发展理念的不同而离开实验室,成立了仙童半导体公司,发明了集成电路,并创造了年营业额 2 亿美元的硅谷神话。随着仙童公司迅速发展,八人中又有一部分先后离开,自己创办公司,如诺伊斯和摩尔创办第一家大规模生产半导体芯片的英特尔公司。

随后每年逐渐有数家、数十家公司进入,1970 年增至 70 家,斯坦福大学实验室里的技术成果也被源源不断地转移到园内各公司,并迅速进行产业化,尤其是仙童半导体、英特尔微处理器等公司的问世,使之成为集成电路、计算机芯片设计与生产的"前行者",开始引领技术创新潮。

一些电子企业也成立了内部研究部,研究及改进半导体的功能及应用,并开始将其应用在它们的产品之上,同时,也产生了像飞兆半导体这样的创业公司,为大的信息及电子产品提供半导体器件的供应商。半导体公司增加,再加上很多信息及电子公司也自己生产主要的逻辑控制器件。虽然市场总需求一路上升,但市场竞争也越来越大,一个新行业就这样诞生了。第一家半导体设备应用材料公司 Applied Materials 在斯坦福附近成立,该公司提供生产半导体的设备及服务,使半导体器件的生产更有效率、更先进,它的客户不只是半导体公司,也包括想自己生产半导体的大企业。

对创始人非凡的土地馈赠支持了大学的建成,并为众多研究所、学校和实验室提供了空间,这些研究所、学校和实验室通过改变世界的创新而相互交融。这一时期的硅谷,是微波谷(Microwave Valley),代表产品为超短波电子管、返波管、行波管等,倒是计算机分时系统、首次分离高度纯化的干细胞、首次合成具有生物活性的 DNA 以及其他许多重大突破,都源自斯坦福大学。而硅谷的代表性公司有 Elitel-McCullough, Varian Associates, Microwave Electronics、Fairchild、Intel、National Semiconductor 等,它们皆为军方生产,先是零件,后来是系统,半导体产品占军用市场比重的 50%。

半导体发明及产品的出现,开启了后来的电子产品的新革命,也为后来网络世界的诞生铺平了道路,催生了半导体与集成电路产业集群和硅谷创新经济的形成。

(三)20 世纪 70 年代后期—20 世纪 80 年代末期:扩散期

随着半导体市场的发展,斯坦福把最新半导体知识传播给硅谷内的工程师,这给这些工程师提供了创立新公司的机会。用半导体来制造新电子产品,卖给电脑公司以及大的电子公司,也给创业投资公司提供了好的投资项目。斯坦福大学引领的冒险创新精神,揭开了硅谷科技创新的新篇章,在硅谷跳槽成了一种时尚。斯坦福大学成立的技术许可办公室(OTL),在各个高校复制推广。加州大学伯克利分校是继斯坦福之后第二所建立 OTL 的高校。一时间,硅谷开启了创业潮流的新时代,迎来了硅谷的辉煌时期。

为击败苏联电脑控制的新一代武器,美国国防预算急剧增长,产生了 B—2 隐形轰炸机、Jstars 监视系统、GPS 等一批高科技军事项目;1978 年,美国颁布了《税收法案》,资本利得税从 49.5% 减少到 28%;1979 年,美国劳工部放松了养老基金的限制,增加了创业投资公司资金的来源,政府连续出台促进创业投资的政策。1980 年,美国政府通过了 BayhDole 法案,允许美国各高校将研究成果的专利权以独家许可或非独家许可的形式授予企业。解决了受政府资助的高校、中小企业希望把科技成果转化为产品,但缺乏发明所有权的问题。BayhDole 法案引发了高校科技成果转化制度的变革。

一些以前成功创办半导体公司的创业家以及半导体公司的高层经理离开现在的公司,自己成立创业投资公司,如 KPCB(Kleiner Perkins Caufield & Byers)及 Squeqia。这些人不仅有金融背景,可以帮助新创公司得到投行投资,在时机成熟时通过上市或被收购;而且拥有半导体行业知识与技术,有创新创业的经验,可以为新创公司提供相应的管理咨询及服务。创业投资资金前期源于富人,渠道单一,规模有限。后期因政府准予养老基金进入,规模随之扩大。1977 年创业投资为 5.24 亿美元,1983 年猛增至 36.56 亿美元,1988 年吸引了40% 的美国创业投资资金,硅谷开始成为创业投资专家的乐土。

在政府的政策、采购、资金,高校的技术成果、智力以及创业投资的支持下,硅谷在半导体技术、计算机产业得到飞速发展。1971 年英特尔公司发明了世界上第一个微处理器,开启了个人计算机的发展时代。1977 年,苹果公司推出了 Apple I,之后在创业投资支持下,推出 Apple II,成功促使 IBM 在 1981 年进入了个人电脑市场。80 年代,硅谷计算机工业的支配地位逐渐提高,从半导体生产中心发展成为计算机产品生产中心。1981 年 IBM 联合英特尔的 8086 微处理器和微软的操作系统推出个人计算机,并一举取得了成功。伴随着大部分的创业投资都投在 IBM PC 应用软件、配件及 IBM PC 克隆的项目,硅谷逐渐转向计算机软件和硬件以及维修服务。80 年代中期,为了适应不断变化的市场需求,半导体公司和计算机公司合作,计算机、数据处理服务和电子元件成为这一时期发展最快、规模最大的部门,出现了苹果公司、太阳微系统公司等充满生机的企业。

(四)20 世纪 90 年代之后:创新中心

20 世纪 90 年代到 2000 年早期,网络应用和信息媒体服务不断发展,如雅虎、谷歌等网络引擎出现。互联网的新科技很少由硅谷始创,但硅谷的创新生态系统促成互联网的商业化。在 90 年代互联网发展浪潮中,硅谷进入了一个更高的阶段。

互联网的创造源于美国政府的国防先进研究项目署(DARPA)。在 1993—2004 年期间,硅谷的大学、实验室和私人企业获得 136 亿美元以上的联邦研发经费。如 2000 年斯坦福大学的年收入为 16 亿美元,其中 40% 来源于受政府委托的研究项目[95]。政府通过中小企业技术创新法案,实行研发抵税的政策,利用国防、能源等部门的研发基金支持中小企业开展技术创新,这些政策的实施促进硅谷关键产业技术的发展和技术创新。尽管如此,在互联网时代,其政府作用越来越有限。

时任斯坦福校长的 John L. Hennessy 继承了 Terman 开创的学术与企业结合的办学精神,掀起了硅谷在互联网时代的创业高潮。他认为,企业家精神是大学的一部分,鼓励教授和企业联合。只要能完成教学任务,发表足够多的论文,大学不会限制教授到外面公司兼职,甚至可以离开学校创办公司或者在公司里担任要职。

硅谷的教授、学生、工程师、经理人都视科技创业为硅谷将来发展的途径。校长 Hennessy 身先士卒,先后创建了 MIPS 计算机公司和 Atheros 通信公司,并任公司的董事长,后者 2011 年被 QUALCOMM 以 37 亿美元收购。

在此阶段,斯坦福由 7 个学院和 18 个跨学科研究所组成,拥有 16 000 多名学生,2 100 名教师和 1 800 名博士后学者,非常重视体验式教育和跨学科的研究。每年有 1 000 多名本科生参加教师指导的研究和荣誉项目,并扩大了 Bing Overseas Studies Program,增加本科生的研究机会。为促进跨学科研究开展,斯坦福大学成立了作为工程学院和医学院之间的地理和知识纽带的 James H. Clark 生物医学工程与科学中心,而 Bio－X 则是由 Carla Shatz 教授领导的开创性跨学科生物科学研究所,Hasso Plattner 设计学院则将来自完全不同背景的学生和教师聚集在一起,为现实世界的挑战开发创新的、以人为本的解决方案。

斯坦福教授们从特曼开始就有投资自己学生的传统,到了 Hennessy 变成师生共同创业,很快就可以把学术成果商业化。斯坦福专利办公室则将超过 8 000 项学校的专利授权给了企业,并收取了 13 亿美元的专利费。

创业投资的广泛介入帮助出类拔萃的高科技创业者实现了自己起飞的理想,吸引了众多的创业者。20世纪90年代初期,硅谷吸引了60多亿美元的创业投资,帮助创办1 700多家高技术企业,其中不乏著名的仙童、英特尔、苹果公司等。到2013年硅谷的创业投资高达122亿美元,占整个加利福尼亚州的82.4%。但其投资的重点侧重于成长期之后,无法解决创业企业在种子期的融资需求。天使基金的成立可谓雪中送炭,为解决早期创业企业的融资问题开辟了新径。1994年,Severiens博士创立了加州第一家天使投资机构——天使乐团(Band of Angels),它由150位天使投资家组成,拥有起始5 000万美元专门投种子期和初创期的基金。该基金20年来,投资了277家初创公司,投资额达到2亿3 000万美金,谷歌、Facebook和LinkedIn皆得到了它们的垂青。硅谷的创业公司不断涌现,并且存活率大大高于美国所有公司的平均寿命。

硅谷这些高技术公司的多元化发展和产业技术创新,也催生了多元化的供应商、基础设施等产业共享。之前硅谷的创业者都是有商业经验的工程师或经理人,从1995年开始,越来越多全无商业经验,但有创意及对新科技有深入认识的年轻小伙子,成功地在硅谷创办公司。2007年成立的Facebook,不只把整个硅谷变为网络计算的科技中心,也使其成为美国的科技中心。

二、硅谷四螺旋

在知识经济社会,大学从社会的"次要机构"转变为"轴心机构",大学、产业和政府就构成了创新系统的三大创新主体。亨利·埃兹科威茨提出了"三螺旋创新模型",代表了美国"大学—产业—政府"之间的互动关系,硅谷地区是大学科技园发展的成功典范,"三螺旋创新模型"是其成功发展的机制保障。但Hellmann et al.(2002)通过对硅谷初创公司的数据进行实证分析,发现创业投资对创新公司的成长至关重要。与传统金融相比,创业投资不仅为企业提供资金支持,更能够通过各种专业化的人力资源政策、股票期权计划等促进企业的创新与发展[96]。创业投资是企业成功的重大因素。在我看来,创业投资固然重要,若没有创业投资退出通道创业板——Nasdaq的支撑,创业投资也难生存,同时,如果没有早期的天使基金,后期的创业投资规模和成功率也将大打折扣。因而,准确地说,应是包括天使投资、创业投资以及退出通道在内的创新金融对于企业成长至关重要。

（一）各主体的自循环

1. 政府

硅谷的形成与发展离不开政府的支持。政府包括联邦和地方政府。通过制定相关的政策，引导高校创新，推动创业，促进新企业的诞生，并形成新产业，为社会提供更多的就业，并增加政府的税收，形成更多财力支持政府运行与管理实施，为高校提供更多的研究机会。

美国政府制定涉及校企合作、创新金融等方面的政策，法律是硅谷崛起与成长的保障和依据，美英两国政府资助了电脑的开发，是高风险、长周期的科技项目的提出者；而硅谷地方政府则为大学提供大量研究经费，以项目为基础直接授予项目负责人，促进大学的学科发展。

政府还是创新项目提出者和产出的采购者，无线电和电子工程的最初动力来自两次世界大战，受到了军队的资助，美国政府的国防先进研究项目署（DARPA）创造出了互联网，并由政府将之转为商用。美国宇航局（NASA）是第一批集成电路的主要用户。

在创新链中，政府是硅谷最大的风险投资者，也是硅谷最有影响力的战略设计者，为创新企业、创新金融及高校提供良好的制度环境，促进三者之间的互动循环。

2. 高校

与哈佛重文、麻省偏理不同，斯坦福文理兼修，是美国唯一的医学、法律、工程和商业四大专业都名列前茅的学校，是美国和世界学术界的佼佼者。拥有过58位诺贝尔得奖者、5名普利策奖得主、20位国家科学奖章得主、2位国家科技与创新奖章得主、158名国家科学院院士、104名国家工程院院士，以及14位美国人工智能协会学者。斯坦福出身的企业界人士遍布硅谷和美国，是名副其实的硅谷与美国的智慧源泉。

斯坦福大学的教育理念，不仅要进行学术研究，更要将学术成果转化为商业产品，推动整个地区发展。校长们身体力行，教授纷纷在外创业或兼职，硅谷由斯坦福大学孵化，英国学者 Nicholas Valery 研究认为，斯坦福大学是硅谷的成功之源。

硅谷高校,除领头羊的斯坦福大学外,还有加州大学伯克利分校、圣克拉拉大学和圣何塞大学在内的 7 所大学、9 所专科学院和 33 所技工学校,它们为硅谷高技术企业发展提供充足的人力资源。如加州大学伯克利分校,有名列全美前 5 名的工程和科学院系,创建苹果电脑的史蒂夫·沃兹尼亚克,创办和经营英特尔公司的戈登·摩尔和安迪·格鲁夫,以及创业投资家托马斯·铂金斯都源于该校。加州大学旧金山分校(UCSF)是世界上最好的医学研究机构,拥有优秀的研究和治疗技术。圣何塞州立大学则提供工程领域中低成本、高质量的教育,特别是计算机科学和计算机工程,其工学院有近 4 700 名学生,它是硅谷工程人才数量最大的提供者。

在创新链中,高校通常处在前端研发,出售科研成果,由企业完成后端产业化。斯坦福大学的科学家与教授创业,直接缩短了创新链的过程,避免环节之间的转化风险,创新速度更快,效率更高。硅谷创业公司的创始人大部分是在斯坦福大学获得博士学位或具有专业研究经历的人。作为创业企业创始人或首席执行官的斯坦福大学校友经常回母校进行演讲或捐赠,为在校学生提供创业的动力。学生有机会进入公司参观实习,接触到未来的老板或是员工,以及电子业的最新成就。大学与公司联合培养,与通用电气(General Electric)、惠普等公司建立长期的员工培养合作关系,使学校与企业之间的联系更加紧密,解决企业问题,获取相应的技术信息,影响行业前沿的关键理论问题能够得到大学的及时反馈,大学科技成果得到有效的转化,推动研究的深入发展。借助邻近硅谷的地利,斯坦福学生在公司有实习和就业之利,教学内容的更新,专业的调整,吸引更多学生参与创业。随着硅谷的发展,高校之间形成专业化分工,确定自己在高校群落之中的学科定位,相互补充,彼此促进,形成良好的高校生态。校方从地租获得丰厚的收入。斯坦福开始跻身全美前十名大学的行列,至今不衰。

科技产业的发展,需要有一流大学,培育一流人才,一流大学必须要有一流经费。过去六十年来,斯坦福大学和校友及企业形成良性循环。校友捐赠大量金钱,学校提高师资研究水平,培育更多英才,学生毕业后创造更多成功公司,赚钱后又继续回报学校。

3. 产业

产业是企业的集合,企业构成产业的基本单元。作为硅谷发展的重要因素,创业企业在支撑硅谷崛起的过程中发挥了重要作用。它们获得大学的前沿知识与技术、人才,获得来自投资机构的权益投资的支持进行创业,创业成功后获得财富和创业经验,成立创业和天使基金,支持更多后来创业者创业,推动创业队伍的扩大,形成更多企业种群。

硅谷的发展动力并非来自初创公司,而是被一些大公司所支撑。这些跨国科技公司通常都拥有上百亿美元的销售额。无论是谷歌、苹果和甲骨文,还是Juniper Networks、Facebook公司,市值在10亿美元级别的公司几乎全来自高科技产业,在硅谷占统治地位,它们夯实了硅谷技术生态系统的根基。这些公司不仅有技术能力,也有足够的财力,进行新技术的研发,借助于创新创业过程而衍生出新的公司。

大企业与初创企业的共生,共同塑造了硅谷极具竞争力的行业。大型企业往往是初创企业产品和服务的购买者,初创企业通过出售产品和服务从大企业"开放式创新"的实践中获益,也通过强烈的知识产权保密实现与大企业之间的利益平衡。另一方面,大型企业通过并购初创企业快速实现市场目标,大企业倾向于从企业外部引进创意和技术,企业边界更加松散。

4. 创新金融

成熟发达的创业投资(venture capital)机构是硅谷高技术产业发展的催化剂,与产业形成相互促进的良性循环。美国创业投资规模占据世界创业投资的半壁江山,而硅谷是美国创业投资活动的中心。硅谷的创业投资从1960年兴起至今,每年获取不低于美国风险资金总额的30%[97],极大地推动了硅谷技术的发展。硅谷指数报告显示,2014年硅谷的创业投资前三个季度就达到74亿美元,其中清洁技术行业的创业投资额急剧增长,为32.7亿美元[98]。私人股权资本是硅谷创新成功中不可或缺的组成部分。正如理查德·佛罗里达(Richard Florida)等学者指出,和硅谷一样,波士顿地区创业投资业推动了高技术创业活动,并与当地的高技术产业共同成长。后期的PE、VC到前期的天使,确保创业企业在创业成长期获得稳定的资金支持,确保创业的顺利开展。对于天使基金来说,有后期的VC、PE接盘,可以适时退出,减少其投资风险,而天使投资的成功又给VC、PE带来好的投资项目,这个生态系统通过IPO与全国的公开金融市场连接,构成地区性的创新金融投资系统,为投资者提供退出渠道,使其获得回报。更为重要的是,在权益投资过程中,投资者的经验、知识不断丰富,并获得相应的投资回报,形成基金的自身投资循环而不断壮大。

(二)各主体之间的互循环

美国学者 Anna Lee Saxenian 曾言:"仅仅拥有硅谷的基本因素并不意味着就能创造出该地区具有的那种活力。事实证明,那种认为只要把科学园区、创业投资和几所大学拼凑在一起就能再建一个硅谷的观点是完全错误的[99]。"同样,亨利·埃兹科威茨也强调以知识为基础的区域,如"硅谷",不完全是自然形成的,而是各级政府、大学和产业之间的相互作用不断积累的结果。两位学者都强调了硅谷创新主体要素之间关联的重要性。在我看来,除了上述要素本身的自我循环外,不同主体之间的相互作用推动创新螺旋式前进的互循环,才是硅谷成功的真正 DNA。

1. 大学—产业

大学的专业、学科的发展,需要吸纳更多的人才、科学家、教授,扩大招生,这样,大学才能带来更多的研究成果。斯坦福大学的科技成果转移办公室(OTT),对于大学成果产业化的可能性进行鉴别与筛选,提高产业化的可能性,扩大创业投资的对象、规模,促进产业的发展。斯坦福在制定学校的发展规划时,将与企业的合作作为提高学校学术与科研水平的一部分,把研究园区列为学校为公众服务的一个职能,直接为硅谷的发展提供了巨大的技术空间。

另一方面,斯坦福从事高科技前沿的研究工作,其研究成果是地处硅谷的企业创业与发展的技术来源。企业既要尊重斯坦福教授、学者的学术理念,又要充分发挥他们的智慧。企业通过为大学提供研究资金、提供设备或是直接参与研究这些合作方式,获得斯坦福的最新成果的转让,作为回报,斯坦福可以获得收入不菲的科研资金和捐赠,以资助那些雄心勃勃的研究计划。从 1954 年到 1976 年,斯坦福的专利转让费在 45 000 美元左右。这些收入为斯坦福重金聘请名家大师充实教师队伍,实施人才尖子战略,培养更多的企业家提供了强有力的财力支撑。比如著名的惠普公司(HP)、思科系统公司(Cisco)、Sun 等都为斯坦福大学提供了赞助,仅 HP 公司在 2001 年就向斯坦福捐赠了四亿美元的资金,建造了现代化的弗德里克·特曼工程中心。这些资金投入可以使斯坦福更好地专注于科学研究,为硅谷提供技术支持,形成了一个可持续发展的循环渠道。更为重要的是,还为斯坦福大学的在校生提供可操作的实践平台,让师生在现实的企业中进行科研实验和模拟操作,解决了大学实践与理论相结合的难题。根据 2012 年的一份统计,在过去四十年,其校友和教授创立并运营的公司有 39 000 家,共创造的营业额等同于 2.7 兆美金的 GDP,创造了 540 万个就业机会。

2. 产业—创新金融

在 1980—1990 年间,接二连三的平台浪潮提供了很多创投机会,刺激创业投资公司数目的快速增长,它们之间存在竞争,同时有效的合作会增加它们各自的成功机会,并分散风险。

企业家增多会提供更多的资金和咨询服务,帮助更多的企业取得成功。一位硅谷公司的高级管理人员说:"我们在这里建立了一种架构:一流大学、高科技公司与富有创造性的人才,三者共同构成了一个网络系统,吸引各方关注并刺激投资兴趣。我们还可以在产品互补的企业之间进行协调。"

创新金融为大学科技园的发展提供了资金和管理咨询的支持,避免早期创业资金与管理经验的不足,而大学创业的增长又为创新金融提供了更多的机会,实现了创新金融与大学科技园发展的良性互动。

3. 创新金融—政府

硅谷的创业投资公司互相之间联系紧密,与斯坦福大学工程学院的教授、研究生、学生、律师、会计师、企业经理人也保持良好关系,因为他们都是好投资项目的来源。通过创业投资,初创企业可以迈出从技术到市场的关键一步。创新金融,契合了高科技发展的需要,满足了创业者和投资者逐利的需求,导致了硅谷的崛起与持续的增长,增加了政府的税收,分担了政府的就业压力。

政府既是创新金融的资金来源之一,如美国国立卫生研究院(National Institutes of Health,NIH)投入大量资金到波士顿生物医药产业中,仅 2020 年,NIH 就将 10%的研发资金投入马萨诸塞州支持经济发展。2008 年开始,马萨诸塞州政府打造 10 亿美元的生命科学激励计划鼓励中小企业发展;政府还是创新创业政策的制定者,2018 年,州政府再次提借高达 6.23 亿美元的债券和税收减免、系列税收优惠、产业资金政策扶持中小企业迅速发展,吸引获得全球众多专业 PE/VC 机构的瞩目;还刺激 VC 创建自己的具有突破性技术的医疗公司,并在种子阶段对实验室进行投资。

4. 政府—产业

在企业层次上,通过横向一体化和一系列相应的管理体制的引入,出现了一种新的巨型公司组织,在这些企业内部普遍建立了研究开发实验室,它们与大学和政府研究机构的联合就成为军事—工业综合体(military-industry complex)的基础,其雏形是"曼哈顿工程",而"阿波罗计划"则是其进一步发展和完善的形态。通过诸如此类的"军事—工业综合体",国家、企业和科研机构可以联合起来,集中力量对某些预定目标进行攻关,创造出对大量生产的大量需求,还产生一系列与新技术经济范式相配套的技术创新。

从硅谷演化过程来看,硅谷的崛起,源于美国政府的军工需求,联邦政府通过引导资源流向大学实验室,发展军工技术来刺激新的行业和地区的发展[100]。美国联邦政府以政府采购形式,为以斯坦福大学为代表的大学发展提供资金,有效刺激并推动了斯坦福大学电子工程学科的发展,同时,为晶体管理、集成电路等信息产业的发展创造了需求,吸引一批电子企业在斯坦福大学周围凝聚,并成功地将大学与产业联结到一起[101],形成三螺旋架构。

大学的学科发展,新的研究开展,带动整个科学进步、技术水平的提高,刺激政府进一步进行政策与制度创新;产业发展,为政府提供更多的税收,有利于解决就业,形成更多的财政资金投入大学研发,提高基础研究水平,为硅谷创业高潮到来奠定知识与人才基础;产业发展还催生了一批企业家和富人,利用他们的创业与管理知识,为后来的创业者提供资金和管理服务支持,导致创业投资的形成,有效地替代政府对于中小企业的投资,规避政府资金的风险,提高政府资金的运作效率,为硅谷的创业高潮形成奠定财力基础。

随着创业高潮的到来,硅谷吸纳更多的外部人才和知识、技术聚集,不仅需要更多资金支持,导致创业投资继续扩张,而且要求投资向创业早期延伸,导致天使基金应运而生。"当你还不富裕的时候要有创造性,当你富裕了的时候要支持创造性"成为硅谷创业者的座右铭。同时,Nasdaq 创业板的创立和繁荣也为创业者和投资人财富梦想的实现提供了有效路径。这样,伴随硅谷成为美国创新创业中心,围绕创新创业而生的股权投资体系——创新金融也发育成熟。硅谷创新四螺旋演化过程如图 3-1 所示。

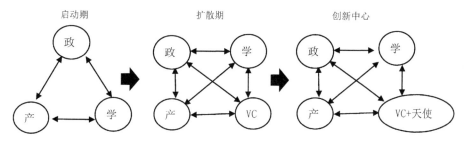

图 3-1 硅谷四螺旋创新结构形成

(三)四螺旋演化互动的结果

随着创新四螺旋主体相互促进,硅谷半导体产业衍生出微处理器产业,产生了个人计算机,计算机又催生了软件业,软件业又得益于互联网,互联网巨头们创造了巨额财富之后,又投资于生物科技、绿色环保技术,硅谷成为世界上最好的创新策源地,并在长达几十年的时间里引领电脑软硬件、互联网、移动互联网、智能硬件和人工智能几波热潮。从硅谷的主导技术的演化过程中可以看到,信息技术在量变累积后实现指数级的跃迁,渐进性创新与突变性创新交替,推动着硅谷的经济波浪式前进。硅谷在内在创新能力的推动下,一个产业集群达到成熟的时候,开始聚焦新产业领域,产生新的集群,从信息技术、生物技术到纳米技术,不断对原来的集群进行迭代而进化,保持整个硅谷创新与产业生态的繁荣(见图 3-2)。

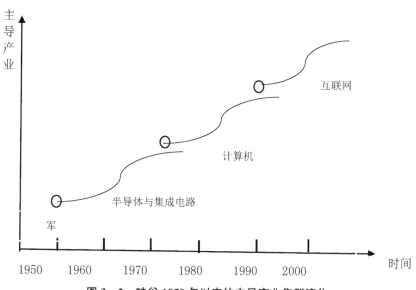

图 3-2 硅谷 1950 年以来的主导产业集群演化

从动态来看,支撑产业发展的力量是技术。晶体管技术催生集成电路、存储器和半导体,苹果和其他电脑公司共同发明了鼠标,经斯坦福大学研究院研发并成功商业化,互联网的前身——阿帕网在不久后诞生,随后,Xerox PARC开发了面向对象编程、图形用户界面、以太网、PostSript 和激光打印机等新技术和新产品,促进了 3com 和 Adobe 的形成,其中一些技术进一步为思科、苹果和微软等公司提供了相关支持。互联网向商业开放后,推动移动、游戏、社交媒体和软件即服务(SaaS)技术的发展,并在共享经济和数据分析领域得到广泛应用。硅谷还为医疗设备和生物技术领域的创业公司提供动力,Genentech 是DNA 重组行业的领军者,由硅谷的一位风险投资人和加州大学旧金山分校(UcsF)的研究员创立,在斯坦福大学和加州大学旧金山分校同时进行技术研发[102]。

无论是产业发展,还是技术研发,关键在于人才。美国半导体行业几乎所有先驱性人物都在仙童半导体公司共过事,在一次半导体工程师会议上,400位参会者中未曾在仙童公司工作过的人员不到 24 位。美国电子游戏机行业的设计师也多半出自雅达利公司,而包括苹果在内的数十家计算机公司的创始人都属于"自制计算机俱乐部"成员。

虽然美国政府的宏观政策,如移民政策、国防部研究经费、养老金进入创业投资市场都对硅谷的发展有正面影响,但硅谷的崛起,并不是因为国家或地方政府刻意推动,而是源于市场这只无形之手的作用,是市场拉动的结果。市场激励大学的教授、科学家、研究员、学生,产业中的工程师、经理人,以及创业投资者、产业投资者等,自下而上将硅谷从一个农业地区变为全美高科技中心,推动硅谷的经济不断发展。

第二节　四螺旋创新模型

一、四螺旋模型

按照亨利·埃茨科维茨的观点,支撑区域创新主体有产业、政府、高校,产业作为产品生产的中心;政府作为合同关系的来源,保证了合作和交换的稳定性;大学作为新知识和技术的来源,制定了知识型经济的原则[103]。这三者均为创新战略中的关键因素。该模型经历了三个发展阶段。三螺旋模型 I 的框架是政府包含了大学和产业,并指挥着二者的关系。三螺旋模型 II 即三个创新主体独立存在,但每个独立主体带有清晰的边界。三螺旋模型 III 则是三者角色可互换。如,大学将知识资本化,鼓励起源于大学学术研究的新公司成立,发挥着产业的作用;产业为了提高员工工作技能而对员工进行培训,并透过建立企业内部的教育机构等促进知识共享与转移,与大学的功能相似;政府则提供公共研究基金,如同一个创业投资家,并继续推进政府在创新方面的常规活动。保留自己的原有作用及独特身份,又扩大每个机构的功能以实现动态平衡,成为改进创新条件的关键。三者关系可交融,在三者交叉叠加区域形成三边网络混合组织,并演化为动态化模式,强调三个创新主体行为的"交迭"及相互作用,由此推动创新螺旋上升。

三螺旋理论认为,大学、产业与政府间互动是改善知识型社会创新条件的关键,创新不仅是公司新产品开发,更是制度领域间创造的新安排。随着社会经济的发展,金融制度安排对技术创新的影响越来越大,金融体系已经成为影响技术创新发展的重要制度安排之一。科技的发展需要金融的介入,金融是科技成果向现实生产力转化的媒介和桥梁,是科技与经济结合的黏合剂、催化剂。科技快速进步在一定程度上依赖于金融体系的完善[104],风险投资对于科技企业的创新活动具有重要的推动作用,无论是在研发投入总额还是专利数量上,获得风险投资的企业都比没有获得风险投资的企业表现更加突出[105]。要实现科技的跨越式发展,不只关系到金融业,还需要政府相关部门、企业等力量协力合作,才能加快实现科技成果转化为生产力。按照硅谷模式的梳理,借鉴三螺旋的思想,第四螺旋应是创新金融,其核心是政府创业投资基金(Government Venture Capital,GVC)。

二、政府创业投资基金成为第四螺旋的必要性

政府对创新创业的支持概括起来是产业、税收、财政、信贷等政策,最核心是资金支持。以芯片产业为例,日本的半导体相关产业,离不开当时日本通产省重点支持的五家大型计算机公司带来的产业集聚。韩国布局半导体产业,当时政府重点支持三家企业,并动用国家之力,进行逆周期投资,并在企业困难的

时候进行包括产业补贴、优先采购、税收优惠在内的全方位支持。中国台湾地区,在其半导体的发展早期,也呈现出极为明显的政府驱动的特点,台积电第一期的资本额高达 55 亿台币,台湾当局出资 27 亿台币,占股 48.3%,这是当时最大的一笔企业投资,当时几乎承担了所有风险。从理论上讲,其必要性主要是:

(1)新技术处于早期、不成熟,具有不确定性和公共物品性质。新技术的成熟度不高,正处于研究发展的某个阶段,尚未完全成熟或未完全取得市场应用。其科学基础或是新知识的原始生成,或是既有知识的再集成,对知识创新及知识转移具有较高要求。新知识的创造是否完成,既有知识是否全面、到位存在未知,既需要本学科领域前沿科学研究的理论支撑,还需要相关配套学科的科学和技术的支持,任何一方面没有适时跟上,都会加大这种新技术成功的不确定性。在主导设计出现之前,新技术存在不同的发展方向,最终方向的确定充满了不确定性。若考虑到企业内部的技术能力与管理水平,外部的市场、环境等多重因素的影响,技术研发成功的时间同样存在着高度的不确定性。再考虑资金、产品生产、供应商,尤其是企业战略与战术的运用、赢利模式的构建,新技术能否商业化成功也存在不确定性。新技术的研发,既具有不确定性,又具有典型的公共物品性质。一旦这项新技术发明出来投入生产,则会迅速、广泛地被他人所共享,该项科研成果的推广和应用还可为其他成果的研究开发和应用开辟道路。

(2)新市场尚待创造与开发,呈现市场外部性。新技术产生的新市场或是爆发性市场,或是需要经过一段市场"沉默"期才会出现的市场,抑或是昙花一现的市场。对此,创新企业无法预测,只能进行探索。再者,面对全新的市场,创新企业缺乏相应的销售经验、知识,还没有现成的经验可资借鉴,营销体系、策略需要重新设计;同样,面对全新的市场,用户也从未接触过类似的产品,缺乏产品使用的知识与经验,需要教育启蒙,虽然存在一定的潜在需求,但将其转化为现实需求尚需进一步挖掘和开发。更重要的是,市场需求还会随着技术的快速迭代而迅速变化,满足需求变成一个变动目标,企业会因为初始的市场定位不准而产生市场的不匹配性进而导致产品滞销。简言之,新市场具有高度的不确定性,需要企业不断搜寻和获取需求信息,根据新技术来开发市场和根据新兴市场来开发新兴技术。一旦新市场被开发出来,会引发新技术更大规模的应用,并产生更大的后续市场。但市场开发、营销体系建设存在知识外溢,后续市场并不为新技术创造者单独拥有,而导致新市场呈现出正外部性。它需要政府采购或者与企业分担其中一部分新市场开发的成本。

(3)新兴产业尚未形成,需要政府与企业一起培育。新兴产业发展的实质是新兴技术的产业化,是创新知识的应用而衍生的新产业[106]。不仅在产品市场、技术市场、劳动力市场等方面有着巨大的增长潜力,而且这种潜力一旦转化为生产力之后,对经济增长的贡献具有长期性和可持续性。新兴产业链条长,产业关联度高,对其相关及配套产业的发展能够产生巨大的带动作用,且就业吸纳能力强,能创造大量就业机会[107]。新兴技术的发明和应用能够创造一个甚至几个新行业,但也可能毁灭一个甚至多个老行业,涉及大量的失业和利益相关者关系的重新调整,存在很大的阻力,需要政府政策的引导和支持。同时,新兴产业通常处于产业发展的初期阶段,新技术的演化无法在真空中进行,它必须吸收各种各样的资源,需要资金、合作伙伴、供应商和顾客创建合作的网络,只有如此,才能实现成功的演化[108]。新兴产业的形成需要大量的企业和公共部门提供相关的补充性资产或配套设施、产业链上下游的支撑等。配套环境的外部性和不确定性决定了新兴产业完全依靠市场机制和企业自身的力量难以快速成长[109]。换言之,新兴产业需要政府与企业一起培育。

(4)政策工具具有边界性、时效性。鉴于新兴产业、新技术、新市场的不确性和外部性,政府的财政补贴、税收优惠等产业政策是提升产业利润率水平最为直接的手段,也是支撑新兴产业发展的有效措施。但不同产业政策实施的成本和效果决定其对新兴产业刺激的敏感性不同,同一产业政策对于产业不同的发展阶段产生的敏感性也不一样,政策工具存在相应的边界和时效。财政资金的支持应更多体现在"竞争前",在一定程度上可以补偿企业研发创新外部性带来的成本与收益风险。相比之下,税收优惠能在更大程度上诱导企业的研发活动。如2009年启动的旨在促进国内光伏发电产业技术进步和规模化发展的"金太阳"工程,对并网光伏发电项目采取了相应的财政补助政策,但几年来政策实施的效果并不尽如人意,同样,在财政补贴政策刺激下,中国新能源汽车产业2015年一举超过美国,成为全球最大的新能源汽车市场,但出现大肆"骗补"和市场虚假繁荣的现象。其原因可能是政策工具之间不匹配,政策执行过程缺乏持续跟踪,深层原因在于项目实施过程存在信息不对称、不充分。一方面,政府面对的项目众多,类型、行业各异,全面进行筛选和甄别既不现实,也不可能;另一方面,对每个项目进行监控、评估的难度较大,成本较高。而政府采用股权投资基金的形式,则可以很好地解决这一问题。

三、政府创业投资基金成为第四螺旋的可行性

早期创业企业研发具有公共性,需要政府作为投资主体进行投资,但政府作为创业投资主体,因为投资回报与其个人收益缺乏直接关联而出现代理人问题。政府无法直接进行投资操作,只能委托经营人员作为代理人,代理人因为缺乏激励机制去发现真正好的想法或项目,反而更倾向于将资金投向能给他们个人某些好处或者贿赂的人,而那些真正的好项目反而得不到资助。事实上,以创业投资为代表的股权投资作为一种制度创新,既是金融制度创新,也是企业制度创新。

从制度创新的角度,创业企业弱、小,在早期缺乏信用、担保而无法获得债权融资。创业投资、天使投资等股权投资制度的创新,较好解决了创业企业初期的融资需求,同时,与此相对应的创业板建立,为股权投资退出提供了投资回收的通道,更好地满足股权投资人、创业者的致富需求。

创业投资、天使投资基金的运作都存在委托代理问题,并不是仅仅因为政府作为投资主体而致,政府只是基金投资者之一。究其根源,在于信息不对称产生的逆向选择风险,以及创业投资过程中,投资人与企业双方的努力行为均不可观察、不可证实而产生的道德风险。问题的解决途径在于利用激励机制的设计,诱导具有信息优势的初创企业付出更多的努力,使之与投资人的利益、目标相一致。

(1)认证。政府创业投资对处于萌芽期的初创企业具有认证效应,承担了私人创业投资不愿意承担的认证角色,克服研发和技术创新不确定性、信息不对称这两大类信息问题,特别是在信息不对称严重的领域,政府创业投资的认证效应愈发明显[110],能够有效缓解初创企业所面临的融资约束问题。美国中小企业创新研究项目(SBIR)作为美国政府届时最为成功的政府创投项目,显示出其对科技型初创企业具有显著的认证效应,从而带动了私有创业投资的后

续介入[111]。

（2）信号。政府创投项目可以更客观地对企业所具有的这种正外部性提供发送认证信号，一些具有此类特性的初创企业大多会寻求政府创业投资的机会，以实现其对外发送认证信号的目的[112]。许多政府引导基金项目存在的意义即在于信号效应的发送与传递。通过政府创业投资发送有效信号，向私人创投市场提示被其忽略的具有高度潜力但又受困于融资约束的初创企业，在缓解初创企业融资困难的同时，也为处于高度内卷状态的创投企业指明新的投资方向[113]。

（3）筛选。政府创业投资的筛选效应具有自我调节功能，可通过不断对投资信息以及风险特性的获取来实时修正其自身的筛选作用，正因如此，政府创业投资的项目成功率才会高于一般的私人创业投资[114]。Guerini et al.(2016)[115]等学者对政府引导基金的筛选效应给出了肯定的答复，他们认为只有具备了这种筛选效应的选择评价机制，才能真正体现出政府创业投资对初创企业的认证作用，从而进一步推动初创企业在资本市场上多轮融资过程的顺利实施。相比于其他企业，同时通过政府创投与私人创投双重筛选的初创企业在后续融资过程中也更容易得到外部资金的青睐。

（4）补充/替代效应。政府通过建立多维度联合创投，提升政府孵化效率，缓解政府创投过程中固有的大而不强的问题[116]。相较于单一的政府创业投资或者私人创业投资，同时获得政府与私人创投资助的企业获得资本市场追加投资的概率更大，并且不仅限于追加投资，其对外部融资的成功退出（IPO 或者并购）也有着积极正面的影响[117]。Grilli et al.(2014)[118]以数据为支撑，验证了政府创业投资以及私人创业投资对被扶持企业绩效的正面影响的同时，也证实了两者之间的互补效应。

（5）督导与增值效应。所谓督导效应，是指在创业投资过程中，创业投资人通过多种投资方式，对初创企业的管理运营等方面进行有限的参与，尽可能地获知初创企业家不可观测能力的信息，从而实现被扶持企业价值增值的作用[119]。澳大利亚政府的 IIF 项目是现阶段最能体现政府创业投资督导效应的成功案例，它合理划分初创企业的区域创新程度并分别对其影响进行评价，研究表明相较于国家级政府创投项目，地方政府创投项目因地域上的邻近性更能发挥过程中督导的作用[122]。

（6）降低决策的不确定性。创新创业活动的本质具有不确定性，而部分不确定性来源于政策的变化，政策的制定和调整既创造了新的商业机会，也带来了高度的不确定性。政府基金体现政策相关的信息，使企业在更好地利用政策带来的变化的同时，降低决策的不确定性[120]。

（7）填补"投资空白"。政府创业投资基金通过投资政策导向，决定了其能否与私人创投建立共生关系，改变它们的投资行为，促使私人资本与因市场失灵而被忽视的年龄小、规模小、回报周期长以及经济落后地区企业，建立互惠共生（mutualism）关系，构建创业投资生态。政府创投的密度越高，私人创投越有可能投资原本对它们缺乏吸引力的"劣势"企业，避免了两者之间因竞争（competition）而产生"挤出"（crowding out），形成互惠共生的"涌入"（crowd in effect），增补投资空白，促进产业的发展，激发区域创新活力，推动区域经济平衡发展的社会目标[121]。

四、四螺旋创新模式的结构

政府创业投资基金，作为政府政策实施工具，需要在创新的早期阶段投资，面临的风险大，但能够促进区域经济发展，解决当地就业，创造社会价值。另一方面，来自纳税人的财政资金，具有经济属性，需要通过商业化手段，创造经济价值，实现投资回报，以保证财政资金的循环。政府的基金投资过程中存在社会价值与经济价值的双元冲突与平衡，这是政府基金投资过程中普遍存在的挑战，既不能像政府基金那样纯粹体现遵循公益逻辑，体现社会价值，也不能像私人创业投资那样，完全遵循市场逻辑，实现经济价值，而是需要遵从社会价值与经济价值的混合逻辑。

在产业的不同生命周期中，在创新企业生命周期的不同阶段，资金的需求贯穿始终。大学解决了创新的知识、技术、人才，产业解决了创新过程的生产、市场，而无论是知识、技术获取还是人才的聘用，还是生产的开展与市场的开拓，都离不开资金的支持。创新过程充满不确定性，面临技术、市场、生产等多重风险，尤其是早期阶段。大公司股权资本大多集中在新公司形成的下游——已经发展起来的公司。大学的股权资本能持长远的观点，集中在上游——公司开发早期，作为种子资本投入，但很难满足源头创新研究的需要，要有政府基金项目等资助的配合。大学、公司等机构范围的股权资本，能提供在公司形成所有阶段和商业周期各阶段的股权资本。相比之下，政府、大学更能支持长期创业投资项目，更少受商业周期变动的影响。各种类型的股权资本相互补充与加强，这样才能保证在公司形成发展的所有阶段都能或多或少地受到股权资本的支持。

政府创业投资基金聚焦于新技术、产业和工作机会的创造，寻求长期的经济发展。公共股权资本能保持集中在早期阶段的投资，特别是在政府不想太靠近市场起作用的社会中，但公共资金可能在商业周期的下降时期被撤回。基金会股权资本具有由法律做保障的自主资金来源，不受其他组织特权的影响，是一种最纯粹的公共股权资本工具，能够聚焦于公司形成的早期阶段，并在商业周期的下降时期发挥作用。基金会股权资本能相对自主地确定目标和分配资金，但迄今为止以此目的所创建的或重新定向的基金会是相当有限的。创业投资人的作用也不能忽视，它们更容易对于那些尚未看清实际效益的项目投资。

（1）相对独立的内核性。四螺旋模式中大学—金融—产业—政府四方在创新过程中既存在密切合作、相互作用，同时，每一方都保持自己的独立身份。四方都有其自身核心价值和利益的内核，在相互作用的交界面上出现混合组织，即大学、金融、产业、政府四者相互平等，四者中的每一个都表现出另外两者的一些能力，其内核区域组织边界分明，具有排他性。大学、金融、产业和政府四个主体存在相应的边界，具有不同的独立的内涵，起着独特的贡献。与三螺旋创新模式不同的是，新增加第四维度——创新金融，包括政府创业投资基金提供创新过程中的产业政策导向、资金支持、项目筛选、赋能咨询等功能，这些是其他主体不能完全提供的，它们也可相互作用产生大学科技园、孵化器、衍生公司等混合组织，但它们彼此间依然保持独立地位和身份[122]。

（2）关联性。埃茨科威兹（Henry Etzkowitz）也提过将创业投资作为第四螺旋，但他指的是私人创业投资，其运行规律完全按照市场规则运行，无法体现政府对产业支持的导向。笔者所说的四螺旋模型中的创新金融则是私人、政府创业投资的混合体，前者体现市场原则，后者体现政府产业支持的政策导向，具

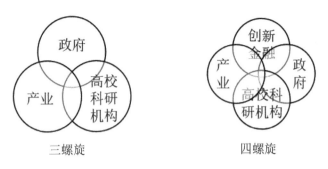

图3-3 三螺旋与四螺旋的比较

有发展中国家的典型二元性。政府股权投资基金,既提供资源,还提供信息。相对于私人创业投资,政府基金对被投企业的干预程度较低,存在投后为被投企业提供专业支持能力的不足,是"被动的所有者"(passive owner)。

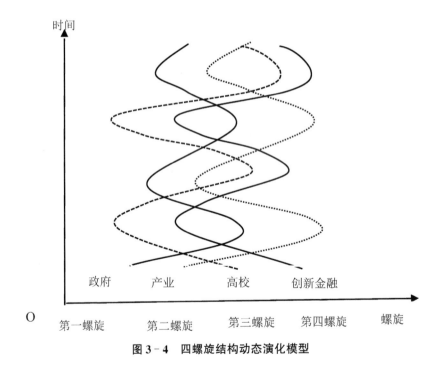

图3-4 四螺旋结构动态演化模型

但政府基金采用母基金的混合所有权结构,政府只是其中的 LP,除此,还有更多的私人 LP,而 GP 以专业人士来管理,整个基金采用市场化运作,可以解决单纯政府基金投资所造成的投后监督和管理的不足,能够有效规避潜在的代理问题对政府基金投资造成的效率损失。

第三节　合肥四螺旋创新模式

硅谷已经成为大多数创新型城市学习的标杆和参照物,但不是拷贝的模板,因为每个城市都有自己的气质,有其独特的自组织演化过程和路径依赖的轨道,政府需要因地制宜,进行创造性学习,才能形成具有自身特色的创新景观。

改革开放 40 多年来,中国区域经济发展的大量生动鲜活的案例亟待条分缕析、挖掘整理,而每一个案例中蕴含着怎样的政府、产业、大学乃至政府基金良性互动机理,值得在四重螺旋框架下得到澄清和展现,合肥便是最好的案例之一。

一、合肥四螺旋的动态演化过程

合肥创新驱动经济发展,是创新四螺旋形成并交互作用的过程,也是借助于引进和自我研发,推动科技成果的产业化,不断形成新产业、实现产业替代的过程。其创新模式演化大致分为下列阶段。

(一)第一阶段:1995 年及之前,创新孕育期

合肥工业基础薄弱,工业立市塑造创新的产业基础是必然选择,聚集创新要素,城市发展依赖于政府的政策扶持;科教之间,研究与企业之间关联较弱,政府投资研发,以债权融资为主要特征的创新金融与其他主体之间缺乏关联。

政府:创新资源的聚拢者。合肥主要任务是围绕着工业立市,实现传统农业为主导向工业主导转变,完成工业化过程,依靠高新区、经济开发区、新站区的城市建设,筑巢引凤,吸引资金、技术、更多企业聚集,为未来的发展奠定基础。政府是城市基础设施的提供者,通过新城建设、老城改造再造合肥。政府还是传统体制与经营机制改革的推动者,依据市场经济发展的需要,完成塑造市场主体的重任;改革科研体制,推动科研院所市场化;改革国有企业经营机制,实施国有企业战略重组,激活民营企业成为市场主体;作为政策的提供者,制定、颁布和实施具有一定前瞻性和指导性的城市规划和政策措施。出台地租

减免、税收抵扣、人才补贴、产业扶持等政策,来吸引外部的企业入驻,尤其是1994年,合肥市委出台《关于进一步加快合肥高新技术产业开发区建设的意见》,建立起一套有利于技术创新和科技成果产业化的、涵盖优惠的九大政策体系的"科技特区型"管理体制,具有突破性和探索性,新的体制机制带来了高新区的创新热潮。

科教:作为科教之城,合肥拥有中国科技大学、合肥工大和其他高校,依赖于国家自然基金、863项目、地方政府基金开展科学研究,但所产生的研究成果与本地企业需求存在较深的鸿沟。科研院所正处于改制之中,但相关研究成果同样与企业之间难以对接。高校所培养的人才,主要服从于国家经济建设需要,人才外流比较严重,主要流向江浙沪、国外,只有部分留在本地。支撑其工业发展的技术严重依靠利用外资、引进的国内外技术。虽拥有科学、教育资源优势,但缺乏与市场的有效对接,尚难转化为创新优势。

金融:科技研发的三项费用由无偿拨款逐步改为有偿拨款或贴息贷款,提高了科技资金的利用效率。合肥开设了国内首家带有实验性质的、股份制的科技开发实验银行,以债权融资解决创新过程中的资金短缺问题。合肥市虽出台了相关创新基金的支持政策,但创新投资并不活跃,只是零星;政府主要依靠债权融资来解决基础设施建设的资金缺口,真正投入创新数量有限,私人投资主要集中在房地产。

产业:产业主要解决商品短缺,企业开发创新动力不足,政府重点关注技术引进消化吸收再创新,开始注重引导产学研结合,万燕电子、美菱空调器、合肥三洋洗衣机、华东电子工程研究所、安徽现代电视技术研究所等一批技术水平高、产业规模较大的项目入驻高新区,但为了吸引各类资源要素在短时间内集聚,对于入驻企业所设立的门槛相对较低,如一些传统产业企业、科技含量较低的企业入驻高新区。安徽省现代电视技术研究所成为全省第一家经省科委认定的高新技术企业,到1995年,高新区企业已达395家,初具规模。

(二)第二阶段:1996—2010年,创新起步期

政府主导创新,营造创新环境,科教资源产业化开始得到重视,依然依靠引进国内外先进技术,发展先进制造业。政府创业投资基金为主导的股权投资支持下,承接发达地区的产业转移,成功打造"芯屏汽合"产业链,实现套利型创新。市场竞争倒逼企业开始被动研发,软件园、创业园、国家大学科技园等创新创业孵化平台、创新联盟构建,为企业与科研机构、高校联合进行产品研发创造了基础,政府按照市场规则对创新加以引导,官产学研合作机制开始建立。

政府:创新的主导者。制造业是创新的产业依托,加快"招大引强"作为主战略,打造先进制造业集群,招商门槛提高,引进更多具有科技含量、园区的主导产业关联企业。创新环境的营造者。先后出台《关于认定首批合肥市创新型企业的决定》《加快新型工业化发展若干政策》《合肥市科技创新专项基金管理办法》等一系列政策,为创新活动的开展创造相应的制度环境。

科教:合肥开始注重科教资源产业化,建立合肥软件园、合肥留学人员创业园、合肥国家大学科技园等创新孵化平台。创新联盟成为产学研密切合作的主要形式,省院合作、市校共建,如中科大先研院、中科院合肥技术创新工程院等。因研究力量高度集中在科研单位、高校,研究任务主要是国家纵向项目,与市场接轨不顺畅;同时,市场中介机制不健全,资金、产权、人事关系、风险管理机制等方面的措施尚不配套,市场因素发育不足,造成产学研结合效果并不明显。

金融:合肥市设立了 2.5 亿元的"加快工业发展专项资金",安排了 1 亿元财政资金设立"合肥市科技创新专项基金",扶持 20 家初具规模的高新技术企业发展壮大。合肥国有资本依托于合肥产投、合肥建投、合肥兴泰三大平台,采用财政注资方式,依托国有企业、联合国内头部投资机构,构建市县两级"政府引导基金＋政府产业基金＋市场基金"的股权投资体系,为企业创新提供相应的股权融资支持,但主要局限于创业企业成长后期。

产业:抓住国际及沿海发达产业转移的机遇,从"招商引资"转变为"挑商选资",更加重视技术含量高、市场前景好的行业龙头企业,引进规模型、龙头型、基地型项目,并对重大项目实行全程跟踪服务。格力、大陆轮胎、惠而浦、3M、思科、联发科、长安汽车等国内外知名企业与重大项目纷纷落户,同时,配套企业加盟,成功地打造了先进制造的"芯屏汽合"产业链,涌现出合肥通用机械研究院、工大高科和美亚光电等国家创新型试点企业,以及科大讯飞、国科量子、埃夫特等一批明星项目。企业技术创新开始启动,作为市场主体的企业尚未形成自主研发、自主创新的机制和实力。

（三）第三阶段：2011—2020 年，创新活跃期

有效的市场逐渐建立，企业成为技术创新的主体，技术创新全链贯通并高效运营；技术创新活动活跃，产学研联盟，外部的人才引进，为技术创新提供了人力资源与知识、技术的厚实储备；中国科技大学的量子科学基础研究，孵化出本源量子、国盾量子、国仪量子等企业，创建其量子产业，基于科学的创新链开始形成；"中国声谷、量子中心"城市品牌出现，创新型企业及高成长型企业培育加速，"急终生智"战略新兴产业长足发展，政产学研金四螺旋结构完善。

政府：技术创新平台的打造者。打破大学、科研院所、企业之间的信息屏障，整合创新主体之间资源，搭建企业之间的广泛交流平台，实现技术创新链上各主体之间的协同，促进企业合作共赢。创新城市品牌构建者。在前期阶段创新基础上，聚集相应的量子科学、人工智能的领先领域，建立区域创新的品牌。

科教：合肥形成以中国科技大学为塔尖，合肥工业大学和安徽大学为塔身，安徽医科大学、安徽建筑大学等为塔座，其他高校为补充的较为完备的高教体系。中国科学技术大学侧重于基础研究，学科分散；合肥工业大学聚焦工科，侧重于应用研究；安徽建筑大学、安徽农业大学，聚焦行业领域。高校之间互补构成创新链。合肥开始向周边、国内高校、科研院所扩充，随着合肥综合性国家科学中心核心区、国家双创示范基地的建设，合肥高新区已经形成了完整的创新生态体系，面向新兴产业和科技发展进行人才储备的科教能力，提供必要的人才储备，为合肥未来发展蓄积能量。

产业：推动产业融合，发展"急终生智"战略新兴产业集群。急，即城市应急安全产业；终，即智能终端产业；生，即生物医药和大健康产业；智，即智能语音及人工智能产业，成为闪耀产业地标，形成中德国际创新园国际交流与教育合作基地、中德智能制造成果转移与企业孵化基地两大创新平台和一个技术创新中心。以产促研、以研促产、产研并举的多样化产学研结合，以企业为主体的各类研发平台数量和规模得到了极大发展，官产学研互动协作，形成密集的区域创新网络，知识的生产、转化和应用高效顺畅，实现全社会系统创新，创新活动活跃。合肥在全省率先开展"雏鹰—瞪羚—独角兽"高成长企业梯度培育，推动了区域人工智能、量子通信、生命健康等前沿高科技产业的快速发展。合肥市

高新技术企业数量快速增长,改变了单一的产业结构,在产业规模迅速扩大的同时,创新能力得到很大的提高,"源头创新—技术开发—成果转化—新兴产业"全链条创新体系形成。

金融:在已有政府产业基金基础上,创新股权投资基金,由政府引导基金＋创业投资基金延伸到天使基金,形成天使投资、创业投资、私募股权投资基金群,较好地覆盖创新金融链,满足技术创新的需求。

(四)第四阶段:2021年—未来,创新中心期

政府作为品牌的营销者,充分利用城市创新品牌,吸引国内外智力资源、创新资金加速汇聚,成为创新中心,其势能在开放式创新生态开始释放,引领和辐射作用日益呈现。本地高校与外地高校之间的跨高校网络形成,吸引并培养更多人才;高校与科研机构之间普遍建立创新联盟,共同开展基于科学的创新;贯通创新全周期过程的股权投资、科技银行的债权投资与科技保险等金融工具,形成更加完善的创新金融体系;开放式的跨国官产学研金螺旋开始形成。

政府:创新生态顶层战略设计者。推动以研究型大学建设为核心、基于科学的创新平台建设支持力度,完善数字化信息基础设施,开放政府资源,搭建公私合作的创新平台,对外智力引进,平台政策制度建设,形成以知识和创新驱动的经济体系,构建科大硅谷的创新生态系统,注重宏观引导,推动城市形成有序的创新自组织状态。城市品牌的营销者,利用已经建立的品牌优势,培育创新文化,吸引国际的人才、资金,打造国际创新高地,在量子领域率先达到全球领先水平。

科教:除合肥本地的高校外,合肥之外的大学加盟成为新趋势。安徽理工大学、安徽蚌埠的安徽财经大学在酝酿步入合肥圈;合肥的创新吸引着众多教育资源汇集,与清华大学、哈尔滨工业大学,北京理工大和北京航空航天大学共建跨校人才、创新研究平台,尤其是"科大硅谷"建设为标志,形成面向全球的跨国产学研创新平台与网络,共同培养并吸引更多智力资源、知识、技术资源聚集;高校与科研机构之间普遍建立创新联盟,共同开展基于科学的创新;原创性的科研成果大量涌现,并得到迅速转化。

金融:合肥政府设立天使投资基金,扶持初创期科技企业,并将投资触角延伸到早期,成立了种子基金,覆盖创新过程的全链条、全生命周期;设立风险池

承担贷款风险、基准利率放贷等方式,推进专利质押贷款、科技保险等科技金融产品;徽商银行、招商银行等在合肥设立科技支行;整合金融资源,构建合作平台,科技金融创新战略联盟,有力地促进了科技与金融的深度合作。更有安徽省创新金融的加盟助力。

产业:合肥基础研究的成果开始发力,利用基于科学的创新创建战略新兴产业,依托中国科学技术大学、中科院、类脑智能技术及应用国家工程实验室等高校、科研院所与机构雄厚的科教资源和科大讯飞等领先的语音核心技术与应用产品,在"智能终端、互联网(智慧)＋、大数据、智慧城市、虚拟现实、信息安全"等主导产业重点布局,形成从芯片、技术、平台到产业和应用的人工智能产业链,借助于中国电科38所、天仪研究院、中科大等科技力量,吸引中科星图智慧遥感、卫星测控、数字地球、北斗伏羲等企业,打造空天信息产业,形成传统产业、先进制造、战略新兴产业新型产业结构,涌现出新华三、海康威视、中新网安、高维数据等创新型企业。

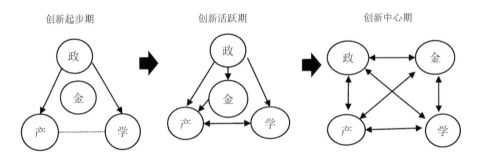

图 3-5　合肥市四螺旋结构形成

表 3-1　合肥市创新四螺旋演化

		1995 年及之前	1996—2015	2016—2020	2021—
	定位	科教之城	工业化	创新型城市	国际创新高地
	创新重点	聚集创新资源	套利型创新	基于技术的创新	基于科学的创新
	政府	创新资源聚拢者,城市基础设施的提供者,体制改革的推动者	创新的主导者,创新环境的营造者	城市品牌的构建者,创新平台的打造者	城市品牌营销者,全球创新生态的设计者

（续表）

	1995 年及之前	1996—2015	2016—2020	2021—
高校与科研究机构	中国科技大学，中科院、合肥地方院校	合肥大学城"大学群"；与清华大学深度合作，中国科学院合肥内部聚合，成立物质科学研究院	合肥本地的地方院校、合肥外地、国内高校、科研院所	合肥高校、国内高校、科研院所、国外高校与研究机构
产业（集群）	传统制造（家电、汽车）	先进制造新型显示、集成电路、新能源汽车	战略新兴集成电路、城市应急安全、生物医药、人工智能	战略新兴智能、量子、太空信息
企业	格力、大陆轮胎、晶澳、3M、NSK、长安汽车	京东方、晶科、蔚来	本源量子、国盾量子、国仪量子等企业	新华三、海康威视、中新网安、高维数据等
金融	国家科技基金、合肥科技开发实验银行债权融资	国家科技基金、合肥市科技创新专项基金，政府引导基金＋产业基金	国家科技基金、合肥市科技创新专项基金，产业＋VC＋天使	国家科技基金、合肥市科技创新专项基金、产业＋VC＋天使＋种子，科技银行、保险
主体之间协同	政府进行科技制度的创新，科研院所改制，高校研究以国家经费导向，市场主要解决短缺问题，企业研发动力不足，高新技术企业规模很小，技术市场初建，技术与市场两张皮	政府注重引导产学研结合，创业园、软件园开始聚集，产学研之间合作，官—产—金之间联系紧密，但学研与金之间联系缺乏	各种创新联盟，形成完善的官产学研合作机制，如省院合作、市校共建的中科大先研院、中科院合肥技术创新工程院，官产学研金，城市整体创新能力显著提升	企业普遍建立创新联盟，形成密集的区域创新网络，基于科学的创新链形成，开放式的跨国官产学研高度互动协作

二、合肥四螺旋的动态演化结果

根据熊彼特的创新理论,创新是对生产要素的重新组合,这种组合主要由企业通过市场机制实现。尤其在创新成果产业化过程中,企业可以融合特定的工程、产业、市场知识,从而获得创新收益。大学和科研院所主要为企业提供智力、技术,中介机构及政府主要为企业营造环境,简言之,都是为企业服务的[123],企业才是创新主体。基于这种认识,借助于四螺旋创新机制,合肥通过招商引资,构建产业链;通过创新提升产业链的能级,培育创新型企业,借助于创业苗圃—孵化器—加速器的创业孵化链条,完善创新创业孵化服务体系,优化各类服务机构的发展环境,加速隐形冠军和独角兽的培育。没有先进制造业,创新将失去依托,战略新兴产业发展将缺少产业支持,而缺乏战略新兴业,制造业发展缺乏未来。凭借创新型企业、隐形冠军、独角兽企业的培育与成长,合肥成功地实现从传统汽车、家电集群进化到先进制造的新型显示、IC、汽车集群,又到集成电路、生物医药、空天信息产业的战略新兴产业集群,平滑地实现了产业迭代与进化,保持旺盛的经济发展活力(见图3-6)。

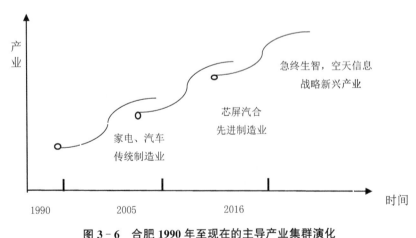

图 3-6   合肥 1990 年至现在的主导产业集群演化

三、硅谷与合肥四螺旋创新模式的比较

城市发展是一个复杂的社会系统工程,创新需要高校、科研院所、企业、金

融以及社会其他中介的参与和支持,共同合作完成,在不同的体制环境下,呈现不同的特点,但能够殊途同归。

美国硅谷的成功,存在于自由市场经济条件下,美国政府,如移民政策、国防部研究经费、养老金进入创业投资市场与地方的税收优惠、财政基金支持中小企业成长等政策都对硅谷的发展有正面影响,主要创造支持创新创业的环境,而不是直接介入。换言之,硅谷的崛起并不是国家或地方政府刻意推动,而是无形市场拉动的结果。市场激励大学的教授、创业投资者、创业企业、政府之间等互动合作,自下而上地推动硅谷内外的技术产业化,实现了硅谷的经济崛起与飞跃。按照哈佛大学教授 EdZ Schau 的说法,是一个"存在主义的创造"。硅谷模式以市场化利率、创业投资介入科研创新过程,硅谷发展的每一阶段都与当时的市场需求紧密结合并互为因果,没有政府指令,没有行政干预,一切由市场来检验。

与硅谷不同,中国合肥逆袭成功存在于转型的双元经济条件下,更重要的是国家对于建设创新型城市、研究型大学、创新型企业的战略指导;更有合肥政府依据自身的发展阶段进行的谋划,利用国家改革开放的机会,引进技术、利用外资,打造创新链的工业基础,高新区、经开区、新站开发区、科大硅谷的建设,为产学研的结合和创新要素的集聚提供了载体;更有政府适时进行制度创新和相关政策的支持,消除了在体制转换过程中的创新障碍,激发了科研院所与企业的创新积极性;合肥市政府创业投资基金的设立与市场化运营,覆盖创新全寿命周期的金融链的打造为创新注入新鲜血液;还有政府发展重点产业政策落地开花……简言之,合肥的创新城市建设取得如此成效是政府推动的结果,呈现出明显的中国特色。

相同点:早期,基于科学的创新,中国政府的国家自然基金,各种基金资助;基于技术的创新,政府引导基金,市场化运作。

发展逻辑:基于技术的创新产业提供资金,吸引更多资源聚集形成集群,再进行基于科学的创新,催生新的产业,形成基于科学的创新,形成持续的经济增长极,构成基于科学、技术创新生态。

表 3-2 硅谷与合肥四螺旋创新模式的比较

	硅谷	合肥
运作核心	市场拉动	政府推动
运作形式	自下而上	自上而下
政府	创新环境的创造者	创新主导者＋创新环境创造
产业	IT、半导体、网络	IC、汽车、量子
大学	斯坦福、MIT	中国科技大学、合肥工业大学
创新金融	私人投资	政府＋私人
环境	高度发育的市场经济体系	转型经济(传统＋市场)

四螺旋创新模式演化结果形成产业集群存在差异。硅谷是半导体集群、计算机硬件、软件集群、网络集群；合肥是：传统制造业——家电集群、汽车集群，先进制造业——新型屏显集群、新能源汽车集群、IC 集群等，战略新兴产业——人工智能集群、量子产业集群、空天信息集群等。

第四章　研究型大学

在全球科技创新发展和高等教育发展历史上,科教融合的理念与实践始终贯穿其中。19世纪初,德国的洪堡大学首次明确教学与研究相统一的理念是古典大学蜕变为现代大学的创新之举。此后,美国的约翰霍普金斯大学将科教融合进一步制度化,成立世界首个研究生院,成为研究型大学的发端。研究型大学在中国成长只有近十年的历史,但中国科技大学(以下简称中科大)却是个例外。中科大借助其独特的中国科学院研究基因,始终不渝地坚持基础研究导向,持之以恒地培养创造型人才,锲而不舍地进行知识创新,科学家敢为人先带头进行创业实践,将自己的研究成果转化为经济价值,较好地实现了研究型大学的使命,并取得不俗的成绩。

第一节　创造型人才培养

据不完全统计[124],中科大培养的毕业生当中涌现出32位科技将军,产生93位两院院士(含外籍)、302位杰青,279位校友入选国家优青,在三年内两次夺得国家自然科学一等奖,研究生与导师合作完成的重大成果数次入选"世界科技十大进展""国内十大科技进展""中国高校十大科技进展"……如此骄人的成绩,凸显其创造型人才培养的高质量。借此,中科大被称为"科学研究的重镇,科技英才的摇篮"。

一、独特的科研基因

中国高等教育与科学研究之间历经变革。依据大学与科研院所之间教学与研究功能分配比重存在的差异，先后出现了四种模式，有专门从事教学的纯教学型大学、专门从事科学研究的研究所，如原来的中国科学院；有以研究为主、教学为辅的研究型大学，还有以教学为主、学术为辅的教学型大学。其中，研究型大学借助于人才培养、知识与技术创新双轮驱动，加速科技成果从实验室走向市场，服务于经济的发展。

受当时新建的苏联科学院西伯利亚分院和即将以"所与专业结合"方式建立的新西伯利亚大学提供的灵感启发[125]，钱学森等人提出，要办为研究所培养人才的所办学院，而中科院领导则更进一步想到，干脆把那些学院集中起来办成大学，这便是中科大创立的初心。

脱胎于科研机构，独特的科学院办大学内含独特的科技、科研基因。"中科院不仅拥有丰富的人力资源和科研设备，而且从事的是世界前沿性研究课题，只有实施紧密的科教结合，才能最大限度地实现资源共享，使学生与日新月异的国际科技潮流快速对接。"中科大原党委书记郭传杰如是说。科研基因与教学结合决定了学校初始定位："既是一个教学单位，也是一个科研单位，又是一个中间试验性和小批量生产一些产品的单位，为发展我国科学事业做出更大贡献[126]"，并始终将"从事于新科学、新技术的研究"的人才培养作为立校之基，学生必须在学校里打下将来做研究工作的基础，成为中科大人才培养的基本原则。

科研与教学成为中科大的两个中心，从创始就避免了大多数中国高校的教学与科研分离的不足，在学校里营造出浓厚的研究气氛，同时，将这一优势融入其学科建设、大纲设计、师资配备、课程设置、教学安排等环节，来促进学生的创新素质的成长。如与中科院近百所研究院所构筑"优势互补、互动双赢"的全新合作模式，组成了全国最大的"科教联盟"。无论是当年的钱学森、华罗庚、郭永怀等老一辈科学家，还是今天的崔尔杰、林其谁等多位中科院研究院所的领导、专家都在中科大兼任院系领导、教研室主任，以指导相关系科的发展，设计人才培养方案，制订教学大纲，设计课程。并且，这些领导、专家还和一线科学家、中科院各研究所的科研人员一起来担任教师,以推进人才培养模式和机制的全方位创新,全面提升人才培养质量。如 2009 年中科大陆续开办了包括"华罗庚数学英才班""严济慈物理英才班"等 8 个基础科学英才班,以及"赵忠尧应用物理英才班"等 16 个科技英才班。

对于本科生,中科大实行"两段式"培养。第一阶段基础教育在校内进行,第二阶段专业教育则由中科大和中科院相关研究院所联合完成,并对有潜力的优秀人才进行重点培养,以造就在科学和工程领域拔尖创新人才,满足国家对高素质、创新型人才的战略需求。

为提升学生知识素养,中科大还与中国科学院相关研究院所密切协作,充分利用相关研究院所在基础研究领域的资源和平台优势,注重培养学生理论联系实际、动手实践能力。如大学高年级学生将被送到各研究所去实习和做毕业论文,每年有 200 多名研究院所专家担任兼职博士生导师到校授课或开设讲座、指导研究生,为学生未来的学术生涯打下了厚实的科研基础。

中科大特有的科研基因,在一代一代加以传承,借助于教学与科研一体化建设,将其融入学生培养的各个环节,培育了科大学生科研气质,并取得了显著的成效。如中科大的 2010 级学生曹原因其在石墨烯超导领域的突出贡献,成为《自然》(Nature)创刊 149 年来以第一作者身份发表论文的最年轻中国学者,并入选"《自然》2018 年度科学人物";2020 年 5 月,再次在《自然》杂志一次连发 2 篇论文而备受关注。

二、一流的学科集群

一流人才培养需要一流的学科支持。中科大优势的学科方向是理科,拥有数学、物理、化学、力学、生物科学、天文学等 6 个学科,是国家理科基础科学人才培养基地。根据 ESI 统计,中科大的化学、物理学、材料科学、药理/毒理学等 15 个学科领域进入世界前 1%,其中化学、物理学、材料科学、社会科学总论等 10 个专业领域的学术影响力超过世界平均水平。目前有 8 个学科(数理化地生,科技史、力学、核科学)被列为国家重点学科,在教育部第四轮学科评估中,物理学、化学、天文学、地球物理学、科学技术史、核科学与技术、安全科学与工程等 7 个学科获评 A+。如此众多的优势学科,在中科大聚集形成学科集群。

它是以前优秀人才创造性研究的结晶,也为后来高层次人才提供肥沃土壤,更是其吸引更多人才加入的资本。

在学科建设上,中科大并不满足现有的优势,而是坚持"有所为,有所不为",建设在某些方面比较卓越的研究型大学,突出优势和特色,打造"精品"学科,面向国家重大需求和国际科技前沿目标,选准要聚焦的战略性学科建设方向[127]。致力于基础研究,促进学科交叉,催生学科生长点,培育战略性新兴学科。

中科大建校六十多年来,始终关注基础研究,千方百计为"甘坐冷板凳"的基础研究工作者们创造更好的科研环境,支持和鼓励他们进行原始创新,取得了一系列重大原创性成果。正因为如此,其科学研究多年来一直领跑全国高校,尤其在量子信息、量子通讯等方面更是领跑全球。

在此基础上,中科大利用自身的学科集群优势,推动学科间的交叉与融合,培育出量子信息科学、纳米科学、系统生物学、化学生物学、生物医学工程、金融信息学等一系列新兴学科,并衍生出量子信息、聚变核能等新工科;与此同时,加强与国内外优势学科领域的合作,如中科大与北京协和医学院签署战略合作框架协议,双方将在生命科学和医学领域围绕人才培养、学科交叉等展开合作,发展"新医学"。

中科大正是利用基础学科优势培养优秀人才,优秀人才再进行原创性研究,催生新的战略学科,再培养出前沿性的顶尖人才,形成学科发展与人才培养的良性循环。

案例　科大新医学

生物医药的发展依赖于基础科学研究,主要包括药物发现、临床前期研发、临床研究、小试、中试与产业化等,创新强烈依赖于新的科学发现,知识创新主要集中于高校、科研院所、企业内的研发平台等创新主体。同时,生物创新的实现主要集中前端,基础研究药物的安全性要求、临床试验确保了产品进入大批量生产环节之后的安全性及实效性。生物医药基础研究与临床医院的结合是生物医学发展的必然要求。正因为如此,国际国内著名的医院,大都建在大学里。

中国科学技术大学理工优势明显、特色鲜明,在生命科学与医学研究方面有良好基础。有生物科学、生物技术 2 个国家级一流本科专业,生物医学科学入选国家双一流建设学科。有 1 个国家重点学科(生物学)和 4 个一级学科博士学位授权点,负责或参与合肥微尺度物质科学国家研究中心的 4 个研究部的建设,建有结构生物学、无膜细胞器等 9 个省部重点实验室与工程研究中心。然而,与国内顶尖高校相比,临床医学教育和临床实践尚属空白,亟须向医学领域拓展,需要医学院和附属医院的加盟,为实现其世界一流大学目标提速和赋能。

一流医院的发展也需要一流大学和医学学科作为支撑。附属医院是探索和践行"科大新医学"的重要载体,为其基础研究提供一个应用与检验的场所,是其实现基于科学创新的重要环节。始建于 1898 年的安徽省立医院,现已经发展成为门类齐全、特色鲜明的三级甲等综合性医院,办院规模位居安徽省第一、全国前十;血液病学、神经外科等多个学科具有较强的科研能力和发展潜力,拥有临床医学科学学位和专业学位博士授权点,首批国家临床教学培训示范中心,拥有国家住院医师规范化培训基地 30 多个;但面临教育科研平台资源不足,高层次人才培养、引进面临困境,亟须寻求与高水平大学合作,为临床提供大量先进的理论基础支撑,以提升基础研究水平和综合实力。

更为重要的是,随着社会的发展,人们面临的各种新的疾病无法医治,很多新的疾病层出不穷,而传统的临床医生无法去治疗这些疾病,迫切需要具备科学知识和医学素养的新型的医学家来攻克这些难题。

正是基于生物医学发展、基于科学创新的需要和社会的需求,安徽省、国家卫健委、中科院三方才在生命科学学院的基础上共建生命科学与医学部,安徽省立医院成为中科大附属第一医院,成为生命科学与医学部的重要组成部分。旨在充分发挥中科大前沿学科交叉优势,依据"全院办校,所系结合"的办学方针,整合优质资源,按照"高端化、精英化、国际化"的要求,构建有国际竞争力的生物医学科学家、医生科学家和卓越医生三大生命科学与医学人才培养体系,培养具有深厚理工背景和人文素养关怀的生命健康科技领域领军人才,满足我国对临床医学交叉复合型人才的需求。

为实现建设目标,中科大坚持"校院融合、科教兴院",采取校院双聘研究员制,全方位建设高层次专业人才队伍;以"科大新医学"联合基金为牵引,医教研协同创新,优化学科布局,理工医融合攻克难点痛点;生医部实行引育并举,整合大学与附一院资源优势、协同支持,强化高层次人才的支撑引领作用,着力引进国内外顶尖学者,集聚世界优秀人才。依托国家级人才计划、中科院人才计划等方式,引进了程临钊、翁建平教授等一批学术领军人才,包巍教授等59位海外优秀青年人才。先后制订了《生命科学与医学部人才双聘管理办法》等制度文件,建立校院引进人才的双聘机制。制定并发布《生命科学与医学部校本部 PI 任职资格和考核管理办法(试行)》,建立 PI 制＋团队合作,鼓励交叉融合,大力推动协同创新的氛围,建立了墨子论坛生命科学与医学分论坛、学术常态化交流机制。高度重视青年人才培养,推出青年 PI 成长与扶持计划,建设一支年龄梯队合理、学科特色明显、专业技术一流的高水平教师队伍。2017 年以来新增 PI60 人,各类人才项目计划入选者不重复统计近 70 人,3 个国家基金委创新群体。构建临床医学专业“本—硕—博”贯通式人才培养体系,培育少而精、高层次、高水平、国际化的具有医生科学家潜质的临床医学未来领军人才。

中科大生命科学与医学部以生物医学科学学科群为核心,以生物基础研究和医学应用研究为两翼,通过紧密衔接科学技术前沿,促进学科交叉融合和协同创新,以中科大附一院为“临床研究型医院试点”,结合临床需求和基础研究,使技术发展和医学进步更好地服务于人民健康;发展特色交叉医学,促进新型诊疗技术、医疗器械和高端医用材料研发,全面打通了生物医药创新链,形成了中科大新医学协同创新模式(如图 4-1),为其基于科学的创新再添新的活力。生物医学部科研立项屡创新高,学术产出持续加速,成果转化成效初显。

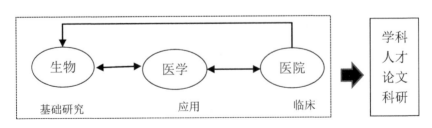

图 4-1　中科大新医学协同创新模式

人才培养:中科大本科校友中已有 6 位中国科学院院士、2 位美国和加拿大国家科学院院士,200多位校友在国际一流大学和科研机构任职,医学英才班3名在读本科生连续在《科学》(Science)发表对社会和科学认识的通讯短评。

学科发展:生物学与生物化学、临床医学等8个学科进入ESI学科全球前1%。"生命科学"在泰晤士高等教育世界大学(THE)2020年学科排名中位列全球52名,国内第三。2019年以来先后获批设置临床医学本科专业,"临床医学"科学学位一级学科博士授权点等。

科研:2022年以第一单位/通讯作者单位在《细胞》《自然》《科学》《新英格兰医学杂志》上发表论文6篇,获得2019年国家自然科学二等奖1项。

临床:2021年度医院四级手术人数全国第8位,技术难度(CMI)全国第32位,2022年医院自然指数排名位列全球医疗机构第45位,中国医疗机构第7位。

成果转化:治疗新冠肺炎重症和危重症病例的"托珠单抗＋常规治疗"方案等为代表的原始创新成果得到有效转化,合同总额达3.19亿元,抗炎抗肿瘤技术和NK细胞免疫治疗新技术等重磅成果也得到及时转化,初步形成基础—转化—临床有效衔接的创新生态,开始将学科优势转化为产业优势。

三、一流的教学元素,高规格培养人才

十年树木,百年树人。中科大以终为始的思维,遵从人才成长规律,以其雄厚的师资力量,一流的科研平台,通过控规模、改方法、全程式培养模式,实现高规格地培养具有国际化视野、个性化的人才目标。

国际化。独立开展创造性科研需要有国际学术交流能力。中科大大力拓展与海外大学的交流渠道,通过联合培养、暑期学校、短期研究计划等方式,有计划地派遣英才班学生到国际一流大学学习和交流,开拓学生的国际视野,提升研究能力。如严济慈班的34名学生利用暑期时间到哈佛大学、牛津大学等名校,进入相关研究小组,感受别人如何做研究。

个性化。中科大为激发学生对科学的好奇心,从尊重和保护学生的学习兴趣入手,学校在全国高校中率先施行"个性化学习"方案,逐步构建和完善个性化人才培养机制。在中科大,学生在校期间有三次重新选择专业的机会。新生入学一年后可根据兴趣在全校自选学院或学科;大二结束后可在学院或学科内

自选专业;三年级后还可调整专业,三次机会,没有专业大类的限制,各个学院灵活转换,真正做到了 100% 自主选择专业。除此之外,学生没有转换专业也可以修习其他专业的课程,拿到学分并获得其他专业的学位。

控规模。中科大一直以卓越人才培养为骄傲,精英教育是中科大最鲜明的特色。面对国内高校的多轮合并和扩招大潮,许多高校每年动辄上万招生,中科大顶住各种压力,不为所动,多年来依然将本科招生人数控制在 1 800 人左右,以控规模来保质量,为每个入校学习的学生提供优质的、适合其个性化发展的教育资源,避免因扩招而造成很多学生失去和老师交流、享有实验验证假设的机会。

改方法。教学方法是实现能力培养的关键。中科大通过开设"探究式"研讨课程,使课堂"活"起来,让同学们"动"起来。学生可以围绕某一个课题进行自主调研,走上讲台与老师、同学交流自己的想法,为大学生提供与科研一线老师平等交流的机会,以充分发挥学生在学习中的主体地位[128]。

全程式。中科大创办了全国第一个少年班,开创早慧少年培养的先河;创办了中国第一个研究生院,开创成建制培养研究生的先河,为优秀人才的培养提供全程式快捷通道。1978 年 1 月,中科大创办少年班,在无前人经验可资借鉴的情况下,不断总结和反思少年成才的教育规律,推陈出新,逐步完善,并在此基础上,将培养模式向高中延伸,实现中学与大学之间招生与培养的无缝连接,使真正具有数理特长、后劲十足、对科学有巨大热情和好奇心的孩子脱颖而出,为其成长为优秀人才提供了便捷通道。20 世纪 90 年代初,中科大又在国内首创本科—硕士—博士 4—2—3 分流培养和硕博连读体制,贯通本科、硕士和博士的三个相对独立学习过程,为创造型人才高质量地快速成长开辟了绿色通道。

高素质的师资队伍。如果说尊重个人的兴趣、培养好奇心是从学生的角度,发挥教学中教育主体作用,那么,坚持一流学者上讲台,培养学生兴趣,激发学生创造力,则是从教师的角度,发挥教学中的教师主导作用。截至 2022 年 8 月,中科大拥有两院院士等高层次人才不重复统计共有 596 人,占固定教师总数的 40%;45 岁及以下青年人才占高层次人才的 68%。在中科大,随处可见"千人""杰青"等学科带头人携着课本和教案,在课堂内外挥洒智慧,及时将最新科学研究成果和前沿知识传授给学生，让学生在与他们直接交流过程中，观察和模仿他们，悟出自己的直觉和洞察力。高水准的课程讲授保证了人才培养目标的高规格、学科专业设置的前沿性，在科学家、教授的言传身教和研究所浓郁的学术氛围中，学生得到潜移默化的熏陶和科研实践训练，又在高起点上奠定了学校的学术基础[129]。

一流的研究平台。工欲善其事，必先利其器。纵观世界各国不难看到，诺贝尔奖大多集中出现在一些拥有一流研究条件和研究手段的开放实验室。教师与学生可以借助先进的研究手段，相互交流，进行自由探索，从而产生新的学术思想、观点和成果，萌发出新的研究方向，做出创造性的研究成果。足见，高水平的科技平台是培养高层次创新型人才的最理想阵地[130]。

中科大研究生培养提供科研支撑的科技平台有两个Ⅰ类平台：同步辐射国家实验室和合肥微尺度物质科学国家实验室，中科大是全国唯一拥有2个国家实验室的大学（国家实验室全国共有9个，高校中有5个）；三个Ⅱ类创新平台：火灾安全、信息科技前沿理论与应用、地球与系统科学；又集中财力组建了五个研究生公共教学实验中心。由此，学校形成了由国家（重点）实验室、中国科学院重点实验室及研究生公共教学实验中心所组成的多级研究生教育创新平台体系，为研究生从事高水平的科学研究提供了支撑。

值得一提的是，全国高校唯一拥有类脑智能技术及应用国家工程实验室和语音及语音信息处理国家工程实验室，很多突出的成果层出不穷，从情感交互机器人"佳佳"，到讯飞语音，中科大的校友在人工智能领域做出了很多贡献。比如当前人工智能最热门的企业商汤科技、寒武纪科技，其创始人皆为中科大的校友。据相关统计，中国科学技术大学建校60多年来培养了73位院士，国家青年人才计划的入选者更是有十分之一，被誉为"千生一院士，八百硕博生"。

四、书院＋学院，强基础，精专业

量身打造最佳课程体系。课程体系是实现人才培养理念和提高人才培养质量的依托。中科大依托"书院＋学院"模式，开展人才的全面素质培养。

在书院接受综合素质的培养，达到基础要宽——能够适合多个学科发展；厚——要求非常高；实——结合实际。中科大制定"一流本科教育质量提升计划"行动纲领,并成立本科生书院,以完善高质量本科教育教学体系。中科大目前按照学生的不同类型共设置四个书院。冲之书院主要面向理科生,培养开拓创新气质;守敬书院主要面向工科生,培养严谨守正气质;时珍书院主要面向生命医学与管理人文学科学生,培养生命关怀与社会责任气质;光启书院主要面向少年班学员,培养超常英才少年的气质。书院下辖通识、英语、艺术、体育四个培养中心,其中通识教育中心着重对学生的哲学与伦理、文学与历史、经济与法律、艺术与审美、科技与创新、生命与关怀、传播与管理七个模块进行培养。2020 年 5 月,中科大与时俱进发布了《一流本科教育质量提升计划行动纲领》,将"计算思维"作为数理基础的延伸融入本科培养体系当中,以培养在新形势下学生利用计算思维解决复杂问题的综合素养。

在基础能力培养方面,中科大针对不同年级、不同专业的学生,构建"基础实验—设计性实验—现代物理实验技术—研究性实验—专业基础实验—专业实验"的多层次、研究型物理实验教学体系。低年级以激发学生学习兴趣和训练基本实验技能为主;高年级则以全方位的科研素养训练和自主实验为主,激发学生的创造力,提升他们的综合素质。为配合实验教学,中科大向本科生开放所有实验室,并送一部分大学生到中国科学院各研究院所开展大学生研究计划,让他们有机会利用课余或寒、暑假时间接受完整的科研实践训练,在导师的指导下,掌握基本的科学研究方法,以培养他们的科研能力。

在学院接受专业学习、科学精神与研究能力的培养,以达到专业精——所有的专业都精;新——适合时代的需求;活——能够灵活地去转化专业。全球新兴学科不断涌现,前沿领域不断延伸,基础学科交叉融合加速,呈现出新的发展态势。在前沿交叉领域正在或有望取得重大突破性进展的情况下,对于交叉学科人才的培养尤为重要。中科大一直在探索新型交叉学科的人才培养,先后启动生物医学交叉学科人才培养计划(与协和医学院合作)、少年班交叉学科英才班培养计划等交叉人才培养项目。2017 年学校正式成立生命科学与医学部,一个理工学科与医、文、商等学科的交叉学科领域的创新人才培养在中科大逐步成型。2018 年 3 月,中科大申报的"量子信息新工科建设""大数据科学与技术专业建设探索与实践"等 5 项新工科研究课题全部获批。

五、多层次提升学生的创新、创业能力

中科大创新创业学院成立于 2019 年 11 月,目前已面向全校本科生、研究生开设 16 门创新创业课程,涵盖通识教育、专业提升和实践训练三大模块。其中,《设计创新》荣获首批"国家级一流本科"课程。不同层次的学生掌握知识的层次不同,学习的专业各异,按照因材施教的思想,必须因层次而异,因人而异。中科大在人才培养的本科、研究生层次,每门课程都包括创造、创新的内容,但是各部分比重不同(表 4 - 1)。差异化设计本科与研究生培养模式,本科重视专业教育与创新创业教育有机融合,设置创新创业类公共选修课,面向全校学生开放;研究生的培养则侧重于创新创业意识,提高研究生创新创业能力,设置全校性、跨学科、跨专业的创新创业系列选修课程,拓展研究生视野,营造研究生创新创业氛围。

立足中科大以理工科见长的学科背景,发挥管理学院的资源整合优势,借助信息科学技术学院、计算机科学与技术学院、工程科学学院等学院的学科专业特色,形成"一轴多核"的创新创业动力基础,带动全校其他院系参与到创新创业的教育活动中来,激发全校学生积极参与、勇于实践的创新创业学习热情,形成多学院参与的协同教育模式。

表 4 - 1　中国科技大学创新创业教育课程体系

层次	培养目标	课程设置
本科生	创业意识、创新能力	"反向工程""创新设计""机器人制作"和"创业管理""企业家理论与创业管理"等
研究生	创新创业意识,创新创业能力	创新创业基础理论、实践、衍生课程、体验课程以及创新创业系列讲座等

资料来源:根据中国科学技术大学创新创业学院培养计划整理

设立大学生研究计划基金,全面推动高年级本科生参加实验室工作,使本科生尽快接触前沿科学技术研究。学校实行助研助教制度,推行个性化学习计划,设立了大学生科技创新活动基金,建立了创新培养基地,鼓励和支持学生参与科研实践,在实践中培养创新能力。积极组织开展教育部"大学生创新创业

训练计划"项目。2017年,资助立项教育部"大学生创新创业训练计划"项目120项,共计300人次,资助金额为213.7万元。

在工程硕士、工程管理、工商管理硕士(MBA)、公共管理硕士(MPA)等专业学位中开设创新创业培养方向,重点突出对研究生的创新能力、实践能力和创业精神的培养。为探索科技创业投资、基金管理人才培养,推动组建了学生基金管理团队,由学生团队按照风险投资基金的模式管理创新创业基金。这种创新的基金管理模式,把创新创业人才培养、项目培育和科技创业投资人才培养融为一体的创新举措,在国内高校双创教育工作中属首创,被众多双创专家和教育专家誉为"科大模式"。

数十年来,中科大培养大量的人才,科研成果、学术资源落户合肥,极大地促进了合肥高科技产业的发展,是合肥打造综合性国家科学中心的核心力量。

第二节　知识创新

中国量子学科从20世纪80年代起步,经过将近40年的发展,取得了一系列的杰出成就,量子卫星只是中国量子学科所取得的成就之一。在量子学科"漫长"的演进过程,一大批长期为之奋斗的科学家的身影跃然纸上,但这些科学家进行艰苦的知识搜索、知识创生实现知识创新的过程依然是个黑箱。本节以中科大量子团队进行量子知识创新为例进行探讨。

一、知识的创生

基于知识发酵模型,知识发酵过程涉及知识母体(知识发酵过程中必要的信息与知识)、知识酶(知识发酵过程中起到沟通、催化作用的人与机制)、知识菌种(主导知识重构和扩散的初始思想)、知识发酵吧(知识发酵发生的场所与环境)和知识中介与工具(收集信息、获取知识的渠道和工具)等各类要素[131]。受该模型的启发,本书认为,知识的创生实质是通过知识搜索、获取得到最新知识单元(知识基),将其在知识巴①中进行知识分蘖、创造、重构,最后形成新知识的过程(如图4-2)。

---

① 知识巴:知识创新的知识场——巴。

（一）知识搜索与获取

在演化经济学看来，知识搜索是一个解决创新问题的过程，知识创新是随着时间推演不断及时地从外部搜索知识、更新自身知识基的结果。知识搜索过程是一个不断发展的动态时间序列，先前或现在的搜索行为会影响后续发生的搜索活动[132]。

人存在有限理性和路径依赖，倾向在现有知识域附近搜索解决问题的方案，搜索旧知识可以获得积极的反馈，但是过度开发过去旧知识可能陷入"时间近视症（temporal myopia）"。搜索旧的或者以前的知识视为利用性搜索，而搜索新的或最近的知识视为探索性搜索。为解决科学问题，科学家需要进行知识的两种搜索，以发现现有知识库中是否存在解决科学问题的最新的知识基及其与解决科学问题需要知识之间的差距——知识空白，确定知识创新方向。

知识的空白取决于知识搜索的结果和科学家对学科发展的理解，而最新知识获取既可采用现有的文献检索，也可通过学习依赖于学缘而得以实现。如中科大量子学科发展的最新知识基源于实验平台大多数研究人员的海外留学或者研究过程，但随着中科大不断地向国际量子科学前沿逼近甚至超越时，这种从国外获取知识的模式变得越来越少，甚至会出现相反的现象。

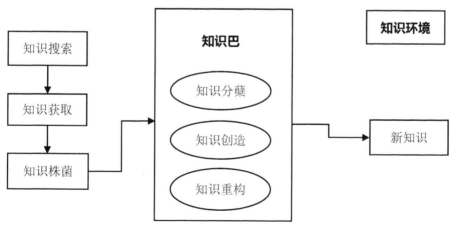

图 4-2　知识创生过程

（二）知识创新的路径

任何一种科学发现过程都是先把结晶的知识单元游离出来，再在全新的思维势场利用新的思想创造出的新知识单元进行重新结晶的过程。这种过程不是简单的重复，而是在重组中产生全新的知识单元、全新的知识系统[133]。其路径主要有现有知识分解成更细知识单元的分蘖，创造新知识基的知识创造，现有知识单元的融合形成的新知识。如著名的麦克斯韦方程，某种意义上讲，是对四个重要的经验定律的重组结果。但是，这个重组却产生了全新的电磁波的概念，产生电磁场的量子——光子这一独创的知识单元。知识创新既是知识单元的重组过程，也是新知识单元的创生过程，还是旧单元变革为新单元的过程。

在信息高度发达的今天，科研不能仅仅依靠少数人，建设创新型、复合型、实践型科研团队并充分发挥他们在科研中的作用，是加速科研发展的唯一出路[134]。著名物理学家欧内斯特·卢瑟福认为，他及其团队的声誉不仅来自自身的科研成果，也来自他和团队所培养的不断涌现的生力军所带来的成功[135]。知识巴就是存在于科研团队所形成的相同方向的知识发现竞争、不同方向的知识互补同时又相互启发的土壤，有助于加速科学成果产出。中科大量子学科，正是在这种思维场的作用下，从基础研究，理论到实验，再到仪器设备和产业化的过程中，郭光灿——单点突破形成量子学科知识的涌现，最后形成了中国的量子学科。

（三）知识环境

无论是知识的创生，知识分化还是知识的融合，都是形成新的学科范式的重要路径。但在这个过程中，知识创造的外部环境则起着重要作用。科学研究的结果难以预测，具有不确定性和偶然性，依靠市场支持会出现失灵，政府支持就显得十分重要。没有国家科学基金、国家重大研究计划、国家自然基金、973计划的支持，没有国家开放政策为科学家出国寻求知识创造条件、中科大自由研究的氛围，量子学科能够得到如此长足的发展是难以想象的。

二、科学能力

科学能力学理论认为，科学能力是一种特殊的生产力，是将科学知识生产出来的能力,主要包括科学家的团队的创造力、图书—情报系统和实验技术装备的推动力、集团研究组织结构等[136]。在数字经济高度发达的今天,信息高度发达,获取编码知识并不难,新思想或者概念只有 11%~18.5% 来源于科学文献,其余则来源于从事类似问题的同行沟通[137]。在此条件下,图书—情报系统能力更应体现获得最新的前沿知识、隐性知识的能力,而这种能力与研究团队及科学家的社会网络密切关联。同时,上述三个因素若缺乏有效的组织管理,不能形成整体力量,则难以形成科学的产出。并且,研究团队的组织因其成员构成的特殊性,其组织方式主要以自组织为主、他组织为辅助。这样就有式(4-1):

$$科研产出 = F(科学家群体的创造力,科学实验装备能力,$$
$$科学情报网络的信息能力,科学组织管理能力) \quad (4-1)$$

科学研究是一项很费钱的活动,要获得优异的研究成果、保持领先地位,就必须能够吸引到有才能的科学家,拥有先进的实验仪器装备,图书—情报系统,而这一切的背后又依赖于充足的资金,一言以蔽之,科学研究成果是财力的函数。现依据科学能力的维度对中科大量子光学研究团队进行分析。

(一)科学家群体的创造力

科学家群体创造力取决于群体的规模、多样性,也依赖于科学家个人对于科研的梦想、好奇心。

科学群体规模。中科大量子光学研究团队中最具代表性的分别是:潘建伟负责的光与冷原子量子物理和量子信息研究团队,侯建国负责的分子系统量子测量与控制研究团队,郭光灿和杜江峰负责的基于固态系统的量子物理和量子信息研究团队。这些团队共 43 位骨干研究成员,其中 32 位在国外大学获得博士学位或者在国外有长时间的研究经历;在国内大学获得博士学位,无国外长期研究经历共有 11 人。研究成员皆为博士毕业,具有量子光学研究方向扎实的知识基础和资深专长,大部分了解国际前沿动态,小部分了解国内研究动态,形成较好的互补结构,为团队创造力的发挥创造坚实的基础。

研究团队规模随着量子研究内容不断扩展和完善:2001 年,量子实验平台建立之初;2008 年,国家自然科学基金的单量子重大研究计划开展之时;2011年,研究任务增加,适时进行了团队的扩容,较好地满足研究任务的需要。

其次,科学家的好奇心。创造心理学表明,"科技工作者对感兴趣的研究课题有一种特殊的认识倾向,对它向往,因此就能增强创造力的积极性","凡是在某个领域有所成就的科学家都是对某个研究课题具有稳定、专一而持久的兴趣"[138]。做科研、成为科学家是杜江峰从小就十分向往的事。"其实我从有记忆的童年开始,就梦想成为科学家。"杜江峰说,"这么多年,这个梦想都没有变过,科学的未知与挑战性对我来说,有着巨大的吸引力。"

再次,科学家群体的多样性。知识创造是一个社会活动,研究团队构成其基本单元,成员之间通过智力协作而完成创造任务,需要知识、学科多样化。如潘建伟负责组建的量子物理与量子信息研究部,五位教授学科背景不同,潘建伟在理论和实验领域都有研究,杨涛从事的是电子学,陈增兵、郁司夏偏重于理论,杜江峰研究核磁共振。正因知识是互补的,在学科交叉中产生新的生长点,并取得了较好的成绩。2001年开始组建,2002年就有成果,到2003年时,在量子通信领域实验研究已经有了很大进展。

(二)实验仪器设备

实验技术一般都是科学原理的物化。量子理论研究只是规划未来量子研究方向图,要在世界子领域占据重要位置,必须通过实验加以验证。工欲善其事必先利其器,科学实验需要实验技术装备所提供的动力,并且,实验技术的数目与科学知识量成比例,在某些方面,实验仪器设备的水平决定科学研究的水平。

在国际化的今天,国内若缺乏相应实验技术支持,研究团队可以与国外学术团队合作,利用国外的实验仪器设备完成,也可以通过国家资金的支持,购买国外的实验仪器设备。但受到国外禁运和封锁的情况下,则只能靠研究团队的自我研制。如随着研究的深入,依托国外实验仪器设备搭建自己实验室的做法遇到了很多困难,杜江峰团队的实验对象只能从核自旋扩展到相对更难操控的电子自旋,研究人员逐渐感受到商用谱仪在开展原创性科学研究上的不足,一些好的学术思想受到实验条件和实验样品的制约,而商用实验设备无法为原创性科学提供支撑。为突破实验仪器设备的限制,杜江峰团队研制出中国第一台自主知识产权的X波段脉冲电子顺磁共仪,其实验性能达到国际一流水平,确保其国际前沿研究。

（三）图书——情报网络所提供的动力

知识创造所需的编码知识、显性知识借助于图书—情报网络可以获得，但非编码知识、隐性知识则需要通过社会网络加以解决。因为知识创造是嵌入社会网络、社会化的活动，依据社会网络理论，必然受到活动个人、群体所在网络的影响。按照网络联结强弱可划分为强、弱联结网络。弱联结网络，社会网的范围大，成员之间信任度弱，传递信息异质性强，并能够传递得较远，有利于前沿、新的、异质的知识转移；相反，强联结网络，则往往陷入小圈圈，成员之间信任度高，传递信息是重复的、同质性强，有利于隐性知识的转移。

中科大量子光学研究过程中，在国外，潘建伟和侯建国等人在国外攻读博士期间形成的合作关系，继续参加国外大学/科研院的合作研究，利用国外的图书—情报网络获得研究方向的编码知识、显性知识，同时，利用与国外合作形成松散的弱联结网络，获取该领域中的最新、最前沿的新知识。在国内，以潘建伟和侯建国等人为核心带领自己的博士生组成研究团队形成的强联结网络，又可获取实验及研究过程中的隐性知识，灵活地将强、弱联结的网络结合起来。研究团队综合利用了上述两个网络，获得了知识创造所需要的相关知识，有效提高了科研产出。

（四）团队成员自组织

研发团队很难在一个官僚的组织里卓有成效地工作。这种机械组织结构所固有的许多限制条件和自主性丧失，抑制了他们的创造性，并导致人际关系的淡漠和疏远[139]。只有在自主组织系统中，新思想和新想法得以产生、推广、包装、组织和实施。研究表明，管理人员技术水平越高，科研组织越具有创新性，而管理人员技术水平不高，但具有高层次的管理水平时，最不具有创新性[140],[141]。

战略前瞻性是指企业准确预测战略结果并提前采取行动的能力[142]，对创新绩效有显著的提升作用[143]。科学家的前瞻性不仅体现在科学价值上，具有研究前景，能够开创新的学科，还体现在市场价值上，能够转化为技术并产业化，满足人类的需求。

具有国际视野、战略眼光的领导者。在一个学科领域内，科学家群体对于科学研究本质的理解达到了"通透"的境界，能够准确把握科技、社会和产业发展趋势,对于学科未来发展有着国际化视角、战略性的眼光,站在学科前沿,能凝练出该领域的重大科学问题,开辟新的研究领域、学科布局,引领学科发展的新方向、研究的发展蓝图,形成团队自组织的核心,引导团队自我成长。

郭光灿就是这样具有前瞻性的战略科学家。他凭借着在光学领域的多年积累,找到了在当时国内并不看好、在国际上基本理论框架做得很成熟的量子光学,预见到量子光学的发展必然将走向量子信息的交叉学科形成的"新生长点",着手研究量子克隆和量子编码,开创国内量子的学科体系,并预见量子光学理论转向实验,最终形成量子计算机、量子密码、量子网络等的实际应用。

自组织不仅体现在自驱动、自成长,还表现为自激励、自约束。中科大的量子团队依据重要科研成果产出能力和国家重大任务承担能力,对科研人员和技术人员进行分类年度考核,并将考核结果作为团队成员获得绩效奖励的主要依据,形成研究人员的自我约束;同时,提供多样化、多层次的晋升平台,形成每个成员不断进步的自激励。作为具有能力、文化程度的高级知识分子,正是在同行竞争、团队考核的压力下,以及自我实现的需要驱动下,不断进行自我激励与约束,实现自我成长,并形成研究团队的创造力和战斗力。

(五)外部力量的他组织

中国科学家团队的创造活动自组织,还受到他组织的激励与约束。科学家承担的科学研究,一部分出于自己的好奇心申请,一部分则来自国家、所在省的任务。不论属于何种情况,都将受到提供资金支持的国家自然基金委、省基金委等基金组织的约束。在项目申请时,项目受到相关专家对科学研究的方向正确性、完成的可能性的评判,从而决定资金与科学家团队结合与否;项目进行中,研究成果受到同行的认可而得以发表;项目结题后,需要接受同行专家对成果的最后评判,以判定后续方向及其后期资助。若研究成果优秀,会得到进一步的支持,形成研究的良性循环。更为重要的是,国家自然科学基金还通过面上项目—重点项目—重大项目—重大科研仪器研制项目,从项目资助,到人才资助、重大科研仪器资助,不仅实现项目接力,而且培养研究团队,形成新学科。中科大量子学科的创建便是国家自然基金多年支持的结果。

当然,罗马不是一天建成,科学能力的培育需要长期积累,中科大的量子学科的发展之中,其科学能力的锤炼也不例外。按照科学能力的发展大致可划分为三个阶段(见图 4-3)[144]。

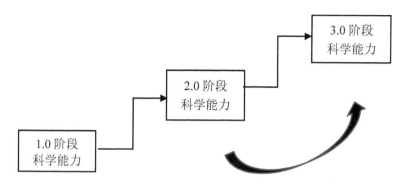

图 4-3 中国科学技术大学量子科学的科学能力演化

1. 量子科学的 1.0 时代(2000 年以前)

中科大量子研究刚刚起步,主要依靠科学家的个人创造力,实验技术装备是次要的,图书情报的作用更是微乎其微。如杜江峰组开展量子计算研究的初期,无设备、少经费,实验条件非常艰苦;侯建国也有同样的体会,实验所需的高温炉连炉丝都得靠自己动手绕,X 射线衍射仪是中科院上海生物化学研究所报废了的……相关信息主要来自参与合作研究的 5 所国外大学/科研院所,合作单位比较集中,合作关系相对简单,研究人员少,成果本身也不多,情报有限。在如此困难的情况下,科研活动的开展依赖于科学家们的好奇心和对科研的兴趣,自组织作用最强,总体科学能力比较弱。

2. 量子科学的 2.0 时代(2000—2012 年)

随着国家自然基金委、973 计划、中国科学院等多个基金的资助,实验装备和图书情报在整个科学能力中的作用大大提高,科学家的创造力所占的权重反而相对较弱,并且创造力常常会受花销巨大经费而确定下来的课题所限制,团队的他组织开始发挥作用。1999 年,在中科院的支持下,郭光灿成立中科大量子通信与量子计算开放实验室。2001 年,郭光灿教授作为首席科学家承担科技部 973 计划项目"量子通信与量子信息技术",合作网络有来自国内十多个重要研究所和著名大学的五十余位科学家,参与合作研究的国外大学/科研院所增加到 33 所,合作领域开始扩大,总体科学能力开始增强。

3. 量子科学的 3.0 时代(2013 年—现在)

随着科学家对相应的领域研究的深化,对实验装备提出更高要求,基于科学研究的现实需要,刺激科学家加紧科学仪器及装备的研制,在此基础上开展更高水平的研究。图书情报能力随着互联网技术的提高而得到迅速提升;与国外合作数量快速增长,参与合作研究的国外大学/科研院所多达 65 所,参加的国家数也在同步增加。科学家群体所在的社会网络规模扩大,成员的异质度提高,合作领域进一步扩展,科学家群体的创造力进一步提高,而实验装备改进,信息条件改善,自组织水平提升,科学能力四个维度中最短的"短板"得到大幅度弥补,科研的新成果产出率也会大大增加。

一切运动物体具有惯性,科学能力的提升也是如此。随着国家基金资助(面上—重点—重大—仪器装备),从资助项目到人才、实验装备,加速科学家队伍聚集和规模的扩大,实验技术装备水平随之得到大幅度提高,更为重要的是,提高科学家自制仪器装备水平。基于互联网的图书情报系统导致获取编码知识效率提升,社会网络规模也在同步拓展而获得更多的前沿与隐性知识,科学能力得到更大提升,不仅提高项目研究水平,还增加研究问题的深度和复杂度,进一步导致研究成果涌现。在过去的 20 年,中科大在科学能力提升的惯性带动下,量子团队共发表高质量论文 390 余篇,基本都发表在 *Nature* 及其子刊、*Science*、*Reviews of Modern Physics*、*Physical Review Letters* 等国际顶级期刊上,同时,引用累计超过 40 000 次,平均每篇论文引用都大于 100 次。

第三节 科学家创业——潘建伟的国盾量子

中科大取得一系列原始创新成果后,将有市场前景的原始创新成果产业化。产业化过程中需要一些具体的产业实体来专门做这些事情,中科大依托两个项目团队分别成立了两家公司,即依托潘建伟团队成立了科大国盾量子技术股份有限公司(原安徽量子通信技术有限公司),设立在安徽省合肥市,依托郭光灿团队成立了安徽问天量子科技股份有限公司,设立在安徽省芜湖市。

在产品研发阶段,潘建伟研究团队不仅仅局限于基础理论的研究,还会有一些试验性的技术攻关。例如,光纤量子通信安全距离首次突破 200 公里,

3 节点、5 节点保密电话网等,这些成果都是通过试验实现的。其中 3 节点、5 节点保密电话网的成功,说明量子通信已经可以探索进行产业化。然而,对于一个城市来说,不可能只有这种 3 节点、5 节点的组网,而会涉及一种规模化的组网,这一组网过程需要许多的产品和设备,这时候学校做就不合适了,需要产业实体来进行具体的产业化工作。例如,后期合肥城域量子通信试验示范网(合肥网:46 节点)、济南量子通信试验网(济南网:56 节点)的建成开通,都是在学校和企业的合作下完成的。2013 年,中科大承接了"量子保密通信京沪干线"项目,属于城际范围,在做这个项目时,中科大可能会遇到一些前沿技术攻关,公司也需要开发一些城际的量子通信产品,但是这个项目建成之后会成为全球第一个大尺度的光纤量子通信干线。

李传锋谈道:"我们实验室现在和中航成立了量子中心,就是想解决产学研的问题。我们沿着量子通信和量子计算进行研究,同时和中航进行协作,如果中航发现某一部分可以进行产业化了,它就会拿去产业化,不断地进行分流。我们不一定说非要量子计算机出来了,才开始产业化。在这个过程中,做到一定程度,有一些东西已经可以做成产品,如郭老师做的量子存储器里面的迅速制冷机、降速共振谱仪的一个结合,如果解决了这些问题,那么就可以想办法产业化了,在这个过程中会逐步解决一些问题。前面也讲了我们 95% 的仪器设备都是从国外进口的,但是现在我们想进口都不给我们了,我们现在被禁运了,所以这就要求我们必须自己解决问题。"正因为国内的仪器面临着这样的问题,我们才更需要扶持这一部分的发展,然而这一部分的发展绝对不是仅凭某一点的资助就可以实现的。

之前,我们对基础研究与科研装备的关系关注不够,中国 95% 的科研装备从国外获取。当科学发展到一定程度后,理论的突破和装备的研发是相互促进的。国内无法研发出高端装备,是因为我们提不出高端需求,提不出高端的课题。开辟一个科学领域后,研究团队就可能做一些仪器和设备的研发,这对产业的发展会产生重要影响。光有理论的投入是不够的,将来可能需要将更多经费投入重大科研装备研发领域。目前,中国重大科研装备项目还很分散,科技部、中科院、国家发改委都有此类项目,怎样才能把理论的突破和重大装备突破更有效地衔接起来呢?理论突破引导产业核心竞争力的提升的例子已经有很多。例如,核磁共振技术获得诺贝尔奖,通用电气公司垄断了断层扫描产业;居里夫人研究 X 光,自己做设备,欧洲国家垄断了 X 光行业。未来科学发展可能会引发重大装备的跟进,而重大装备是控制产业核心技术的来源。原始创新的突破、技术的积累,以及后续产业的跟进,都是产业化过程中重要的、不可缺失的环节,原始创新突破与产业化之间的跨度是非常大的,要关注这几个方面的整体发展。

习近平总书记指出,加快发展量子科技,对促进高质量发展、保障国家安全具有非常重要的作用[145]。近年来,量子信息科技发展突飞猛进,成为新一轮科技革命和产业变革的前沿领域。"墨子号"上天、"祖冲之号"实现量子计算优越性,一系列量子信息技术成果集中涌现,我国量子科技实现从跟跑、并跑到部分领跑的历史飞跃。而在量子信息技术从实验室走向实际应用的过程中,科大国盾量子技术股份有限公司(以下简称为"国盾量子")的身影频频出现。

国盾量子发源于中国科学技术大学,由全球量子物理领域的顶尖科学家潘建伟院士牵头创立,以实现量子信息技术的全面产业化为己任,具有鲜明的科学家创业特征。作为我国首家从事量子通信技术产业化的企业,国盾量子产业化发展取得累累硕果,为研究科学家创业的成功实践提供了有价值的素材。将国盾量子作为典型的科学家创业案例,分析科学家创业以实现科技成果转化的模式,总结促进其成长的关键要素,发掘其面临的重大挑战,并提出相应的建议,既可为科学家创业企业成长提供可操作性的对策,也可为政府制定优化科学家创业成效的相关政策提供决策建议。

一、国盾量子概况

国盾量子于 2009 年 5 月成立,其技术起源于中国科学技术大学合肥微尺度物质科学国家研究中心的量子信息研究团队,由潘建伟院士牵头创立。公司主要从事量子通信产品的研发、生产、销售及技术服务,为各类光纤量子保密通信网络以及星地一体广域量子保密通信地面站的建设系统地提供软硬件产品,为政务、金融、电力、国防等行业和领域提供组网及量子安全应用解决方案。目前,国盾量子已逐步成长为全球少数具有大规模量子保密通信网络设计、供货和部署全能力的企业之一。

公司坚持自主研发创新,面向世界科技前沿、经济主战场和国家重大需求,以高水平研发团队和先进研发平台为基础开展持续攻关,在保障市场占有率的同时,实现产品和技术的更新换代。公司目前已具备突破关键核心技术的基础和能力,掌握了具有自主知识产权、实用化量子保密通信的核心技术。截至2021年底,国盾量子拥有国内外授权专利292项及多项非专利技术,其中发明专利108项、实用新型专利138项、外观设计专利46项。根据中国信息协会量子信息分会发布的《量子安全技术白皮书(2021版)》,国盾量子是全球量子通信领域公开的同族专利数量最多的专利持有人。公司先后承担科技部863计划、多个省市自主创新专项、省市科技重大专项等项目。

国盾量子是我国率先从事量子通信技术产业化的创新型企业,以实现量子信息技术的全面产业化为己任,在基础研究向工程应用转化能力上达到了国际领先水平,实现了科技成果在产业应用中的有效转化。公司有力推动了上下游产业链的形成,与上游供应商建立了精密元件开发合作,与行业机构、系统集成商合作研究应用模式、集成规范等,支撑了目前国内绝大部分量子保密通信网络建设,通过产业链的壮大促进了国际标准、国家标准和行业标准的制定。依托自身技术实力和在行业中的地位,国盾量子作为量子技术国内外标准制定主力,牵头/参与70余项国内外标准研制工作。

二、科学家创业过程

国盾量子是科学家创业以实现科技成果转化的一次生动实践。在深厚的基础科研积淀下,潘建伟院士在2009年5月牵头创立国盾量子,致力于实现其团队科研成果的产业化应用。

潘建伟,实验物理学博士,中国科学技术大学教授、中国科学院院士、发展中国家科学院院士、奥地利科学院外籍院士,主要从事量子光学、量子信息和量子力学基础问题检验等方面的研究。作为国际上量子信息实验研究领域的主要开拓者之一,他在量子通信、量子计算和多光子纠缠操纵等研究方向的系统性创新工作使得量子信息实验研究成为近年来物理学发展最迅速的方向之一。潘建伟及其同事实现量子隐形传态的研究成果于1999年同伦琴发现X射线、爱因斯坦建立相对论等影响世界的重大研究成果一起被英国《自然》杂志选为

"百年物理学 21 篇经典论文",其研究成果多次入选《自然》杂志评选的年度重大科学事件、美国《科学》杂志评选的"年度十大科技进展"、英国或美国物理学会评选的"年度物理学重大进展"以及两院院士评选的"中国年度十大科技进展新闻"。

1987 年,潘建伟考入中国科学技术大学近代物理系。大学期间,潘建伟开始接触量子力学。量子世界的奇怪与陌生常常令潘建伟陷入苦思,也让他产生了一定要将其搞明白的想法。于是,他选择与量子"纠缠"下去。物理学终究是门实验科学,再奇妙的理论若得不到实验检验,无异于纸上谈兵。然而,20 世纪 90 年代,中国缺乏开展量子实验的条件。1996 年从中科大硕士毕业后,潘建伟远赴量子科研的重镇——奥地利因斯布鲁克大学攻读博士学位,师从量子实验研究的世界级大师塞林格。塞林格教授曾问潘建伟:"你的梦想是什么?"潘建伟脱口而出:"我想在中国建一个世界一流的量子物理实验室。"他确实做到了。掌握了先进的量子技术后,他迫切希望中国在信息技术领域抓住这次赶超发达国家并掌握主动权的机会。2001 年,学有所成的潘建伟从奥地利回国,获得中科院、国家自然科学基金委资助,在中科大组建了量子物理与量子信息实验室。两年后,在潘建伟的带领下,其团队首次成功实现了自由量子隐形形态的传输。2005 年,彭承志和其他团队成员实现了 13 公里的量子纠缠分发。这个传输距离超过了大气层的等效厚度,从而证实了远距离自由空间量子通信的可行性。2006 年,中科大潘建伟团队实现了超过 100 公里的诱骗态量子密钥分发实验,打开了量子保密通信走向实用的大门。

经过多年的科研沉淀,以潘建伟为首的团队取得多项研究成果,实现一系列关键技术突破,掌握具有自主知识产权、实用化量子保密通信核心技术。潘建伟认为我国在量子网络的关键技术方面已经具备走出实验室的条件,达到了产业化水平。2009 年 5 月,在国家鼓励"科技成果转化"的号召下,潘建伟带领着彭承志等人成立了安徽量子通信技术有限公司,即后来的国盾量子。创立之初,国盾量子的创业团队只有十几个人,包括时任中国科学技术大学教授的潘建伟及其学生彭承志、赵勇,以及刚从科大物理系毕业的几位学生。他们在安徽省合肥市高新区"留学人员创业园"内的一间小小办公室里,开启了探索量子科技产业化的道路。2010 年参与建设全球首个规模化量子通信网络"合肥城域量子通信试验示范网",2013 年开始为世界首条千公里级别量子保密通信"京沪干线"提供量子产品和技术服务,2017 年开始为"墨子号"卫星提供地面站服务,2021 年最终实现"星地一体"广域保密通信网络建设……国盾量子产业化发展硕果累累。

　　与传统企业的创立、发展路径不同,潘建伟院士及其团队先在前期知识积累和相关技术手段改进的基础上开展科学试验与技术研发,取得系列技术突破后,潘建伟院士牵头创立国盾量子,并将技术转让给公司以探索其商业化应用。据报道,2010 年 5 月,中科大与安徽量子通信技术有限公司签订技术合同书,约定中科大"一次一密"加密方式的实时语音量子通信系统及用于量子通信的 QPQI-100 型光量子程控开关两项量子通信非专利技术作价 600 万元转让给安徽量子通信技术有限公司。技术转让给公司后,由其独立进行产品开发和市场化运营,实现科研成果的商业化应用。国盾量子已形成四大门类的主要产品,包括量子保密通信网络核心设备、量子安全应用产品、核心组件以及管理与控制软件,其主要产品在国家量子保密通信骨干网、地方量子保密通信城域网及行业接入应用中得到了大量实践验证,产品市场占有率位居国内第一。国盾量子遵循典型的科学家创业模式,如图 4-4 所示。

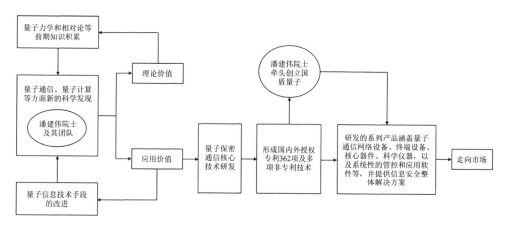

图 4-4　国盾量子的科学家创业模式

资料来源:本书作者绘制

三、国盾量子成长关键影响要素

作为一家典型的科学家创业企业,国盾量子发源于潘建伟院士及其团队的科研成果,致力于实现科研成果的商业化应用。其所在的量子科技领域大部分知识尚未解码,需投入长久基础研究,研发成本高,面临较大的技术风险和市场不确定性,同时也具有颠覆性和巨大的价值潜力。作为我国第一家从事量子信息科技成果转化的公司,国盾量子的成长嵌入在量子信息技术从实验室走向实际应用的过程中,需要经历基础研究、关键技术研发、工程化集成与验证等阶段,最后才有可能实现规模化商业应用。这是一个长期、复杂的过程,影响因素多元,涉及多个层面。本案例充分考虑科学家创业特点,结合国盾量子成长实践,分析政策支持、行业前景、人才队伍、研发模式、激励体系、融资获取、产学研合作七个主要因素对国盾量子成长的影响。

(一)政策支持

科学家创业联结科技研发和成果转化两大环节,直接推动科技成果转化为经济发展动力,对扭转创新转型困局具有重大意义。国盾量子发源于中国科学技术大学,由时任中国科学技术大学教授的潘建伟牵头成立,创始团队成员大都为科研人员,国家和地方各有关部门出台的一系列鼓励高校和科研院所专业技术人员创新创业、促进科技成果落地转化的相关政策对其开展创新创业活动起到了重要的支持和激励作用。1996年5月,促进科技成果转化法出台,首次从立法上为科技成果转化提供了法律保障。2012年党的十八大以来,中央先后出台一系列重要文件,为深化科技体制改革和加快科技成果转化工作提出具体的改革目标和要求。2017年3月,人力资源社会保障部印发《关于支持和鼓励事业单位专业技术人员创新创业的指导意见》,要求各地细化相关政策,研究具体措施。2019年12月27日,人力资源社会保障部发布《关于进一步支持和鼓励事业单位科研人员创新创业的指导意见》,对探索高校、科研院所等事业单位专业技术人员在职创业、离岗创业、吸引企业家和科技人才兼职等出台了具体的政策。相关政策的出台和完善让科技成果完成商业转化的过程更有据可依,让科学技术人员通过长期且完善的股权、期权、分红等方式获得激励,营造了支持、鼓励科研人员创新创业的人事人才政策和制度环境,推动了科学家创业的浪潮。作为一家典型的科学家创业企业,国盾量子是在国家鼓励科技成果转化的号召下,潘建伟带领着彭承志等人在合肥高新区成立的,也是在鼓励高校和科研院所专业技术人员创新创业、推进科研成果产业化应用相关政策的不断完善中成长起来的。

国盾量子致力于量子信息相关领域,其快速成长离不开政策对量子通信这一新兴产业的支持。虽然我国量子科学研究起步较晚,但量子通信技术发展迅速,这得益于国家的提前布局和大力扶持。早在 2013 年,我国前瞻部署建设世界首条远距离量子保密通信"京沪干线",率先开展了相关技术的应用示范并取得系列宝贵经验。2016 年 12 月,国务院印发《"十三五"国家战略性新兴产业发展规划》,把量子通信提升至国家战略高度,将其作为重要战略新兴产业方向和体现国家战略意图的重大科技项目。2017 年 11 月,国家发改委印发《关于组织实施 2018 年新一代信息基础设施建设工程的通知》,提出建设国家广域量子保密通信骨干网络。2021 年 3 月,"十四五"规划纲要指出,加强关键数字技术创新应用,加快布局量子计算、量子通信等前沿技术。近年来从国家到地方各级政府和部门,都给予量子通信高度的关注,加快出台各项量子通信产业相关政策,支持量子技术发展和开展量子保密通信网络的建设。这些利好政策的出台为量子通信产业发展提供了必要的政策支持,助力其驶入发展的快车道。国盾量子的发展一直受益于政策红利,比如获得税收返还、国家和地方政府多项专项资金、科研经费,以及给予公司的一些项目等。政策的支持促进了国盾量子的技术研发和创新,提升了公司的经营业绩,使公司获得了更大的发展空间。

(二)行业前景

信息安全是国家安全的重要组成部分,已经上升到与政治安全、经济安全、领土安全等并驾齐驱的战略高度。信息安全行业需要新的技术手段来完善未来的安全保障。量子保密通信是结合信息理论安全的量子密钥分发技术和安全的密码算法等形成的加密通信安全解决方案,是未来信息安全的基础和方向之一。目前,量子通信产业仍处于成长周期的初级阶段,市场化的体系没有形成,产业化规模还较小。在国家和地方政府相关政策、规划的推动下,量子保密通信骨干网、城域网、卫星地面站不断推进建设和发展;在信息爆炸的当代,下游行业和领域对信息安全刚性需求有力地支撑量子保密通信行业发展;企业、单位、个人终端接入及物联应用存在较大的市场空间,是量子通信行业中长期的重要市场。因此,量子通信行业具有良好的发展前景。

量子通信具有跨学科、高精尖的技术特点,要求企业具备较强的技术实力,配置丰富的技术研发资源,拥有大量专业知识扎实、创新意识强、经验丰富的研发人员、管理人员和市场人员。因此,量子通信行业具有较高的技术和人才壁垒,产品供应商较少,行业竞争尚不充分。作为我国第一家从事量子通信技术产业化的公司,国盾量子占据了先发优势,抓住了新兴发展机遇,成为我国量子通信领域市场占有率最高的行业领先企业。随着行业发展,新进入者将会增加,行业竞争必然会加剧,这会给公司带来一定的外部压力,但同时也会促使公司不断进行技术创新和产品开发,让公司始终保持在布局最广、进展较快的第一梯队位置。

(三)人才队伍

作为典型的科学家创业企业,国盾量子的核心资源为科学知识和科研人才。公司由潘建伟院士牵头创立,天然继承了潘院士及其团队的深厚科研积累和丰富的研究成果,为公司的创新发展奠定了坚实的知识基础。量子信息技术属于高知识密集型领域,产品研发和技术创新要求企业对量子信息理论深刻理解,并在光学、微电子学、软件和集成技术等方面形成系统性支撑。由潘院士领衔的创始团队大都有深厚的科研积累,不仅能为公司提供一次性的可供商业化的科学发现,给公司带来既往基于科学研究和学术活动的经验,更重要的是持续为公司提供量子通信领域的深入洞察和最新科研成果,在国盾量子创立、成长中发挥重要的、持续的作用。

公司十分重视人才团队建设,拥有一支技能全面、素质过硬的核心技术团队。截至2021年底,国盾量子研发人员为201人,占公司员工总数的比例为51.15%。人员梯队覆盖理论研究、系统设计、光学、电子学与集成电路、硬件逻辑、软件等专业方向。公司核心技术团队对量子信息技术有深刻的理解和广阔的视野,能够及时了解跟踪行业应用和基础科研动态,准确把握前沿领域客户的需求。多名核心技术人员作为项目负责人及主要研发人员参与了国家高技术研究发展计划(863计划)、安徽省自主创新重大专项、安徽省科技重大专项计划等研发项目。依托于实力雄厚的研发人才队伍,国盾量子能够在技术方面实现快速更新和突破,在产品开发过程中实现快速推进。

科学家创业企业存在的一个普遍问题是管理团队构成同质化。最初,国盾量子的创业团队只有十几个人,包括时任中国科学技术大学教授的潘建伟及其学生彭承志、赵勇,以及刚从科大物理系毕业的几位学生。他们往往在研发方面经验丰富,但缺乏商业技能和应用技术经验,如在管理和市场分析方面能力较差。国盾量子意识到了这一点,逐渐引进商业人才,以期获得异质的、互补的知识与能力,弥补商业知识和管理能力上的短板。这样一来,国盾量子的管理团队形成“科学家＋商业人士”的最佳组合。科学家可以使国盾量子的技术紧跟科学研究的前沿,使企业可以适时地、有针对性地改造与提升技术;商业人士具备业务发展、产品开发、营销、财务、人力资源管理等方面的专业知识和素养,能够为企业资源获取及运营管理提供支撑,帮助企业缩短技术商业化的进程,保障企业技术商业化的成功。

(四)研发模式

在产品研发和技术创新的过程中,国盾量子坚持以市场为导向、以创新为驱动、核心技术自主研发的策略,产品开发秉承“预研一代、研制一代、生产一代”的总体布局,以高水平研发团队和先进研发平台为基础开展持续攻关。

公司研发部门包括总工办、产品研发中心、方案技术部、量子调控技术部。其中,总工办负责跟踪国际前沿动态和公司专利布局等工作,产品研发中心负责各类量子保密通信网络核心设备及核心组件的研发工作,方案技术部负责量子保密通信应用产品和行业解决方案的研发工作,量子调控技术部负责量子计算仪器设备、量子计算云平台等研发工作。

公司研发活动主要分为技术预研和产品研制。关于技术预研,公司通过行业专家、协会和前沿领域用户等途径,长期跟踪行业基础科研进展与应用需求动态,分析发展趋势并规划技术和产品路线图。关于产品研制,主要分为方案论证设计、研发实施和定型三个阶段。在方案论证设计阶段,结合技术路线图、产品路线图、行业标准和用户需求,论证和设计总体方案,形成项目任务书作为产品研发的输入,并开展系统/子系统详细设计。在研发实施阶段,遵循技术状态管理规范进行软硬件开发,关注产品六性,形成产品样机后在测试平台对样机进行分析,检验是否达到设计的功能和性能指标。在定型阶段,通过试制检验生产工艺的可行性,最终定型的产品将归档产品库、工艺库和共用技术库,供各相关部门使用。

　　研发与市场需求脱节也是科学家创业企业普遍存在的一个问题。科学家通常关注"单点"的技术创新,而对市场的接受度考虑不足。但国盾量子构建了以市场需求为导向的研发创新机制。公司密切关注国内外量子信息学术领域动态,与行业内专家保持持续的技术交流,并通过参加国内外学术会议、主办或参加行业专题会议、组织核心技术人员阅读主要学术期刊以及举行内部技术头脑风暴等方式,持续跟踪国内外的技术发展趋势,掌握相关产业发展的信息,从而获得符合市场需求的技术创新线索。国盾量子的研发模式如图4-5所示。通过这一研发模式,国盾量子既保证了基础科技储备深度和技术布局的前瞻性,也保证了成果转化的有效及时衔接和产品体系的持续竞争力,兼顾了研发的领先性和时效性,促进了企业的持续成长。

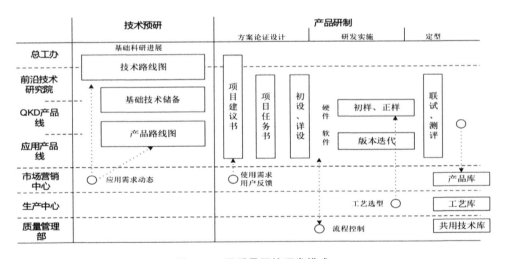

图4-5　国盾量子的研发模式

资料来源:国盾量子招股说明书

(五)激励体系

　　对于国盾量子这种研发密集型企业,研发人员数量占比明显更高,其作用的充分发挥对公司持续成长至关重要。为充分调动核心技术人员创新积极性,公司注重研发人员的绩效考核和激励措施。公司不断完善考核监督激励机制，逐步建立公开、公平、公正的绩效评价体系，对在项目研发中贡献重大的技术人员给予充分的奖励，并定期对技术人员的表现、成绩进行考评，考评优秀的技术人员给予绩效奖励。通过持续有效、完善科学的研发激励、绩效考核体系，大大提升了公司的研发效率，有效地保障了公司技术持续创新工作。

当前，量子通信行业对于技术和人才竞争日益激烈，如果出现核心技术人员大量流失，将会在一定程度上影响公司的市场竞争力和技术创新能力。国盾量子重视人才的再培养，采取内外部交叉培训的方式，既提高了知识能力，又激发了创新活力。公司还向核心技术人员提供不定期进修培训机会以提高其技术管理水平，使核心技术人员及时了解最新科技动态，从而积蓄出更大的创新动力。有效的内部培养体系对于国盾量子人才队伍的稳定性以及人才潜力的发挥至关重要，为公司技术领先奠定了坚实的人才基础。

（六）融资获取

做科研和做转化都需要资金投入，如何保证有足够的资金支撑科研成果的产业转化极为关键。如果公司无法获得足够的资金，将直接阻碍科研成果的商业化进度，对公司成长造成不利影响。国盾量子需要大量的资金来支持研发和项目的进行，内部融资的资金远远不够，由于潘院士强大的影响力以及中科大的品牌效应，公司获得了部分投资机构和政府的资金支持，但也无法完全补足。由于项目的周期长和风险性，借款和发债并非合适的融资方式，上市融资是最好的选择。上市是许多企业一直在追求的目标，但是能够达到上市主板的要求，经历重重困难成功上市的企业却很有限。在我国前几年的金融体系中，科技型企业由于前期的研发投入往往利润为负，或者模式不够清晰，难以满足上市主板的要求，尤其是3个会计年度净利润均为正数对于像国盾量子这样的市场未成熟的科技企业就难以达到。融资约束已成为制约科技型企业快速成长的重要瓶颈。

2018年底，科创板的设立放宽了科技企业进入资本市场的要求，为国盾量子等一批新兴科技企业通过上市募集资金带来了希望。在内部因素和外部因素的共同推动下，国盾量子决定申请上市科创板。公司根据自身实际情况选择第二套上市标准，即预计市值不低于人民币15亿元，最近一年营业收入不低于人民币 2 亿元,且最近三年累计研发投入占最近三年累计营业收入的比例不低于 15%。对比标准,国盾量子 2018 年的营业收入达到 2.65 亿元,大于规定的 2 亿元,且近三年研发投入占总营收的比重为 28.7%,大于规定的 15%,估计市值不低于 15 亿元,满足标准。经过长时间沉淀与周密的准备,国盾量子于 2020 年 7 月 9 日正式登陆科创板,成为我国量子科技领域首家 A 股上市企业。科创板上市缓解了国盾量子面临的资金约束问题,使其能够持续投资于研发创新活动,促进了公司的快速成长。

(七)产学研合作

在量子计算领域,国盾量子已携手中科大突破国外同类技术垄断,推出自主可控的国产超导量子计算调控系统——"ez-Q Engine",服务了国内多家科研客户。中国科学技术大学、中科院上海技术物理研究所等联合国盾量子研究团队完成了超导量子计算原型机"祖冲之 1 号"和"祖冲之 2 号"的研发并实现了"量子计算优越性"。此外,中科院量子信息与量子科技创新研究院升级了其"量子计算云平台",公司基于该云平台与相关科研单位、软件企业开展合作,部署了"QCIS""isQ-Core""青果(Quingo)"等编译语言,实现在线运行量子算法。公司通过参与上述产学研合作,逐步发展起搭建超导量子计算原型机的技术和业务能力。2022 年 6 月,国盾量子与合肥工业大学、科大擎天科技签署战略合作协议,将探索量子保密通信技术与智能网联汽车的结合,并围绕智能网联汽车的前瞻性技术、关键共性技术和工程应用技术等领域开展创新研发。三方将依托自身资源优势,在建立科技创新平台、高新技术转移、高层次人才培养、产业创新发展等方面广泛开展深层次合作,加快科技研究成果向产业技术转化。国盾量子也通过产学研合作,在提升技术水平的同时引进新的创新型人才,重点引进发展所需的具有实践经验和能力的外部技术带头人才和专家型高级人才,优化人才结构,进一步夯实创新发展的人才基础。与大学或公共研究机构的协同合作,能够使国盾量子及时获得有价值的科学知识、科研成果和科研人才等,帮助公司走在科学发展前沿,形成持续性竞争力。

四、总结

国盾量子由全球量子物理领域的顶尖科学家潘建伟院士牵头创立,致力于实现其团队科研成果的产业化应用,具有鲜明的科学家创业特征,遵循了典型的科学家创业模式。潘建伟院士及其团队在前期知识积累和相关技术手段改进的基础上进行科学试验与技术研发,取得技术突破后,将技术转让给其新创的公司,由公司独立进行产品开发和市场化运营,实现科研成果的产业化应用。从科学家向创业者身份的转变面临重重阻碍,加之国盾量子所在的量子科技领域大部分知识尚未解码,从实验室走向实际应用是一个复杂、长期的过程,影响因素涉及政策支持、行业前景、融资获取、产学研合作等影响外部资源获取的因素,也包括人才队伍、研发模式、激励体系等影响内部资源利用的因素。目前,国盾量子有政策的支持,有市场的潜力,有充足的资金,有适当的产学研合作,有核心的技术,有相对成熟的产品,有一流的人才,也有有效的激励,这些要素彼此关联,共同支撑了公司的高质量成长。案例内容总结见表4-2。

表4-2 国盾量子案例总结表

公司名称	国盾量子
行业领域	量子通信领域
公司概况	国盾量子于2009年5月成立,是我国率先从事量子通信技术产业化的创新型企业。其技术起源于中国科学技术大学合肥微尺度物质科学国家研究中心的量子信息研究团队,由潘建伟院士牵头创立。公司主要从事量子通信产品的研发、生产、销售及技术服务,为各类光纤量子保密通信网络以及星地一体广域量子保密通信地面站的建设系统地提供软硬件产品,为政务、金融、电力、国防等行业和领域提供组网及量子安全应用解决方案
创业特征	科学家创业
创业过程	潘建伟院士及其团队在前期知识积累和相关技术手段改进的基础上开展科学试验与技术研发,经过多年沉淀,潘建伟及其团队取得多项研究成果,实现一系列关键技术突破。在国家鼓励"科技成果转化"的号召下,潘建伟带领着彭承志等人成立安徽量子通信技术有限公司,即后来的国盾量子。之后将技术转让给公司,由其独立进行产品开发和市场化运营,将产品推向市场,实现科研成果的商业化应用

（续表）

公司名称		国盾量子
影响因素	政策支持	◇ 国盾量子创始团队成员大都为科研人员,鼓励高校和科研院所专业技术人员创新创业、促进科技成果落地转化的相关政策对其开展创新创业活动起到了重要的支持和激励作用 ◇ 国家及地方各级政府和部门出台各项量子通信产业相关政策,为量子通信产业发展提供了必要的政策支持。国盾量子长期受益于政策红利,获得了更大的发展空间
	行业前景	◇ 量子通信产业仍处于成长周期的初级阶段,产业化规模还较小,但具有良好的发展前景,市场潜力大 ◇ 量子通信行业具有较高的技术和人才壁垒,行业竞争尚不充分。国盾量子占据先发优势,产品市场占有率位居国内第一
	人才队伍	◇ 国盾量子由潘建伟院士牵头创立,继承了潘院士及其团队的深厚科研积累和丰富研究成果,创始团队大都有科研背景,为公司创新发展奠定了坚实的知识基础 ◇ 国盾量子拥有一支技能全面、素质过硬的核心技术团队,人员梯队覆盖多个专业方向。依托于实力雄厚的研发人才队伍,公司能够在技术和产品开发方面实现快速更新和推进 ◇ 国盾量子逐渐引进商业人才,形成"科学家＋商业人士"的组合,一定程度上弥补了管理和市场分析能力上的欠缺
	研发模式	◇ 国盾量子坚持核心技术自主研发,产品开发秉承"预研一代、研制一代、生产一代"总体布局,研发活动主要分为技术预研和产品研制,既保证了基础科技储备深度和技术布局的前瞻性,也保证了成果转化的有效及时衔接和产品体系的持续竞争力 ◇ 国盾量子构建了以市场需求为导向的研发创新机制,避免出现研发与市场需求脱节的问题
	激励体系	◇ 国盾量子通过持续有效、完善科学的研发激励、绩效考核体系,提升了公司的研发效率,保证了公司技术持续创新 ◇ 国盾量子建立有效的内部培养体系,采取内外部交叉培训的方式,还向核心技术人员提供不定期进修培训机会,有利于公司人才队伍的稳定和人才潜力的发挥

（续表）

公司名称		国盾量子
	融资获取	◇ 由于潘院士强大的影响力以及中科大的品牌效应,国盾量子获得了部分投资机构和政府的资金支持 ◇ 2020 年 7 月 9 日,国盾量子正式登陆科创板,成为我国量子科技领域首家 A 股上市企业。科创板上市缓解了资金约束问题,使公司能够持续投资于研发创新活动
	产学研合作	◇ 国盾量子与中国科学技术大学、中科院上海技术物理研究所、合肥工业大学等合作进行创新研发,但关键核心技术由公司独立开发 ◇ 国盾量子也与高校和公共研究机构在建立科技创新平台、高新技术转移、高层次人才培养等方面广泛开展深层次合作,加快科技研究成果向产业技术转化

第五章　创新型企业

创新型城市依靠其城市主体企业的自组织过程,由非组织到组织过程演化,由组织程度低级别向高级别演化,在相同层次上由简单到复杂过程演化。城市是区域的中心,是一定地域范围内的经济集聚体。

城市创新系统是城市各要素在各自的环节上发挥其自己的作用,同时滚动与并行相结合,分工与协同相结合的综合运行机体。从主体上来说应包括五种基本构成:一是进行创新产品生产供应的生产企业集群;二是进行创新人才培养的教育机构;三是进行创新知识与技术生产的研究机构;四是金融、商业等创新服务机构和中介部门;五是将上述要素进行整合的政府机构。从功能上说,企业是城市创新系统的重心;教育机构、科研机构是创新的培养基;中介部门是创新的营养液;政府管理政策是创新的重要疏导扶持力量。

企业是市场中创新的主体,是城市构成的主体,企业同样是创新型城市发展的主体。而高新技术企业拥有更丰富内涵的企业形态应运而生——创新型企业。在企业发展过程中,他们强调技术而更关注企业全面创新能力培养,与环境在互动和匹配中成长。培育了一批现代企业制度健全、创新团队优良、具有自主知识产权的核心技术和自主品牌,对产业具有带动、辐射和示范作用,综合竞争力较强的龙头企业。创新型企业规模集群化发展,创新企业、产业与创新型城市建设间互动发展。创新型企业是创新型城市发展的主体和动力。

英国经济学家弗里曼在《工业创新经济学》[146]中列举了创新型企业的十大

特征：企业内部研发能力强、从事基础研究或相近研究、专利品牌、企业规模足以支持长期研发、研制周期比竞争对手短、冒险精神、较早且富于想象的确定潜在市场、关注潜在用户培养、企业家精神、与客户和科学界保持紧密联系等。

企业是市场经济的主体，也是创造社会财富的主体，企业离市场最近，最了解市场的需求，企业必然也是创新的主体。创新型企业是产业形成与完善的重要基础，是区域经济的核心力量，也是四螺旋的关键。合肥市的创新型企业众多，本书遵循典型性、资料可获得等原则选取了京东方、蔚来汽车、科大讯飞三个案例，分别从模仿式创新、用户驱动创新、生态化创新维度深入探讨其成长过程，揭示合肥市创新发展的微观机制。

第一节　模仿式创新的京东方

一、企业概况

京东方前身为 1956 年创立的军工企业北京电子管厂，是中国最早参与电子元器件与显示器材生产的企业之一。经历早期发展与变革，企业于 1993 年更名为京东方科技集团股份有限公司（BOE），专注于显示屏幕研发与生产。京东方凭借对核心技术与工艺创新的坚持，灵活协调内外部资源支撑企业持续创新，逐步从显示器材产业的后进者成为全球领导者。自 2016 年起，京东方的专利申请数量排名持续位列全球前十。自 2017 年起，京东方在智能手机液晶显示屏、平板电脑显示屏、笔记本电脑显示屏出货量均位列全球第一，显示器显示屏、电视显示屏出货量居中国第一，全球第二。随着物联网发展，显示屏幕的应用范围扩大、需求规模激增以及涌现出许多突破性新技术。京东方为抓住新机遇主动实施战略转型，形成以半导体显示为核心，物联网创新、传感器及解决方案、MLED、智慧医工融合发展的"1＋4＋N＋生态链"业务架构，力求打造为世界领先的显示技术创新企业。

显示半导体是典型的周期型产业，而京东方具有的创新韧性是支撑企业在产业周期波动中实现后发赶超的重要驱动因素。一方面，京东方的管理者对显示半导体产业周期规律具有清晰认知，坚持在产业低迷期进行高水平创新投入并扩张产能，从而支撑企业在产业上升期实现技术与成本的全面领先。另一方面,为支撑企业持续创新,京东方灵活利用政府资源并构建创新人才培育体系,为企业提供源源不断的资源支持,同时不断优化技术创新体系,提高企业创新效率。

二、京东方的创新历程

(一)整合外部资源快速切入新技术轨道

20世纪末,随着中国市场逐步对国际开放,电视作为家庭消费品在普及。但国内缺乏电视核心零部件生产厂商,尤其是作为技术密集且价值量占比较大显示屏幕更是需要高价从日韩进口。为打破这一窘境,京东方于1993年与日本旭硝子株式会社合资成立北京北旭电子玻璃,生产显像管玻杆和低熔点焊料玻璃;1995年与日本端子株式会社合资,生产端子及连接器;1996年与日伸株式会社合资,生产电子枪及其零配件。1997年与台湾冠捷科技合资成立东方冠捷电子股份公司并控股,建立了中国第一个CRT显示器自主生产基地。1999年投产后成功盈利,后续逐渐把台式电脑CRT显示器做到了世界第一,为中国显示器产业发展完成初期布局。京东方通过合资方式快速进入显示器零部件生产领域,并逐步向整体产品制造发展以少量投资迅速实现生产能力,获得新产品,又从合资过程中培养了人才、拓展了国际化视野,也初步奠定了京东方在显示屏产业发展的战略方向。

此后,京东方先后组建了浙江京东方、深圳京东方进入VFD和LED等显示细分领域,不断对FED、TN与OLED等平面显示技术与产品进行跟踪。随着TFT-LCD技术逐步发展成熟,液晶显示器相较于CRT显示器的体积更小、显示效果更好、能耗更低、技术发展空间更深远,液晶技术替代CRT技术成为市场主流已是大势所趋。但是,在TFT-LCD技术领域已形成日韩台三足鼎立的格局,并且日韩企业纷纷在中国建立独资工厂,与中国企业合资的诉求较低,京东方难以通过内部培育完成原始技术积累,又缺乏合作学习的机会,企业面临着极其艰巨的转型创新挑战。

2000年美国互联网泡沫破灭引发全球经济危机,国际科技企业发展进入低迷期,急需通过业务收缩提高资金流转效率。2001年,韩国现代为缓解现金流压力,意图将其TFT-LCD业务以投建成本十分之一的价格7亿美元出售。

在当时,韩国现代在 TFT 领域销售规模名列世界第九,整个研发团队拥有较强的技术积累并具备技术延展能力。为抓住这一进入新市场的绝佳机遇,京东方通过一系列融资与谈判,再加上显示面板价格进入下跌轨道,最终于 2003 年以 3.5 亿美元的价格成功收购韩国现代 TFT-LCD 业务,获得 TFT-LCD 研发生产完整的生产设备、科研团队以及市场份额。京东方不仅拥有 2 000 多项 TFT-LCD 专利技术,还以每月 20 多项的速度新增专利,并与日立等企业签订专利技术的交叉许可协议。除了韩国已有的 3 条 TFT-LCD 生产线,京东方在北京亦庄投建第五代产线,TFT-LCD 产品收入占比超过京东方总营收的 50%。此后,京东方陆续收购了韩国现代的 STN 业务,进入 STN-LCD、OLCD 等技术领域,并顺利实现技术向本土的转移。通过一系列收并购与整合的经历,京东方快速获得大量技术、人才与市场资源,还摸索出了一条"海外收购—吸收整合—国内转移—国际销售"的技术创新道路,为企业快速切入新技术轨道实现初期创新能力积累提供方法路径。

(二)洞察产业规律,明确创新方向

显示面板行业是一个重资产的周期性行业,在终端应用场景未出现爆发性增长之前,每个技术世代都大致经历"产能不足—产线建设—供给过剩"的周期循环,技术迭代创新与应用产品创新是推动产业进步的核心力量。而京东方进入 TFT-LCD 业务时,恰好面临显示面板产业进入产能过剩、价格下降的低迷阶段。2004 年,由于前期大量收购背负巨额债务的京东方又面临业绩迅速下滑。2005 年与 2006 年,京东方连续两年经历了 15.87 亿与 17.71 亿人民币的巨额亏损。面对巨大经营压力,京东方董事长王东升临危不惧,并且总结出一条显示屏幕产业发展的规律,即"每三年,液晶显示面板价格会下降 50%,若要生存下去,产品性能和有效技术保有量必须提升一倍以上"。

除了提出显示技术进步规律外,京东方还将显示产品与技术创新的方向总结为"5P1H",5P 即产品需满足至真至美的画质(Picture)、越来越低的能耗(Power)、功能融合的解决方案(Panel as System/Service)、引领时尚的气质(Pilot of Fashion)、最佳的性能价格比(Price),H 即显示产品应有利于人们健康(Health)。"5P1H"的创新方向将揭示一般规律的对勾曲线指标化,并对每一个方向设定考核和定量标准。绘制基于"5P1H"创新方向的雷达图成为京东方每个产品和技术创新的一个必经阶段。

对产业周期规律的清晰认知有助于指引企业以长期视角审视市场波动变化,使其敢于在产业低迷期持续进行创新,积蓄能量。明确创新方向能聚焦企业创新资源的投入,提高创新效率。

(三)逆势增加创新投入,积蓄能量后发赶超

面对产业下行,京东方将其视为一场赶超的机遇,在连年亏损的情况下,依旧不断扩线,并且每年拿出5%以上的销售收入投入新技术研发,立志尽快形成足够多的产品规格、足够大的生产规模、足够强的研发能力,与LG、三星、夏普等国际巨头同台竞争。2010年至2017年,京东方研发投入从7.5亿元增长至69.7亿元,增长超8倍,其每年研发投入占营业收入的7%,研发强度位列行业第一。

京东方在产业低迷期积累了大量创新资源,在产业回暖时迸发出巨大能量。2007年,显示面板价格开始复苏,京东方凭借着在亏损期间逆势投资、巨额研发投入,以及在产能、质量、管理水平上进行了一系列前瞻性筹备,自2007年5月就开始扭亏。即使后续因全球金融危机,面板产业再次走向下滑,但创新能力得到验证进一步增强了京东方逆势加大创新投入的信念。2012年后,显示面板价格不断上升,京东方大部分产线的开工率和良率都达到国际先进水平,同时新投资的生产线和研发力量的规模效应也开始显现,每年新增的专利达到500多项,企业以极高的成本优势与产品性能不断提高海内外市场渗透率,并由跟随逐渐演变为引领产业技术迭代。

京东方的追赶发展必然引来竞争对手的围剿,为了压制京东方发展,韩国的竞争对手决定推出新技术AMOLED来迅速淘汰掉京东方的产品。面对竞争压力,京东方并未直面迎接竞争对手的挑战,转而聚焦底层核心技术与关键材料的研发创新,尤其是OLED与LCD的关键技术TFT晶体管。2012年,京东方在合肥8.5代线中改建了一条氧化物TFT生产线,这是全球首次在8.5代线生产氧化物TFT。2013年,京东方在鄂尔多斯5.5代线上批量生产低温多晶硅TFT,并成功应用于LCD和OLED屏幕。京东方同时押注了氧化物TFT和低温多晶硅TFT,覆盖所有尺寸大小,其在TFT的技术研发深度上已经赶超三星与LG,并在成本上占据绝对优势。于是,三星与LG并未成功围堵京东

方,还需要从京东方购买核心材料,为其贡献大量收入。同时,京东方成熟的技术使得液晶面板的价格一路走低,不论日韩企业怎么打价格战,京东方稳赚不赔,直接导致竞争对手夏普将显示屏业务出售给富士康,放弃对抗。

2019 年,京东方还在国际展会上推出一款全新产品——波导透明显示屏。该显示屏基于波导全反射实现导光,其透光率达到 80% 以上,通过散射的方式实现显示,无需导光板、偏光片与彩膜。与现有的透明显示技术相比,这种波导透明显示屏不仅成像质量更清晰,反馈速度更快,而且成本更低,无疑是对现有显示面板产业的一次突破式创新。同时,京东方也在柔性屏底层的核心技术上有长期积累,其推出的柔性屏产品在面积、清晰度、柔韧度以及生产成本上都具有领先优势,其柔性 OLED 屏幕的出货量位列全国第一、世界第二,仅次于三星并逐渐具备赶超的实力。这一系列新产品成功以及竞争优势持续提升的背后,是京东方对显示屏幕核心底层技术深度探索与积累的结果。此外,京东方还在产业标准制定上具有显著领先优势,主持推进了包括 IEC 国际标准、中国国家标准、电子行业标准及团体标准等 42 个国际、国内标准的制修订项目,累计参与制修订国内外技术标准 120 余项,涵盖 LCD、OLED、3D、触控、透明显示、健康显示、系统整机、接口应用等多个技术领域。企业所拥有的专利份额以及显性技术优势所代表的相对技术能力反映了企业的核心能力。京东方通过企业专利申请和技术秘密保护等措施,在掌握创新收益主导权的同时,推动企业向价值链高端移动,可以进一步获得创新引致的超额收益。

(四)灵活整合资源,增强创新合力

中国科技企业的成长伴随着科技产业的发展,各地政府为促进区域经济发展与转型,制定了优厚的支持政策吸引科技企业落户。京东方有效抓住了中国显示面板产业发展的政策红利,灵活利用各地区融资优惠政策增强企业创新投入实力。

在显示面板产业低迷期间,京东方为弥补亏损并维持高水平的技术创新与产能投入,除了整合出售旗下非核心资产来改善财务状况,更重要的是积极争取政府资源。2005 年,为在北京投建 5.5 代 TFT-LCD 产线,京东方在北京市政府和国开行的帮助下获得了 7.4 亿美元贷款,并得到北京市政府额外提供的 28 亿人民币借款。2008 年以来,京东方与成都市政府多次开展合作,建设 4.5

代 TFT-LCD 生产线、建设第 6 代柔性 AMOLED 生产线,投资超过 500 亿,其中成都市政府投资超过 40% 并提供土地和税收等优惠支持。2010 年以来,京东方与合肥市合作投产 6 代、8 代 TFT-LCD 产线,投资近 400 亿元,其中合肥市政府提供 180 亿资金支持。2011 年,鄂尔多斯市政府用 10 亿吨煤的探矿权作价 120 亿换取到与京东方的合作机会,并且建了中国首条 AMOLED 生产线,打破了中国 AMOLED 产业空白。此后,京东方还与重庆、苏州、福州等多个地区的政府开展合作,共同建设显示屏新产线。

京东方与各地政府的深度合作推动了企业扩张、带动区域经济发展、形成产业集群,并为中国显示屏幕产业的发展树立多个里程碑。例如,北京第 5 代 TFT-LCD 生产线的投产结束了中国大陆的"无自主液晶显示屏时代",翻开了中国自主制造液晶显示屏的新篇章。2011 年京东方北京 8.5 代线投产,结束了中国大陆的"无大尺寸液晶电视屏时代"。合肥 6 代线是中国第一条高世代生产线,也是新中国成立以来安徽省最大的一笔单体工业投资,这条生产线生产出了大陆第一台 32 寸液晶屏幕,让合肥一跃成为被关注的高技术制造业基地。京东方此后又在合肥建设 8.5 代(2014 年投产)和 10.5 代生产线(2018 年投产),吸引大量上下游厂商落地合肥,形成产业集群,使合肥成为中国光电显示产业的中心之一。京东方合肥第 10.5 代 TFT-LCD 产线是中国唯一能够自主研发、生产和制造全系列半导体显示产品的企业,在新一代显示技术领域已与国际产业巨头处于同一起跑线上。

京东方跟地方政府之间合作是完全基于市场的,京东方上市公司通过定向增发获取地方政府的投资平台(或者其指定的投资公司)所承诺的资金,用于当地产线建设。地方政府为京东方建设产线提供基础设施方面的便利,而京东方提供建设经验、生产技术、经营人才等。一旦产线建成,京东方集团的行业地位大幅度上升,并伴随着技术、产品的更新等,公司股价持续上涨。当承诺锁定期满以后,地方政府可以在二级市场出售京东方的股票获利,或长期持有享受企业分红收益。这样的合作使地方政府与京东方实现"双赢",是本质的、可持续的、干净的政商关系。

此外,并非任何地方政府都符合京东方的合作要求。在选择新建产线地址的时候,一般的标准包括距离主要客户比较近、附近有多家工科大学、水电供应比较充足，以及当地政府官员期望发展高科技制造业。京东方将自身成长与地区产业发展相结合，不仅获得大量资金、人才、政策等创新资源支持，还推动相关产业配套与供应链健全发展，提高创新链运作效率，进一步提高企业经营效率，提升国际竞争力。

（五）完善技术研发体系，持续提升创新效率

技术与业务的演变共生，依赖于完善的技术创新体系。京东方从 2009 年开始着手构建技术研发体系：成立 CTO 组织，技术研发中心人员数量不断增多，人员结构趋于多样；2010 年建成研发中心大楼和实验线。京东方技术创新体系的搭建和成熟，扩展了企业研发活动的范围和效率，成为促进企业获得持续性创新的核心动力基础。从 2010 年构建技术研发体系开始，2011 年京东方专利申请数量突破一千件，比 2010 年增加一倍。经过多年技术和人才积累，京东方形成了能够保障未来持续竞争优势的技术创新体系。该体系由集团级和事业群级两个层级协同推进，由技术战略专家委员会、集团技术管理中心、集团 IP 管理中心、集团技术研发和三大事业部技术与产品研发共同搭建，成为京东方获得可持续性创新的核心动力基础。

集团层面，集团技术管理中心承担集团技术战略、技术寻源、技术人才、战略合作、技术标准、产业孵化、知识管理等管理和服务职能，引领和支撑集团事业的创新和升级。集团 IP 管理中心承担知识产权管理和服务职能。集团技术研发通过不断获取下一代新技术，引领和支撑集团重大事业的发展和业务升级，聚焦在中长期新材料与器件、物联网与人工智能、信息医学与大数据及云计算等领域的技术研发。在此基础上，京东方通过集团全面管控，将中长期前瞻性研究和短期市场需求相结合，既探索未来技术发展趋势，防范颠覆性技术替代风险，也满足客户当前需求，推出客户满意、公司盈利的产品，为公司持续创新提供坚实保障。此外，京东方还成立了技术战略专家委员会，通过内外部资源的整合，对重大技术方向进行战略把控，为重大技术战略项目提供技术战略决策建议。

事业群层面，显示和传感事业群、智慧系统事业群、健康服务事业群分别拥有自己的技术研发和产品开发中心，聚焦于中短期产品开发和技术研发，充分支撑产品的持续创新。在高新技术领域，技术的发展日新月异。而京东方作为一家创新型企业,在其整个技术创新体系中,既关注当下新兴技术与技术的商业化,也将相当一部分的时间、精力和经费投入到对未来三年、五年,甚至更长时间的未来前瞻性技术的研发中。京东方通过完整的技术创新体系,不断进行技术和产品的创新,为公司业务发展提供强有力的技术支撑,助力其获得持续性竞争优势。

(六)战略创新,抓住新机遇

随着国际竞争日趋激烈以及中国其他显示屏幕企业的兴起赶超,再加上电视、电脑、手机等传统显示屏幕应用市场逐渐进入饱和甚至衰退的状态,如何转型突破寻找新成长点是京东方面临的新挑战。

京东方将未来价值创造的链条延伸到了物联网。当前,京东方已经牢牢占据了全球显示器件的头把交椅,全球市场占有率高达 25% 以上,在手机、电脑、平板等各个细分领域均位列全球第一。近年来,在数字化大潮下智能终端爆发式发展,让京东方看到了"智能显示＋物联网应用场景"的一片新蓝海。京东方董事长陈炎顺表示:"物联网是一个足够大的市场,而且也非常适合京东方这艘产业巨舰锚定新方向。"物联网的基本构成是云、管、端,京东方在"端"也就是面板和端口领域具备了强大的先天优势,京东方希望通过打造"屏即平台、屏即系统"的产业生态,实现产业链延展和新的业务增长点。2016 年,京东方明确了企业的物联网属性,提出"开放两端、芯屏气/器和"的物联网发展战略,正式开启从半导体显示企业向物联网企业的转型历程。除了不断地强化自身的"屏"的能力,同时,京东方也在加强人工智能和大数据方面的技术能力,建立了BOE 人工智能算法、BOE 物联网行业应用软件等,以满足不同细分行业的不同需求,逐步形成了以"显示、传感、人工智能、大数据"四大技术为核心,向物联网各应用场景价值链延伸,搭建"1＋4＋N"航母事业群的发展模式。期望利用二十年的时间,充分利用大数据、云计算、信息医学、传感等技术和产业资源,打赢服务化转型之战,培养新的利润增长点,形成长期、持续、稳定的盈利模式。

目前,京东方在物联网的部分细分市场已经具备领先优势。市场调研机构 Omdia 的数据表明,2020 年京东方车载显示出货面积已跃居全球第二,8 英寸以上车载显示面板市场占有率已跃居全球第一。京东方为全国 2 000 余家银行网点提供智慧金融解决方案;智慧交通解决方案在北京、太原、青岛等 11 个城市地铁线路以及大兴国际机场、首都国际机场等 5 个机场落地；智慧园区解决方案在北京、天津、重庆等 20 余个城市落地，BSEOS（京东方智慧能源操作系统）平台打造的"源—网—荷"一体化的零碳综合能源解决方案在北京、合肥、江苏等全国范围内开展节能业务，先后在北京、合肥、成都、苏州等地布局多家数字医院。截至 2021 年，京东方逐步实现了屏下摄像头、指纹识别、人脸识别、触觉反馈等功能集成。通过持续提升柔性显示技术能力，实现可折叠、可卷曲、可拉伸的显示形式，创造更灵活的柔性显示解决方案。并且持续突破尺寸、形状等限制，给屏幕以更大的想象空间。此外，京东方开发了主动式玻璃基 MLED 显示技术，实现任意尺寸屏幕的无缝拼接，优化虚拟拍摄体验。还通过定制化的柔性显示，满足了车载设备等应用领域非平面化设计需求，赋能显示技术的物联网创新应用。目前，京东方还在探索软硬件结合的系统解决方案，将显示技术与人工智能、大数据、云计算等技术有机融合，搭建一站式服务平台，赋能智慧零售、智慧金融、智慧园区、智慧交通及视觉艺术等物联网场景，不断突破显示行业发展天花板。

（七）管理创新，提高组织效率

京东方除了在发展战略上进行创新规划外，还引入数字技术重塑企业整体流程，以及通过组织变革支撑战略转型。

近年来，京东方通过优化运营管理机制及端到端流程体系、强化 IT 系统支撑、盘活数据资产，构建数字化运营管理云平台，持续推进运营管理数字化、智能化。首先，以客户需求为导向，通过"研发云"模式，运用大数据、云计算等技术精准预测市场需求；其次，以"采购云"管理模式与供应商建立并维持良好的合作关系，使得原辅材料紧密围绕生产按需供应；再次，通过"生产供应云""销售服务云""客户交付云"等多个系统集成，实现数据共享与互联互通，促进产销平衡；最后，借助"财务云"决策支撑系统开展生产经营分析，加强预算管理，提高企业决策和资源配置效率。

与"屏之物联"战略相匹配，京东方构建了全新的"三横三纵"管理模式，旨在建立敏捷响应、高效协同的组织架构和运营机制。"三横"指敏捷前台、能力中台、保障后台。让更多的员工走向前台，贴近客户，有利于及时掌握和快速响应客户的真实需求；前台将客户的真实需求及时反馈给中台，有利于中台增强技术与产品研发能力、供应链能力、制造能力、质量控制能力,以适销对路的优质产品赋能前台市场开拓;后台以人力资源、财务、行政、监察等职能,保障前台和中台业务的规范高效运行。"三纵"是贯穿前、中、后台的垂直管理体系,分别为战略、流程、绩效。战略管理把方向,即从上到京东方数字化运营管理云平台架构下到一个目标,以明确的战略方向及落地举措为核心,而不是各自为战;流程管理即通过搭建价值导向、高效运营、风险可控的流程管理体系,提升工作效能;绩效管理旨在激发企业内部活力,以职业化团队和市场化绩效考核机制为基础,调动员工积极性,让为企业创造价值的员工共享发展红利。

战略更新需要组织结构随之变革,京东方组织架构和运营机制的变革可以归纳为"五个拉通"。第一,业务拉通。京东方打破传统的业务组织架构,重新梳理各个业务部门、业务板块之间的相互关系。京东方将显示系统、智慧系统、健康服务等业务进行整合升级,打造成物联网创新业务。第二,产品线拉通。一个完整的物联网产品和解决方案需要以产品线为核心。京东方将不断打造各细分领域的热门产品,涵盖器件、整机和系统。为了提升生产效率,京东方需要全面采集挖掘生产过程的各种数据,并识别影响良品率的各种因素,以提出有针对性的优化方案。第三,产品生命周期拉通。京东方将拉通物联网产品的全生命周期,包括计划、研发、生产、市场营销、售后服务等。通过优化资源配置和深耕细分领域,京东方能够快速响应市场及客户需求。第四,平台拉通。过去京东方主要服务大客户,每个业务单元对应一个或几个大客户。但是,随着战略转型,京东方面对的是分散在各行各业的中小客户。因此,京东方需要建立一个物联网平台,来连接、管理、维护所有客户。第五,机制拉通。以产品线为核心,京东方将充分授权,打造适配物联网创新业务的运营机制。在绩效考核方面,京东方将按照价值创造、评估、分配的绩效管理原则,并探索适配物联网创新业务的激励约束机制。

(八)人才管理创新,增强创新持续性

高科技制造企业最珍贵的资产就是人才,经过多年发展,京东方形成了一系列人力资源管理政策,确保了公司的创新。

从 CRT 技术向 TFT-LCD 技术转换期间,面对技术与市场封锁,京东方决定选择"迂回"战术"曲线救国",既然核心技术无法引进,就先储备人才。京东

方不但将大批人员送到合资企业和大学院校里锻炼深造,还送了一批技术骨干去日本进行培训。为发展液晶显示技术储备技术人才,收购整合了韩国现代的TFT-LCD业务,促进了京东方创新人才管理体系形成与发展。原京东方总裁梁新清说:"合资是非常重要的阶段,我们走出去操作了这样的一个海外并购案,但实际上可以说是厚积薄发。如果前期没有这些合资公司的经验,我们很难走出收购这一步,没有办法和人家对接。引进来的过程,其实也是走出去。10年当中,我们送出去的干部超过1 000人。"

京东方业务类别、生产规模、客户领域的快速扩张给业务骨干带来了极大的事业激励,在这里可以接触到前所未有的挑战与机遇,加快个人成长。在日常管理中,京东方采取了一系列群策群力的日常决策机制,其中以"产品企划会"为代表。通过这种机制,公司能够倾听市场、用户、专家和员工的宝贵意见。这样的多方参与和反复论证,使得公司内部能够形成共识,并且对于后续执行决策起到了非常重要的作用。此外,京东方还因地制宜地融合了国际团队。例如,京东方的显示业务融合了来自韩国现代(Hydis)的数百名韩籍工程师。为了让这些韩籍工程师能够更好地融入公司,京东方为他们提供了周到的后勤服务,帮助他们解决子女就学的问题,并且公司负担了中小学的学费,使得韩籍工程师团队在公司内部保持了非常稳定的态势。如今,京东方已经构建起了市场化、专业化、国际化的团队,为公司的发展奠定了坚实的基础。

在后备干部的培养和涌现上,京东方领导层始终愿意培养和提拔有才能的人。无论是过去的北京东方电子集团时期,还是现在的京东方,像董友梅和现任领导陈炎顺一样,都是在京东方的人才策略中脱颖而出的。他们在京东方从事技术、管理以及建设体系的工作,为今天的京东方的发展做出了巨大贡献。京东方拥有成千上万优秀的员工,他们跨越了青年、中年和老年的年龄段。正是这些员工共同的努力和奋斗,构筑了京东方人的万里长城,塑造了京东方人创业创新、追求伟大事业的坚韧精神。

三、创新成效

京东方是中国创新型企业成长与发展的标杆,其创新成长过程推动着中国显示科技产业的发展,拉动中国显示半导体产业链、创新链、价值链不断健全完善。京东方通过合资与收并购快速弥补创新资源缺失、构建基础创新能力，又凭借其创新韧性，对产业发展进行深刻洞察的基础上，在产业周期低迷期逆势进行大规模创新投入并逐渐明确创新方向，为提高市场竞争能力积蓄能量，从而在产业转暖时迅速实现扩张。此外，随着技术发展与产业环境变化，京东方又通过战略创新、研发体系创新、组织创新与人才管理创新等驱动企业转型成长，最终实现以"显示"核心技术为基础，以"互联"业务为延伸的价值创新。

据 2021 年京东方年度报告显示，京东方全年实现营收约 2 193.10 亿元，同比增长约 61.79%，实现归属于上市公司股东的净利润约 258.31 亿元，同比大幅增长约 412.96%。企业的核心技术能力构成了企业的核心竞争优势，成为连接企业现有各业务的黏合剂，也是发展新业务的引擎，为企业进入新兴市场提供了有效的潜在通道。同时，核心业务之间相互支持、演变共生，促使企业抓住新机遇。在如此大体量规模上保持高速增长，并且在营收增加的基础上盈利水平成倍提升，也一定程度上印证了京东方物联网战略转型初见成效。

在创新成效上，2021 年，京东方研发投入首次突破百亿，同比增长31.72%。京东方坚持"以质为主、量质并举"的全球专利布局策略，连续 6 年跻身全球国际专利申请排名 TOP10，并连续 4 年位列美国专利授权排行榜全球 TOP20，其中 2021 年度全球排名第 11 位。此外，2021 年，京东方荣膺第四届中国质量奖，并首次跻身 Brand Finance 全球品牌价值 500 强，品牌美誉度和影响力得到国际同行与客户认可。

第二节　用户驱动创新的蔚来汽车

一、企业概况

蔚来汽车创建于 2014 年，是中国纯电新能源汽车的领先者，也是中国实现"互联网造车"最早的一批企业。自创建以来，蔚来坚持用户企业的定位，注重极致用户体验，在电动汽车领域走出了自己的差异化道路，并通过自身研发能力在业内建立了良好的口碑，赢得了众多的投资者与合作伙伴的认可与持续支持。蔚来目前在中国市场初步建立了覆盖全国的用户服务体系，并汇聚了全球 9 000 多名人才，在上海、北京、圣何塞、慕尼黑以及伦敦等全球 12 地设立研发与生产机构,是一家具有国际创新能力的企业。

蔚来汽车以用户极致体验著称,其遵循用户驱动创新的发展模式正塑造着中国新能源电动汽车产业新形态。用户驱动创新模式首先是理念创新,蔚来不再视电动汽车为纯粹的产品,打造高性能电动汽车也不是企业的最终目标,而是通过电动智能汽车这一价值载体为用户传递极致体验与价值,以此构建起企业与用户稳定、持续、难以替代的关系才是企业的最高目标。其次,蔚来通过营销创新、模式创新、架构创新来抢占用户心智、激活产业资源、解决用户痛点,以提高企业为用户创造价值的水平与效率。此外,蔚来围绕电动智能汽车的延伸服务打造了蔚来中心与蔚来 App,通过社群构建来强化用户关系,提高蔚来的品牌力、影响力,以此扩大用户范围。最后,蔚来通过自主研发体系的构建,通过多方位的技术研发布局支撑企业机制用户体验的实施落地,同时,吸引跨界人才、塑造宽松自由的创新氛围,促使蔚来全体员工为提高用户体验而努力奋斗。

正是蔚来用户驱动创新的发展模式,使其在新能源电动汽车竞争日趋激烈,价格战频繁的市场环境下,依然能够实现高定位、高价格、高销量的优异成绩,使蔚来成为新能源电动汽车行业一面独特的"旗帜"。

二、创新历程

(一)理念创新:重新定义汽车

随着互联网的快速发展,汽车行业的形态也在不断演化。蔚来作为中国造车新势力的先行者,背负着很高的社会期许,然而,蔚来并没有将自己定位为一家汽车企业,而是一家"为用户创造愉悦的生活方式"的科技创新企业。即使该理念在最初提出时受到诸多质疑,但后来的造车新企业纷纷在各大城市建立起完全有别于传统 4S 店的品牌中心,纷纷效仿蔚来,其超前理念正逐步成为指导智能汽车产业发展的核心原则。创始人李斌认为,根据车企与用户的关系,汽车企业可以分为三类:汽车 1.0 企业拼产品、拼制造,如诞生在互联网出现之前的大多数车企;汽车 2.0 企业拼软件、拼直销,如互联网车企特斯拉;汽车 3.0 企业拼用户体验、拼给用户创造的附加值,这是蔚来作为互联网造车企业不断努力的目标。

对蔚来而言,颠覆来自对用户体验的重新定义,电动汽车和移动互联网的组合将改变汽车行业对用户体验的定义。从用户体验的角度出发,汽车功能将被重新定义:①汽车本身,即汽车的性能、质量、外观、内饰等用于判断汽车好与坏的标准;②服务,包括维修、加油、保养等所有与车相关的服务;③数字接触点,包括汽车智能、车联网、连接用户的 App 等,传统车企在这一点上表现不佳;④汽车生活,将汽车作为车企与用户之间的连接器,用户可以通过它享受一系列优质的服务,而不仅仅是任何汽车都具有的出行功能。蔚来不单单只是想卖一辆电动汽车给用户,蔚来引领的是全新"人车生活"的汽车服务。蔚来汽车具有硬件一步到位、软件持续升级、服务不断优化的特点,注重把汽车和互联网科技体验相结合,在传统性能和辅助性能上都将颠覆燃油车。

蔚来汽车"为用户创造愉悦生活方式"的理念创新贯穿了车、服务、社区等,指导企业实施设计、研发、运营、服务、模式等各方面的工作,意味着打造更好的智能汽车产品、提供更佳的服务体验只是蔚来传递价值的载体,构建稳固、持续的用户关系才是指引企业持续创新的核心。

(二)营销创新:抢占用户心智

蔚来进入新能源汽车行业的方式非常独特,2014 年成立之后,蔚来并没有像大多数传统车企一样首先进行产品的研发或是销售网络建设,而是在第一时间成立了 FE 电动汽车赛车队,积极参加国际汽联的电动方程式世界锦标赛。蔚来顺利拿下 2014—2015 赛季的车手总冠军,成为首个在国际汽联赛事中赢得车手总冠军的中国车队,在还没有一辆量产车的情况下就打响了蔚来汽车的知名度。

随后,蔚来在中国成立总公司并在全球各地设立分支机构。2016 年 11 月,蔚来在伦敦发布了英文品牌"NIO",同时发布超跑车型 EP9,创造了纽博格林北环等国际知名赛道最快圈速纪录以及最快无人驾驶时速世界纪录。2018 年 6 月,蔚来正式向公众交付高性能智能电动旗舰 SUV 蔚来 ES8。2018 年 9 月,蔚来又成功在纽交所挂牌上市,募集资金约 10 亿美元,成为继特斯拉之后第二家美股上市的电动汽车制造商。2018 年 12 月,高性能长续航智能电动 SUV 蔚来 ES6 正式上市。2019 年 5 月,ES6 在合肥江淮蔚来先进制造基地量产下线。根据蔚来汽车发布的年度报告,到 2020 年底为止蔚来汽车已经拥有

7 000多名正式员工,除中国本土外,还在挪威、美国、德国、英国等数十个国家或地区设立了研发、设计及市场推广机构,初步形成了全球化的业务体系。

(三)模式创新:激活产业资源

不同于传统汽车企业需要依靠多年经营积累,蔚来通过模式创新,快速整合资本、人才、供应链等资源,快速实现产品交付。

1. 资本整合

蔚来创办于2014年11月,由李斌、刘强东、李想、腾讯、高瓴资本、顺为联合发起创立,并获得淡马锡、百度资本、红杉、厚朴、联想集团、华平、TPG、GIC、IDG、愉悦资本、Baillie Gifford、Lone Pine等数十家知名机构投资。可见,蔚来汽车的建立和成长与传统制造企业缓慢积累的方式不同,通过资本连接撬动其他创新资源。

2. 人才整合

蔚来在成立不到两年的时间里,在硅谷、慕尼黑、伦敦、上海、北京、香港、南京、合肥等地设立了研发、设计、生产、服务和商务机构,汇聚了数千名世界顶级的汽车、软件和用户体验的行业人才。不仅出生就具有国际化视野,蔚来汽车的核心管理者也来自各行各业。蔚来成立之初,李斌拉来了北大校友、龙湖地产执行董事兼首席市场官秦力洪,随后又找来了前玛莎拉蒂CEO和福特欧洲总裁马丁里奇出任公司联合总裁,还从思科找来了刚刚进入微软董事会的伍丝丽,特斯拉首席信息官艾耶,原雷克萨斯中国副总经理朱江、前江铃执行副总裁钟万里、前广汽集团副总蒋平、前上汽集团新能源事业部副总经理黄晨东等一众高管在蔚来担任重要职务。

3. 供应链资源整合

传统汽车生产是典型的重资产运营模式,工厂建设需要大量的土地、厂房、设备、资金及人力资源投入,要经历产线建设、产品投产、产能爬坡、良品率改进等一系列环节,时间和资金耗费巨大。蔚来汽车另辟蹊径,选择轻资产代工生产模式,与江淮汽车进行代工合作。但与以往单纯地委托代工不同,蔚来汽车在与江淮的代工合作中也具有自身的创新。首先,蔚来提出一整套汽车生产、品控及检验标准,确保产品质量;其次,对于新能源汽车特有的部件和生产工艺,蔚来与江淮汽车共同进行研发和测试,确保生产顺利进行。这种代工生产模式使得蔚来汽车迅速提升了产品产能。依靠这优化后的代工模式,可以避免重复建设和投入,提升全行业的创新能力和效率,增强我国新能源汽车产业的国际竞争力。蔚来汽车生产 10 万辆汽车仅用了 35 个月,创下了中国高端 SUV 细分市场的最快纪录,证明了该模式对产品创新效率具有显著的提升作用。

除此之外,蔚来汽车还与其他车企积极开展创新合作,连接更广阔的创新资源,增强创新能力。例如,2017 年,蔚来与长安汽车签署了战略合作协议,双方在智能网联新能源汽车领域展开全面深入的合作,共同推动智能化服务和新能源汽车的发展。蔚来具备互联网基因,而长安汽车拥有汽车全产业链运营能力,这使得两者可以实现大规模汽车产品全球研发、制造和交付。蔚来还与广汽集团在智能网联新能源汽车领域进行了战略合作,共同出资设立广州蔚来新能源汽车有限公司,致力于智能网联新能源汽车的研发、销售和服务。双方在技术研发、零部件生产和运营等方面展开合作,旨在推动智能互联新能源汽车产业的发展。

(四)架构创新:解决用户痛点

"电池"一直是制约新能源电动汽车发展的核心因素。在早期,电动汽车因电池容量低、续航短而难以普及。受限于锂矿储量和产能,锂电池价格高昂,成为电动汽车成本优化的难题。为解决这些问题,蔚来创新性地提出了"换电"解决方案,并坚定地推进其落地。蔚来汽车采用模块化设计,使电池易于拆卸和更换,且具有灵活裁剪电池容量的专利技术,实现快速更换电池。换电模式消除了用户的里程焦虑,解决了电池技术不成熟导致的用户问题。到 2022 年,蔚来汽车的电池更换只需 10 分钟,远快于特斯拉快充充满电池所需的 80 分钟。随着电池技术不断革新和容量提升,车主还可以选择更换新一代电池。

为提高用户体验,蔚来采取了充电、换电与代客加电协同发展的充电服务模式。充电方面,推出了服务于家庭或办公地点的充电桩,具备便捷功能,并免费安装。换电方面,全球首创超过 300 项专利的换电技术,全自动换电,配备移动充电车。计划建设 1 100 座换电站和投放 1 200 辆移动充电车,以实现日常充电与应急服务。代客加电服务也被提供,提升充电便捷性。蔚来并非将充电与换电对立起来,而是为用户提供多样选择。已在大城市确保至少一台换电站投入使用,并计划与中国能源网络企业合作,不断完善换电服务。

(五)打造社群:提高用户黏性

中国的造车新势力均在强调自身"互联网企业"的属性,重视用户体验,然而目前来看,只有蔚来在深度地践行这一理念并逐步探索出独具特色的服务体系,其核心是"NIO House",即蔚来中心。

蔚来的 NIO House 与其他车企的车辆产品体验中心不同,它被定义为车主和朋友们的自由生活空间。除了提供车辆的愉悦体验,NIO House 还兼具展示、用户服务、聚会、休闲、娱乐、会议等多种功能,成为一个充满体验感的生活社区。进入 NIO House 的消费者不会遭遇推销人员,而是会得到工作人员的引导,帮助他们享受这个线下生活方式社区。

蔚来 App 是其打造社群、吸引新用户并提高用户黏性的重要途径。该 App 对所有消费者开放,即使不是蔚来车主也可以注册并参与活动。目前已有超过 500 万注册用户,日活跃用户超过 38 万,每年产生超过两千万个高质量用户原创内容,形成了一个受欢迎的人气社区垂直媒体。在蔚来 App 上,用户可以发布问题或分享经验,并在 App 商城购买带有蔚来标识的生活用品和文创产品等。蔚来还新上线了车主福利合伙人项目,为有经营餐饮、民宿、书店、旅游等服务企业的蔚来车主提供优惠和专享福利,达成共赢合作。通过蔚来 App,企业成功建立了对企业理念认同和成员信任的社群,涵盖了蔚来车主和对蔚来感兴趣的潜在用户。虽然不强硬引导社群成员转化为车主,但这种社群能量为蔚来创造了更大的商业价值,同时培育了忠诚可靠的用户。截至 2022 年,蔚来 App 上线店铺达到 3 145 家,车主合伙人近 3 000 人,覆盖 137 座城市。

(六)技术自研:支撑特色化体验

为用户提供特色化体验,意味着蔚来在产品设计上存在诸多差异化需求,而现有供应体系难以完全满足,打造技术自研体系成为支撑蔚来用户驱动创新战略的重要支撑。

蔚来是一家拥有自主研发核心技术的"硬核"企业,能够独立研发三电(电机、电池、电控)和智能化六项核心技术。在电机、电控、电池包、车联网、智能座舱和自动驾驶系统等领域取得了显著成就,核心优势突出。每季度保持着约 30 亿元人民币的研发投入,是国内新能源汽车企业中新技术布局最深广、范围最大的之一。在自动驾驶方面，蔚来自主研发了 NIO Pilot 自动驾驶辅助系统，提供多种功能，如高速/拥堵自动驾驶辅助、转向灯控制变道、道路标识识别、车道保持、前侧来车预警和自动泊车辅助等，从而提升了驾驶体验并减轻了驾驶疲劳。蔚来还在换电技术方面进行自主研发，推出了 HPC 双向大功率液冷电源模块，实现了电网双向互动，帮助电网削峰填谷。超充桩配备了自研的超轻液冷充电枪线，大幅提高了换电的效率与安全性。在动力总成方面，蔚来实现了电池 PACK 和电驱系统的自研自产。其位于南京的先进制造技术中心为蔚来汽车生产电驱动系统和电池系统，增强了对供应链的把控，降低成本并提高利润率。

蔚来在许多技术研发上都是超前的，例如蔚来第三代换电站、500kW 超快充、液冷模块与枪、激光雷达、Orin 芯片、SiC 等新技术。凭借这些先进技术，蔚来能够为用户提供极致的体验，并为未来智能驾驶、精准换电、高压超充、高电驱力、数字生态等汽车电子新趋势奠定技术基础。

（七）跨界人才吸引：塑造宽松自由的创新氛围

作为移动互联网时代的汽车公司，蔚来十分注重价值观建设以及人才的价值匹配度，蔚来在内部广泛推广基于愿景的 360 度考核。此外，早在李斌经营易车网时，就创办了"中国大学生方程式汽车大赛"，并成立"汽车人关爱基金"来支持汽车行业教育科研和人才培养。蔚来认为这些举措为后备人才的选拔提供了优秀平台。据 2022 年 8 月的报告显示，蔚来在青年人才就业投递量前30 的公司中排名第三，超过了其他造车新势力以及一些大型新能源汽车企业。

蔚来重金招募高级技术人才，即"高 P 群体"，他们是行业领军人物，年薪百万级，能主导技术或产品领域的创新，推动新能源智能汽车行业发展。为此，蔚来打造多元职业发展平台，建立管理和专业双重职业发展通道，鼓励技术专才专心做科研，推动产品和技术的更新迭代。蔚来通过招募技术大牛，扩展研发能力，实现跨界融合。在高级技术人才方面，蔚来有两大跨界代表人物，其一是自动驾驶团队负责人任少卿，曾被评为福布斯亚洲三十岁以下杰出青年，入选2022 年人工智能全球最具影响力学者榜单和 AI 华人青年学者榜单；其二是智能硬件板块负责人白剑博士，他来自一家知名的手机硬件公司。蔚来通过招募这些行业技术大牛，扩展其研发能力，也有助于其吸引更多的跨界人才。蔚来吸引来自不同行业的多元化人才,覆盖制造、互联网、IT、智能硬件、金融、快消、服装等产业,以增强公司内部知识多样化,提高内部创新性。值得一提的是,蔚来对应届校招生也实行股权激励。股票分为入职股票、绩效股票,企业早期的股票有着巨大的增长潜力,对青年员工的长远发展有比较好的激励作用。此外,蔚来员工职业晋升周期是短平快的。蔚来每半年就会有一次职业晋升的职业窗口期,其间,蔚来会对表现优异的员工进行嘉奖。"在企业快速奔跑过程中,我们运用小步快跑的方式,不仅让员工在多元的业务场景中历练能力,同时企业对员工的回报也是频繁而及时的。"江锋解释道。

除了多元跨界人才外,蔚来在人才管理上的许多小细节也在营造创新氛围上起到关键作用。例如,在绩效考核方面,除了研发和特定岗位有明确的考核指标,其他员工采用"基于价值观考核"的制度。公司将价值观细化为四个方面:真诚、关爱、远见和行动,每个价值观都有具体定义、核心关键词和实际行为指向。然后,采用 360 度考核法对员工的价值观和行为进行全面评估。这套价值观在招聘、培训、考核和激励等方面都得到贯彻。

蔚来在组织管理上采用精简的层级结构,避免了传统组织的繁琐和孤立,其组织架构主要由几个大事业部组成,并通过项目管理团队灵活调动资源。最高领导本着信任的原则进行授权和赋能,使决策过程更加高效。为了融合不同思维的人才,蔚来将需要紧密合作的人横向拉到一个平台上进行协作。通过专家委员会,邀请各个专业的伙伴进行敏捷集体决策,促进各价值链之间的合作。同时,跨团队工作坊的方式帮助大家理解共同的价值观,解决深层次冲突,并学会在协同中放下评判。例如,为激活内部反馈机制,蔚来设计了发红包的 App。员工可以给身边的同事或上级发红包,即时奖励他们在工作中的出色表现,对内部和外部客户的贡献等。在年底,根据红包的排序,公司选出最代表公司价值观的人,进一步激励和认可优秀员工的贡献。

三、创新成效

截至 2021 年,蔚来研发投入 45.9 亿元,同比增长 84.6%,累计有效专利超过 4 200 件,在造车新势力中排名第一。

财务绩效方面,蔚来尽管成立至今仍一直在亏损,但亏损幅度正在收窄。

通过数据对比,可以发现三个方面的改变:其一,营收快速提升。2020年蔚来汽车营业收入总额达到了163亿元,同比增长了108%;2021年,蔚来总营收361.36亿元,同比增长122.3%。净亏损为18.735亿元,同比减少52%;其二,蔚来毛利转正。2018年蔚来汽车的毛利率为-5.2%,而到了2019年蔚来的毛利率为-15.3%,2020年毛利率达到11.5%,2021年毛利率达到19.5%,呈逐年升高的趋势;其三,蔚来销量也在不断创新高。2019至2021年,蔚来的新车交付量分别为2.1万辆、4.4万辆、9.1万辆,交付量每年都在翻倍。在企业自身的努力与股权激励的人才聚集效应下,蔚来成功走出低谷,稳稳保持在中国新能源汽车行业的头部梯队。

第三节 生态化创新的科大讯飞

一、企业概况

科大讯飞股份有限公司成立于1999年,是全球知名的智能语音和人工智能企业。自成立以来,始终专注于事智能语音、自然语言理解、计算机视觉等核心技术研究并保持了国际前沿技术水平,并积极推动人工智能产品和行业应用落地,致力让机器"能听会说,能理解会思考",力求用人工智能建设美好世界。

针对人工智能技术创新面临的技术领先者"赢家通吃"、技术商业化场景知识门槛高、应用丰富但市场狭小等创新难题,科大讯飞通过生态化创新方式,连接外部多样且规模庞大的创新资源,并通过各类创新资源有效互动塑造语音技术创新的自驱力以不断扩大其人工智能商业版图。具体来看,科大讯飞构建研发生态,整合语音技术不同知识环节、不同功能领域的技术资源,持续进行核心技术突破以实现语音技术的国际领先,为相关商业化开发奠定基础。同时,科大讯飞构建业务生态,通过商业模式的探索与灵活转换,在教育、政务、金融等领域积累了大量场景知识与应用,与特定场景的龙头企业合作开发经典项目,制定产业标准并向全行业推广。此外,科大讯飞构建创业生态,以提供语音技术平台的方式为广大中小企业与开发者提供基础技术支持,助力不同细分领域的新创企业实现技术创新,同时科大讯飞采用战略投资方式孵化优质创新项目,协同扩张其人工智能业务生态。

科大讯飞通过研发生态、业务生态、创业生态的构建与互动,实现技术优势与商业化优势的良性循环,推动着全球人工智能领域与中国人工智能产业的进步。

二、企业创新历程

(一)创业之初

1992 年,科大讯飞创始人、董事长刘庆峰加入中国科技大学电子工程系"人机语音通讯实验室",在博导王仁华教授的鼓励下,开始牵头自主研发语音合成系统。1998 年,刘庆峰负责的语音合成系统获得"863 计划"成果比赛第一,并获专家组"初步达到实用化水平"的评定。1999 年,刘庆峰带领 18 位科研人员开启创业,渴望建立中国的"贝尔实验室"。2000 年,刘庆峰在内部组织的"半汤会议"上定下《讯飞产业规划》,坚定将语音交互技术的自主研发和产业化落地作为讯飞核心战略方向,为企业创新提供了明确的方向。2002 年,科大讯飞先后获得复星集团与联想的投资,为企业初代产品创新提供了资金支持。

(二)构建研发生态维持核心技术领先性

人工智能技术是具有明显跨界应用属性的产业,技术性能最高的企业往往更容易获得优势。智能语音和人工智能产业是技术先导型产业,领先企业通过创新产品引导市场需求,并在后续技术竞争中表现出更大优势,形成难以超越的"护城河"。语音技术是一个综合性创新领域,涉及数字信号处理、计算机工程处理、声学研究、语言学等多学科知识。功能上可细分为语音合成、语音识别、语义理解等不同技术方向,其研发需要整合多学科、多领域的资源,构建研发生态是科大讯飞维持技术领先优势的重要途径。

21 世纪初,中国许多高校与科研机构在语音技术的不同细分领域都有所积累和建树,高校例如中科大、清华大学等,研究机构如中科院声学所、社科院语言所等。这些高校和科研机构各有所长,但各自为战,中国语音技术突破难以形成核心,也阻碍了中国本土语音技术科研成果的产业化进程。科大讯飞察觉到这一现象,发现如此宝贵的创新资源却无法形成合力,2000 年,与中科大、中科院声学所、中国社科院语言所相继成立语音技术联合实验室,承诺给予他们优厚的科研项目经费支持。而各个机构主要专注于自身擅长的科研领域,保持科研创新成果的产出,科大讯飞则负责整个产业化整合,提供统一的产业运作和转化平台,同时为各机构分配股权,实现成果共享。在看得见的利益和民族危机感的双重刺激下,中科大、中科院声学所、社科院语言所等科研院校和机构,最终与科大讯飞结成了密切的合作关系,科大讯飞也由此完成了对于语音产业核心源头技术的资源整合。

在联合研发的协调机制上,科大讯飞一方面围绕其三大研究院构建企业自身的核心研发平台,在此基础上继续整合外部行业研发资源,通过与高校及科研机构、政府机构及企事业单位、行业企业、独立科研团队以共建联合实验室等形式展开合作,构建出了一套特殊的"卫星型"研发体系[147](见图5-1),由研发平台、技术中心与产品部门等后台、中台、前台三个部分组成。

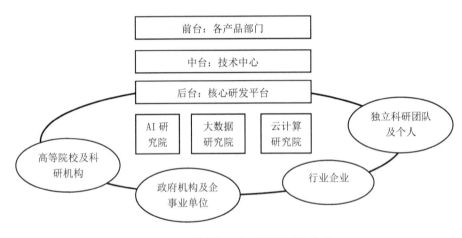

图5-1　科大讯飞"卫星型"研发体系

资料来源:梅新蕾,李伟.科大讯飞:探寻人工智能的实现路径[J].清华管理评论,2018(12).

核心研发平台是科大讯飞研发体系的内核,重点针对与讯飞业务发展紧密相连的核心能力进行底层研发。核心研发平台下属三大研究院,分别是人工智能研究院、大数据研究院和云计算研究院,三个研究院分别覆盖了人工智能研发与应用相关的算法、数据与算力,共同为语音交互技术创新服务。技术中心是连接后台研究院的底层研究成果与前台各产品部门需求的中间层。相对于研究院,技术中心的研发更靠近应用层面,目标是将底层科研成果转化为可以产业化落地的应用技术;技术中心的人员也更靠近前端客户,针对客户需求做定制化开发,为前台各事业部、事业群服务客户提供技术支持。从团队规模上看,在讯飞当前 8 000 多人的总体员工团队中,研发团队占比 66.28%,其中,讯飞三大研究院约 1 000 人,技术与开发人员人数超过 5 000 人。

科大讯飞积极拓展合作范围,与中科大、中科院声学所、中国社科院语言所等成立联合实验室,并与微软、Nuance 等企业建立合作研发关系。科大讯飞还与国内多所大学建立了联合实验室,开发适用于中国少数民族语言的语音技术。另外,通过"讯飞超脑计划"科大讯飞还与清华大学、加拿大约克大学等国内外顶尖研究机构合作,探索智能语音理解与认知技术。在口笔译、人工智能及脑科学等领域也与多所大学合作,推动技术进步。2017 年,科大讯飞在 SQuAD 挑战赛中夺得第一名,这是中国本土研究机构首次超越微软获得该赛事榜首。

在科大讯飞发展的二十多年里,先后建立了语音技术联合实验室、中国中文语音创业联盟、讯飞云语音、"讯飞超脑计划"等多个联合研发平台,并与全球上百个高校、科研机构与企业进行联合研发,推动语音技术从合成、识别到理解认知不断发展,并针对特定场景的应用需求丰富和完善语音技术体系,加快语音技术商业化发展,持续维持科大讯飞在语音技术的绝对领先地位并不断夯实其技术壁垒。

(三)构建应用生态塑造语音技术多样商业模式

在 20 世纪末,诸如 IBM、微软、摩托罗拉、英特尔等公司在中国设立了语音研究基地,但将中文语音市场仅视为主流市场的补充,对中文语音产品的研发和市场推广投入不足,难以在中文语音市场占据优势。然而,中国语音市场的多方言、多场景需求为科技界和产业界提供了宝贵的机遇。科大讯飞的创始人刘庆峰看到了这一绝佳机会,并在取得关键技术突破后,着重考虑如何基于核心技术实现商业开发,为企业和社会创造价值。

2000 年,科大讯飞的语音技术达到应用开发的水平后推出了一款针对 PC 电脑的智能语音软件"畅言 2000",试图在 PC 端将语音输入与传统键盘文本输入结合起来,软件定价在 2 000 元人民币每套,同时在全国十余个省份推进广告投放和对外招商。然而,由于彼时国内软件市场盗版猖獗,且 PC 普及率较低、C 端用户的教育和售后服务成本高,讯飞直接切入 2C 市场的尝试失败了,讯飞资金链也因此承受了极大压力。

此后,刘庆峰尝试转战 to B 市场,第一步是寻求与中国电信合作,将讯飞的自主语音合成技术应用在 168 声讯系统。但问题是,大型企业客户十分强调产品的技术成熟度以及用户使用体验,且一旦选定系统开发商,后期转换成本极高,故而中国电信并不愿意将这笔价值上亿的订单交给讯飞十几人的创业团队,而是希望寻找具备成熟的系统集成能力和企业综合实力的大型行业系统开发商。转机发生在 2000 年的深圳高交会,科大讯飞的语音合成系统引起了华为公司的注意,彼时华为正在开发智能网、呼叫中心这一类电信级产品,刘庆峰有机会将讯飞的语音技术"嵌入"到华为的产品系统中,再借由华为推向市场。2000 年前后,任正非对语音技术高度重视,对科大讯飞的语音合成系统进行了极为严格的技术测试。为此,科大讯飞最核心、最骨干的研发团队直接入驻华为现场,通过不断的测试、修改,将讯飞仍处于实验室状态的产品在稳定性、工程化方面优化至可以满足真正大规模商用的标准,从而赢得了华为的长期订单。

科大讯飞的创始人刘庆峰认为企业在技术方面没有问题,但商业模式需要重新探索,他意识到直接面向消费市场或大企业客户销售产品并不现实,因此提出了"iFLY-inside"商业模式。该模式让讯飞将核心技术提供给有市场和渠道的大公司,让它们将产品做好并推向市场,实现讯飞技术的初步价值。通过与华为的合作案例,讯飞成功推动了"iFLY-inside"商业模式的落地。讯飞向行业应用系统开发商提供电信级语音软件,向数码终端产品开发商提供嵌入式语音软件。然而,该模式也存在限制,使讯飞成为技术的"赋能者":一方面,讯飞在行业价值链中只占据小环节,利润空间有限;另一方面,交付核心技术后,无法获取终端用户的使用反馈和数据,导致技术优化和迭代方面的局限。

2004 年科大讯飞扭亏为盈后,开始直接面向行业终端用户,开发应用系统。在行业选择上,瞄准集中度较高的行业,包括教育、电信运营商、政府、公安、烟草等。科大讯飞在这些行业取得先发优势,积累了基础数据资源和成功案例。以教育业务为例,科大讯飞通过自主研发的语音测评技术进入教育领域。2006 年,其计算机口语测评技术得到国家语委的实用化鉴定,正式发布普通话口语测评产品。随后,科大讯飞在教育、城市服务、智慧医疗、智慧金融等领域通过项目推进、场景知识积累、语音技术完善等相互促进,形成不同业务生态并深化其价值创造链条。在商业模式和产业链地位方面,科大讯飞基本确定了核心语言技术的商业模式,并形成了三类盈利模式:电信级语音平台和嵌入式语音软件采用授权许可的模式,按用户使用数量收费;一般行业应用软件采用软件系统销售的模式,一次性销售;行业应用软件中的语音增值业务采用合作运营收入分成的模式,从运营收益中获得分成收入。

截至 2021 年,科大讯飞营业收入达到 183 亿人民币,净利润接近 16 亿,其中,智慧教育、智慧城市政务等 to B 业务超过其总营收的 90%,且随着数字服务与运营的推进,其盈利水平逐步提升。

（四）构建创业生态探索新发展机遇

中小型企业创业者和开发者是创新生态中最基础也是最庞大的力量。科大讯飞意识到与这些创业者和开发者们共同创新是一种跨越企业边界的外部创新模式,也是推动技术创新和企业成长的关键路径。最初,科大讯飞的客户主要为中大型企业,但随着移动互联网应用的兴起,中小企业和开发者对科大讯飞技术的需求逐渐增加。为满足这些多样化、规模小但具有未来潜力的新需求,科大讯飞需要考虑推动技术创新的进一步举措。

刘庆峰这样想:"用户拧开水龙头就可以接到水,但他不见得非要自己建一个小型自来水厂。"科大讯飞于 2010 年发布了"讯飞云语音"平台,为草根创业者和开发者降低了技术开发门槛。通过云端,科大讯飞可以自我学习和进化,提高语音识别准确率。平台向上下游开发者开放,吸引了 5 万多个合作伙伴,实现了从核心技术提供商向开放平台型企业的转变。讯飞语音云不仅扶持创业团队,还与大公司如携程、新浪微博和 58 同城合作开发 App,扩大了用户基础。截至 2018 年,讯飞开放平台覆盖终端数达 19 亿,日均交互次数 46 亿,接入的开发者团队数 88 万,AI 大学学员 22 万。科大讯飞通过语音云平台构建合作共赢的创新生态体系,成为全球首个开放的智能交互技术服务平台,为创业者提供核心技术和全方位的智能人机交互解决方案。2021 年报显示,开放平台为企业带来的收入已超过总营收的 16%,并持续快速增长。科大讯飞意图在语言和语音产业中发挥引领作用,不断创新源头技术,成为创新生态体系的重要组成部分。

科大讯飞不仅为中小企业和开发者提供技术平台,还投资具有成长潜力的新项目,为企业培育新成长轨道。在 2017 年首届全球开发者节上,科大讯飞启动了生态扶持基金,面向全球打造人工智能开放平台,结合技术、产品和应用创新,助力人工智能产业生态演化,构建全球开发者共生的生态系统。此外,科大讯飞与其他创业平台合作,连接资源,为创业者提供赋能支持。截至 2022 年,科大讯飞已成立 6 家产业投资基金,累计投资了 165 家企业,涉及旅游、金融、医疗等多个领域。科大讯飞投资的企业,如厚朴科技、微派智能、格灵深瞳等,在物联网、智能教育和智能汽车领域取得快速成长,并与科大讯飞共同合作开发新业务。

(五)生态化创新的人才管理支撑

创新型企业最根本的创新动力来自创新人才,不仅包括技术研发人才,也包括一系列具备创新创业精神的内部优秀人才。科大讯飞正是凭借在人才培育、人才激励、文化建设等一系列人才管理措施上的创新,有效激发了企业内部创新人才的积极性和创新活力,持续扩大企业创新生态范围,丰富企业创新生态层次。

1. 创新人才培育机制

科大讯飞通过创新的开放式人才引进和培养机制,成为中国语音界最具吸引力的人才磁场。在人工智能教育和人才培养上,科大讯飞实现了从合作办学到主导办学的升级。他们与中科大合作成立讯飞研究生班、设立博士后科研工作站,吸引国内外顶尖人才加盟企业进行研究和技术创新。此外,科大讯飞还与中科大软件学院合作创办软件工程硕士班,培养高级软件工程人才。科大讯飞还与安徽工程大学合办安徽工程机电学院,并将其升级为独立本科院校并更名为安徽信息工程学院,为整个中国培养了大量人工智能相关领域的专业人才。在 2017 RoboMasters 全国大学生机器人大赛中,安徽信息工程学院代表队获得优异成绩,得到业界学界的高度评价。

2. 创新人才激励机制

给予人才充分的激励,以及将科研人才转化为创业者是支撑科大讯飞生态化创新的持续动力。首次与华为的合作让刘庆峰认识到,科研工作者与优秀企业员工的收入存在巨大差距,仅仅依靠国家划拨的科研经费不仅无法留住科研人才,还会造成成果流失,只有产业化才能真正推动语音技术的自主创新。因此,科大讯飞设计了完善的核心团队持股计划,使有能力、愿意与公司共同发展成长的员工,拥有公司的期权和股权。

此外,科大讯飞充分激励人才,科大讯飞提出了"双向金字塔"的人才发展模式,力图将科研人员转化为创业者,持续推动生态化创新。他们设计了核心团队持股计划,让有能力共同发展的员工拥有公司的期权和股权,以吸引和留住科研人才。这种模式激发员工的创新激情,让更多优秀人才得到了发展机会,同时也不断扩大了科大讯飞的创新创业生态。

3. 文化建设创新

稳定的核心管理团队与科研文化是确保科大讯飞维持核心技术领先以及探索语音技术商业化开发的重要土壤。

首先,科大讯飞的创始团队是来自中科大的核心研究团队,具有科研背景,对技术研发有深刻理解。在企业文化和机制设计上,科大讯飞强调研发人员的核心地位,采用股权激励等手段激励人才。他们允许研发项目中的试错,对基础研究的科学家不设立硬性销售或成果转化的挂钩,但要求及时复盘失败项目并找到原因。科大讯飞的价值观是登山型,不追求短期狼性冲刺,而是相信远处有喜马拉雅山,并致力逐步逼近。因此,深度研究、长期视角、前瞻判断、坚定执行贯穿着科大讯飞的公司战略与技术创新战略。

科大讯飞的企业文化崇尚开放、平等和创新,员工之间充满自由的科研氛围。每位员工都有发表意见的权利和机会,好的想法和创新性的思路都会转化为产品。这种自由和开放的氛围促进了自主创新精神在员工中的培养,打造了一支富有主人翁责任感的、战斗力强大的团队。员工在讯飞中可以自由地分享和讨论技术进展,对技术的提升和创新有着强烈的追求和热情。

三、创新成效

在众多人工智能企业还未找到落地场景或还未形成稳定的盈利时,科大讯飞 2021 年全年实现营业收入超过 183 亿元,同比增长 40.61%,毛利达到 75.33 亿元,研发费用达到 28.3 亿元,在 A 股所有上市公司中,科大讯飞是唯一连续 10 年营收年增长率均超 25% 的上市公司。

科大讯飞在语音技术研发方面不断引领人工智能科技进步,在全球多语种语音识别竞赛中拿下 15 个语种 22 项第一,刷新世界纪录;获得吴文俊人工智能科技进步奖一等奖;包揽 2021 年国际口语机器翻译评测比赛 3 个赛道冠军;在 NIPS 首次举办的教育认知挑战赛中夺冠;还获得了中国专利金奖,这是我国知识产权领域的最高奖项。在 2021 年,科大讯飞获得了 10 项人工智能领域国际权威评测冠军和一级学会科技奖励。这些成就充分展示了科大讯飞在人工智能领域的卓越表现和技术引领地位。

在生态化创新方面,科大讯飞在 2021 年取得了显著的成就。他们的讯飞开放平台已对外开放 449 项 AI 能力及方案,吸引了 293 万开发者加入。重点赋能金融、农业、能源等 18 个行业领域,为产业提供了丰富的智能语音及人工智能能力和解决方案。基于讯飞开放平台的 AI 营销业务,帮助开发者伙伴提升商业变现价值,营收同比增长 55.55%,并荣获中国广告长城奖。科大讯飞"1024 开发者节"吸引了 4.6 万线下参会者和 1 200 多万线上参会者,并发布了"开放平台 2.0 战略",联合行业龙头搭建行业基线底座,共赢进行生态建设,为创新生态体系的发展做出了积极贡献。

在产业创新地位上,科大讯飞成就斐然。他们先后获批承建了国家发改委主管的语音及语言信息处理国家工程实验室、科技部主管的智能语音国家新一代人工智能开放创新平台和全国首个认知智能国家重点实验室。2021 年,科大讯飞的语音及语言信息处理国家工程实验室在国家发改委组织的严格优化整合工作中,以优异成绩顺利通过评估,纳入新序列管理并转建为"语音及语言信息处理国家工程研究中心"。这些成就彰显了科大讯飞在产业创新领域的重要地位和贡献。

第六章　有为的政府

地方政府在城市创新发展中发挥着重要作用,不仅提供政策支持和监管,弥补市场的内在缺陷,有效引导区域创新的方向;还通过财政支持、税收优惠和政府采购等举措,激发企业创新的积极性与主动性,提高企业创新能力,促进城市发展。但地方政府对于创新活动过度干预,则会对企业自身研发投入产生"挤出效应",而危及其创新中的主导地位,导致创新资源的劣化配置,有碍于企业创新活力的释放。因此,如何把握政府在创新活动中的干预度,将政府的引导作用与企业的主体作用进行有效结合,提升城市创新效率,是有为的政府重要标志。为此,本章主要讨论,合肥市政府如何通过前瞻性的谋划、高质量的执行、高效率的协同,发挥有为政府的作用,实现"科教之城—创新型城市—国际化创新之都"的迭代与进化,促进城市创新发展。

第一节　前瞻性地谋划

老子说:"道生之,德畜之,物形之,势成之。"(《道德经》五十一章),军事学中有"故善战人之势,如转圆石于千仞之山者,势也"。孙子又云:善战者,求之于势。运筹谋势,故棋局对弈,高手谋势不谋子。合肥市政府正是通过多年的创新实践,学会运筹谋势,科学地分析国内外、省内外相关情势,把握社会与国家的发展大势,并顺势而为,而实现逆袭的。

军事学中有"激水之急,至于漂石者,势也,鸷鸟之疾,至于毁折者,节也。是故善战者,其势险,其节短。势如彍弩,节如发机"。意为高处飞流而下的水,力量之大,以至于可以推动石头,这是势的作用。

势含义丰富多彩,概括起来主要有两个:其一,是指静态的或稳恒行进的事物的演变趋向,如趋势、局势、形势、时势等;在运动变化之中形成的势,具有动态性;其二,是指某种事物相对于其他事物的影响力,如优势、权势、地势、山势等,具有静态比较的含义。

势以状态来表达时,是一种结果,从过程的角度,则表现为能。为了获得某种结果,借助于各种方法营造一种有利于预期事态演变的趋势、大势,称之为谋势、集势、蓄势或造势。凭借业已具备的趋势而推进,则称之为借势、乘势、顺势、任势……

势的形成,是凭借力的作用促使事物发展的过程,也是能量积累的过程。要么表现在相对于同行具有更高的位势能;要么相对趋势,有更多的时势能。无论是趋势的把握,还是位势的存在,相对于同行竞争对手而言,更高一筹才是胜势。

技术快速转移、大规模生产碎片化、国际化以及新市场和竞争对手崛起,城市面临着更大的不确定性和不可预测性。为了成功应对这些挑战,具有后发优势的城市需要更主动地了解不断变化的风险环境,通过认知的改变—胜势谋划—路径选择做出战略选择,从而在高度复杂和相互依存的经济体系中打造可持续竞争力。

一、改变认知,寻求优势的突破点

无论是政府管理,还是企业管理,其绩效的优劣皆取决于管理者的认知差异,依赖于支持管理者的信念。谁能发现以事实为依据的信念,谁就能在竞争中取胜。所谓"知识不对称"就是指在一种市场形势下,一个人知道了其他人不知道的知识,而且有勇气根据这种知识采取切实行动。这种"一个人知道而其他人不知道的知识"称作"非凡的智慧"。这种非凡智慧的获得,依赖于其思想解放程度,并决定未来的社会与经济改革深度、推进力度、发展速度。合肥之所以基于科学与技术的创新不断开花结果,就在于合肥主政者的长远筹划,源自其的"非凡的智慧"。

在国内乃至全球激烈的科技竞争中,赢得先机,掌握主动,考验的是决策者的智慧和决断。聚焦前沿领域,进行全面、系统、深入的创新资源布局,其意义不仅为当下攻关核心技术,更意在蓄积远期竞争优势[148],而这一切关键在于思维的创新。走创新驱动发展的道路,不能只着眼于有形的基于科学与技术的创新,更重要的还有无形的理念的创新、认知的改变。正如时任合肥市委书记吴存荣所言:"创新的事业要用创新的理念和思路去推动;创新的事业要发展,关键是要走新路。"

从理论上讲,城市时空维度的优势,时间上存在短期与长期之分,空间上存在先发与后发之别,其组合如表6-1所示。合肥的时空优势究竟属于哪种?如何正确认知对于构造其未来胜势,选择发展路径,是当年合肥参与城市竞争不得不面对的首要问题。尤其作为一座具有多年历史的古城,东西部经济发展状况的强烈对比,已经唤起了合肥人强烈的不进则退,慢进亦退的忧患意识、责任意识;只争朝夕,加快发展,奋力崛起的思想更加统一,人心思上,人心向上,人心求上的良好氛围逐渐形成之时,正确认知自身优势显得弥足珍贵,"莫为浮云遮望眼,风物长宜放眼量",应成为支持合肥发展的强大精神动力。

表6-1 合肥市时空优势的认知类型

		时间维度	
		短期	长期
空间维度	先发	Ⅰ	Ⅱ
	后发	Ⅲ	Ⅳ

中国的改革开放,始于沿海发达地区。这些地方凭借着国家政策的支持先行先试和优越的区位获得先发优势,经济得到优先发展;与此相反,当年的合肥缺乏交通优势,联通京沪线需要通过蚌埠中转,位于长江中游地区,与周边城市比如南京、上海、杭州等在经济、文化等方面相比,不仅人口规模小、经济总量偏少、发展不足,而且在中部省会城市中处于末位,缺乏竞争力,没有区位优势。

但作为长三角的近邻和纵深腹地,合肥又是承东启西、连南接北,依山抱湖、临江近海,是我国"长三角"经济区与中西部经济区的"对接点"。随着合宁、合武高速铁路和合铜黄、合淮阜高速公路、全国内河航运重要港口的建设以及机场的迁建和升级,合肥作为区域综合交通枢纽地位便会进一步凸显,为其对外联系和区域合作创造条件,还可利用临东近西的区域综合交通枢纽区位特点,迎接东部沿海的产业内移,扩大其产品在西部地区的占有率,扩大有效需求,拉动经济增长,具有很好的后发优势。

而中部崛起战略的实施,在政策、资金和重大项目布局方面向中部地区倾斜,省委、省政府确定的"抢抓机遇、乘势而上、奋力崛起"的发展思路,也明确实施中心城市带动战略,打造省会经济圈,将进一步强化合肥全面提升全省经济中心地位,拓展合肥的区域合作和发展空间,可以更多地获得国内分工利益,更好地发挥"后发优势"。

在空间维度,合肥不拥有先发优势,但具备后发优势。在时间维度,与其他城市相比,合肥也不具备非科教类资源可以产生的短期优势,但拥有厚积薄发的科教资源能够产生长期优势。这一点恰恰是追求 GDP 的年代人们所忽视的。鉴于科学与技术积累的长期性和对经济发展支持的持续性,合肥完全可以依赖长期优势资源能量的累积与释放,在科教资源与非科教类物质资源的竞争中获得更多的长期优势。并且,非科教类,诸如物质资源、资金在沿海城市聚集到一定时,边际效益将呈现递减趋势,市场的逐利性、物质资源的可流动性决定其必然向中西部城市转移,通过招商引资,合肥将其引入并与不可移动的区位资源结合,形成新的产业聚集,既能使其区位优势凸显,又能产生辐射效应,带动安徽经济发展。简言之,在时间维度,合肥不拥有非科教类资源的短期优势,但具备科教类资源的长期优势。

对于合肥资源与优势的认知存在四种选择,缺乏先发优势,只能谋求后发优势,但若采用短期优势,如房地产开发等,应该能够实现,但缺乏战略思维,因而,选择第四象限的认知。总之,当时的合肥空间优势,短期内并不优越,但从抓城市规划入手,勇于突破守旧、落后的思维惯性,充分发挥自身的科教资源的长期优势,假以时日,通过合理的规划建设,招商引资,可以变劣势为优势。以时间换空间,整合资源的长期优势与空间的未来优势,合肥可以从经济洼地变成创新高地。若沉溺于这种悲观的认知,势必挫伤合肥人不甘落后的锐气。只要适时把握机遇,可以实现跨越发展,既可以克服工业发展不充分、区位缺乏先天的劣势,也可以吸引更多人口进入,解决城市人口少的问题,增强城市的经济实力。

二、胜势谋划

从时空的角度,城市之间竞争的优势体现在位势和时势两个方面。前者是城市之间位置不同而产生的能量,后者是指城市顺应经济趋势而获取的能量。

(一)位势

位势是物理学中的概念,表明物体所处于的一种能量储备或能级状态。在物理学中,物体的势能包括重力势能和弹性势能。重力势能与重力大小、相对高度有关。相对高度的判断标准又与参照系有关。弹性势能指物体弹性形变时产生的能量,依赖于物体本身的性质及其形变程度。同样,城市发展过程也存在势能,它包括位势和韧性两个方面。前者体现在城市之间因经济实力、经济要素密集、区位因素、文化、品牌等方面的差距而形成的势能差,后者体现为面对外部突发性的冲击,城市拥有潜在的科学与技术(既包括硬技术,也包括软技术)等实力,而产生相对于同行的更大的应对能力与恢复能力。

(二)时势

城市的能量,不仅包括现在具有的势能,还有合乎未来发展的时势,所谓"时势造英雄",即城市相对于同行精准地把握了发展的历史机遇而获得的能量。城市"顺应时势",合乎时代的潮流,就处于强势,有所作为;反之,则应"韬光养晦",相时而动。而城市能否精准把握时势,取决于关键两点:对时势的洞察与把控、创新投入。前者决定城市的发展方向,后者决定在未来发展方向上的能量大小。

创新着眼于未来,不确定性大,若研发投入导致创新成功,则城市可获得先发优势,给城市带来技术、声誉、品牌等地位,甚至产生更深层次的差异。如具有先发优势的企业可抢先建立技术标准和发布配套标准,甚至影响地区或行业标准的制定,获得相对于同行在时间轴方向的正时势能;反之,若创新失败,研发投入的本身将形成企业损失。同时,产生机会成本损失,城市获得相对于同行在时间轴方向的负时势能;并且研发投入产生的创新价值,推动城市发展绩效之间并不是线性关系,而是非线性关系。

按照势的定义,城市拥有势能通过位势、时势两个指标,可将城市未来的发展分为四个基本类型,如表 6 - 2 所示。

表 6 - 2   城市发展势能区域类型

			时势 （E_2）	
			高	低
位势	E_1	高	Ⅰ	Ⅱ
		低	Ⅲ	Ⅳ

当城市的位势处于第Ⅰ区时,属于最理想的双高型,经济实力形成的上位势优势明显,对城市的发展贡献较大,而且对未来发展趋势把握到位,研发投入高,时势也高。关键在于有效促进创新投入转化为位势;同时,位势所产生的经济回报,能够持续地进行再投入,将位势转化为时势,形成良性循环,促使城市持续发展。

当城市位势处于第Ⅱ区时,属于位势主导型;位势高而时势低;在经济实力形成的经济场,位势优势明显,对城市的发展贡献较大,但现在经济发展获得的能量尚未转化为城市未来发展的再投入,即便进行了未来的投入,但对未来城市发展的趋势把握不准,而未能转化为未来成长的动力。就总体而言,城市发展的胜势取决于位势与时势的比较,若位势大于时势损失,则该城市获得胜势,反之,则处于劣势。

当城市位势处于第Ⅲ区时,属于时势主导型,时势高而位势低;因对未来发展趋势把握到位,研发投入高,城市获得未来的时势高;但城市在位势不具有明显优势,对城市发展贡献不大,但城市的创新投入转化为未来发展后劲时,可以吸引更多的创新要素聚集,增加城市的位势。就总体而言,城市发展的胜势、位势依赖于时势,只要时势增加带来的位势增量能够弥补与同行之间的位势差,则该城市同样可以获得胜势。

当城市位势处于第Ⅳ区时,属于最差的双低型,城市处于两难境地。现在发展既缺乏相应的位势,而且,对未来发展趋势把握不到位,缺乏创新持续投入,时势也低;城市需要进行彻底反思其发展战略,应构建提升现有位势的路径,从拼资源、优惠政策转变为依靠自身的创新和品牌,同时,重新研判未来发展趋势,优化城市分配机制,促进创新投入转化,才能彻底扭转城市目前的局势。

　　然而,城市的能量并不是自发产生的,是城市做功的结果,而功是力的时间累积结果,城市能量是发展力的函数。在一定时期内城市的各种资源拥有量是一定的,其发展力是一定的,一定的技术含量所发挥的最大潜力是一定的,这样,城市在一定时期内总能量必然也是一定,表现出城市发展过程中的能量守恒。这里,将城市因数量扩张速度而形成的能量,称之为城市发展的动能。

　　一切生命活动都依赖于生物与环境之间的能量流通与转化,没有能量的流动,就没有生命过程与生物生产。通常,人们只注意到城市与环境之间进行物理能量的交换,但作为经济组织的城市,更应关注自身与外界环境的经济系统之间,通过吸纳各种生产要素和经营运作形成的物流、信息流以及资金流,并进行经济能量的交换与转化,这才是城市生命维持与持续的源泉。这样,动能不仅是一个量的问题,其变化还是一个城市的方向管理的反映。正确的方向管理是取得胜势的重要基础,影响着一个城市动能的渐变。

　　位势是以其他城市为参照系,其构成因素诸如经济要素、经济实力、区位等又是动态变化的,城市的位势将随着它们的变化而变化。二十年前,合肥在经济实力、区位等方面,与沿海发达地区相比不具有优势,但它可以承接外部产业转移,获得新能量。而外部产业转移的实质是发达城市和地区的能量扩散过程,按照英国经济学家罗格斯(Rogers)[149]的解释,这个过程对于欠发达城市、地区则是一种"学习"的过程,即通过有目的、主动性的学习获得能量或者是将学习到的能量与现有的能力存量相融合,开发出新的能量的过程。从竞争的角度,在这个学习过程,欠发达城市获得超过发达城市的能量增量,这个过程就变成既是发达城市竞争优势减少的过程,也是欠发达城市竞争优势增长的过程。借助于这个过程,合肥可以慢慢地追赶乃至超越竞争对手。

　　能量守恒定律告诉人们,在物质世界,能量既不能产生,也不能消失,只能从一种形式转化为另一种形式。城市发展过程中能量形式转化则与物质世界相同,但存在能量的耗散,难以遵从这条规律,保持能量守恒。当城市蕴藏的基于科学、技术的创新被企业大规模采纳后,城市的科技优势向市场优势、经济优势转化,必将带来城市发展速度加快,城市的动能不断增加。如中国科技大学的量子科学与技术被合肥市就地转化,就能形成新产业,加快合肥市经济发展的速度,合肥市的科技势能转化经济动能,但在合肥的量子技术产业化的过程中,更多企业、城市会学习、研发量子技术,合肥相对于其他城市的量子技术的势能也将随之降低。

三、胜势路径的选择

优势的认知分析,胜势构建的思考,现对合肥胜势实现路径选择。当年合肥的胜势处于表 6-3 所示的第四象限,未来胜势获取存在两条路径。

表 6-3 合肥市发展胜势的谋划

			时势 （E_2）	
			高	低
位势	E_1	高	Ⅰ	Ⅱ
		低	Ⅲ	Ⅳ

（一）Ⅳ—Ⅱ—Ⅰ:渐进式获取胜势之路

首先依据合肥当时缺乏实现产业高级化的工业的实际,着眼于先增值化,再高级化,依赖于招商与投资政策的设计,尤其是财务杠杆的利用,借助于发达地区的产业转移机会,结合未来重点发展的产业,打造先进制造产业链,培育产业集群,增强合肥市工业与经济实力,提升自身的位势;再利用工业、经济实力位势,获得更多的产业增加值,强化科技投入,进行创新型城市建设,重点是围绕产业链进行的渐进式创新,利用现有知识进行利用式创新,相对于突破式、探索式创新,资金投入少,难度相对较小,渐进式提高合肥的时势;当产业集群发展成熟形成产业优势,再加大探索式创新的力度,最后实现位势、时势的双高。时势的获得,依赖于市场趋势的把握和创新能力的培育。创新能力的培育依赖于创新投入,后者要么源于城市税收及财政分配,要么源于外部引资。前者依赖于城市先进制造业发展形成的经济实力、国家的财税政策,后者涉及城市的招商与产业政策以及合肥市的区位等因素,除招商与产业政策的设计是合肥市能够控制的外,其他合肥并不具有明显优势,当然,还有合肥市政府的决心与智慧。

（二）Ⅳ—Ⅲ—Ⅰ：跨越式获取胜势之路

利用合肥市的科技、教育优势，强化城市的创新投入，促进合肥市基于科学的创新发展。开发原创技术，创建新的技术群，进而形成新兴产业群体，直接实现基于科学的创新驱动发展，在获得时势的同时提升位势。合肥的位势能并不高，意味着必须着力塑造，分配到基于科学的创新的投入越多，在未来发展趋势正确把握情况下，带来的时势能越高，经济发展的韧性越强，还会带来现有位势不断累积。但在一定时期内，城市用于创新投入资源有限，基于科学的创新投入与基于技术的创新投入之间存在竞争关系，此消彼长。前者的增加有利于长期能量的积累；后者增加则有利于眼前位势能的维持与补偿。其前提是科教优势能够产业化，创新政策设计正确，并且落实到位。

综上，合肥胜势的实现路径选择是先通过招商引资、杠杆利用，积累位势，缩小其与其他城市的位势差，并在此过程中，将聚集要素位势转化为获得相应的动能，保持基于科学的创新持续投入，实现位势、时势双低—位势高、时势低—位势、时势双高。

四、发展战略的谋划

发展胜势的谋划是基于城市之间竞争进行的理性思考；发展战略的谋划，则在此基础上，合肥根据自身在不同阶段发展特点、产业发展的需要，制定创新战略，确定自身需要突破和引领的重点领域，以确保产业迭代与进化，将胜势谋划予以落实。

（一）顺势而为，超前决策

凡事预则立，不预则废（西汉·戴圣《礼记·中庸》）。战略决策涉及全局、关乎未来，只有在科学地把握经济与科学技术发展趋势，充分考虑自身条件与特点基础上，运用超前的智慧，才能取得成功。

"机者，天人之会，成败之决也。"[150]拿破仑曾言："欧洲的一些著名人物之所以成为伟人，不是因为他们获得幸运的机会，而是因为他们善于捕捉机会。"[151]在发展的不同阶段，合肥擅长紧紧抓住国家战略提供的发展机会，顺势而为。建市之初，统筹布局一批科教资源，促进工业体系初步形成。之后，又牢牢抓住国家改革开放的机遇,利用外资,引进技术,开展大建设、招引大产业、推动大发展,实现工业立市;再后来,合肥又利用国家"一带一路"和长江经济带发展的机会,积极融入长三角成为世界级城市群副中心城市、综合性国家科学中心城市,提升城市综合实力、创新能力、产业竞争力,促进城市影响力大幅度跃升。

机会与风险同在,福兮祸之所倚,祸兮福之所伏,抓住机会,战略谋划不是不顾客观条件地盲目冒险。作为中西部城市,相对于其他同类型的城市,合肥当年的城市基础设施,人力、财力资源和财政水平、市场规模、产业结构、企业竞争力等经济条件,并不具有比较优势,若是不顾客观条件,追求发展高科技,其结果必然是事与愿违。合肥在其进行战略规划时,充分考虑其所具有的资源特点和工业基础,依据城市发展的一般规律,先提出工业立市战略,不断发展壮大工业基础,实现工业对农业的替代,再将培育发展战略性新兴产业作为产业升级转型的突破口,聚集拥有比较优势的电子信息、新能源、新能源汽车、生物、公共安全等产业,扩大政策支持,提高技术领先优势,提升优势产品规模,努力加快形成先导性、支柱性产业,以实现主导产业的迭代与进化,使得合肥发展稳定有序。

"虽有智慧,不如乘势;虽有镃机,不如待时。"[154]以集成电路为例,2014 年6 月 24 日,国务院印发《国家集成电路产业发展推进纲要》,将集成电路产业发展上升为国家战略,当年 9 月,国家成立集成电路产业投资基金,全球半导体产业格局基本确定情况下,牵头发起冲击;而合肥在 2012 年,就开始全力以赴发展芯片,因为当时合肥就已经逐渐形成家电、汽车、新能源、智能语音等产业基地,每年市场对各类芯片需求达数十亿颗,具备产业发展的条件。其实,合肥早在 2005 年作出"工业立市"决策时,就已将集成电路列入重点发展产业之一。这说明合肥不仅没有不顾市场条件盲目地上芯片,而且依据自己的客观条件,把握机会进行了超前决策。

同样,从"实验室"孵化并成功登陆 A 股国盾量子的产业化也是体现了合肥决策思维的超前性。当时,国际上量子科技产业化尚处在萌芽期,国内更是处在技术跟踪研究阶段,合肥政府凭借对量子技术的科学预见进行了超前决策,坚定推进量子产业化。正是这正确的决策,才有了后来的全球首颗量子科学实验卫星"墨子号"、首台实现超导量子计算优越性的量子计算原型机"祖冲之"号等一个个量子科技的成果加速落地,最终有了今天的合肥量子产业。

合肥并没有止步于此,今天,针对国家空天、生物医药等产业未来趋势和当前产业的基础,合肥明确提出要"加快培育未来产业",又前瞻性布局空天信息、第三代半导体、精准医疗、超导技术、生物制造、先进核能等领域,积极推进基础研究、技术开发有序衔接,加速市场应用、产业链构建协同推进,抢占未来产业发展制高点。

(二)战略导向,目标引领

合肥市着眼于经济持续发展的战略导向,目标内涵体现了适时从结构调整向创新提升,从创造位势到时势转变。表6-4战略目标显示了合肥从"十一五"的GDP、三次产业比、规模以上工业企业增加值、高新技术产业增加值占GDP比重,到"十二五"的GDP、R&D经费支出占GDP比重、每万人口发明专利拥有量,再到"十三五"的GDP、规模以上工业企业利润增幅,服务业增加值、战略性、新兴产业增加值占生产总值比重、全员劳动生产率、科技进步贡献率、国家级高新技术企业数等。这些目标皆聚焦合肥市不同发展阶段制约经济发展的深层矛盾,从前期着眼于经济结构的改变到后期着眼于创新能力的提升,体现了其追求的不仅仅是经济数量的增长,更追求的是实现经济发展数量与质量之间的协同、持续性。

表6-4 合肥市"十一五"至"十三五"期间经济社会发展目标

	指标	单位	"十一五"	"十二五"	"十三五"
经济发展	GDP	亿元	1 900	6 600	10 000
	全社会固定资产投资(累计)	亿元	4 500	25 000	40 000
	财政收入	亿元	260	1 000	1 600
结构调整	三次产业比	%	4:49:47	3:55:42	
	规模以上工业企业增加值	亿元	800	2 800	4 000
	高新技术产业增加值占GDP比重	%	20	26	
创新	R&D经费支出占GDP比重	%		3	3.5
	每万人口发明专利拥有量	件		8	22

（续表）

	指标	单位	"十一五"	"十二五"	"十三五"
城市建设	建成区面积	km²	300	420	500
	市区常住人口	万人	300	430	500
	城镇化率	%	60 左右	70	75
生态环境	万元生产总值能耗（累计）	吨标煤	达省控目标	达省控目标	达省控目标
	主要污染物排放	吨	达省控目标	达省控目标	达省控目标
	建成区绿化覆盖率	%	40 以上	46	46
	城市人均公共绿地	平方米	11		
改善民生	城镇居民人均可支配收入	元	16 000	38 100	43 000
	新增就业岗位（累计）	万个	30	60	65
	城镇登记失业率	%	4.5 以内	4.5 以内	4.5 以内
对外开放	进出口总额	亿美元	67	248	300
	实际利用外资（累计）	亿美元	40	90	180

资料来源：合肥市"十一五""十二五""十三五"发展规划

再从目标的维度来看，从单纯的经济维度转向逐渐兼顾经济与社会维度，不断提升发展"含新量"与"含绿量"，强调民生、环境可持续发展，体现新发展理念，更好地引领经济与社会、环境之间协调地发展。具体体现在，从合肥市的"十一五"的 GDP、全社会固定资产投资（累计）、财政收入、建成区面积、市区常住人口、城镇化率、万元生产总值能耗（累计）、主要污染物排放、建成区绿化覆盖率、城市人均公共绿地、城镇居民人均可支配收入、新增就业岗位（累计）、城镇登记失业率、进出口总额、实际利用外资（累计）；到"十二五"的人均期望寿命、城镇参加基本养老保险人数、新型农村社会养老保险参保人数、城乡居民合作医疗保险参保率(含新农合)、九年义务教育巩固率、高中阶段教育毛入学率，再到"十三五"的生活质量、互联网普及率(固定宽带家庭普及率、移动宽带用户普及率)、生活环境、耕地保有量、新增建设用地规模、地表水质量（好于Ⅲ类水体比例、劣 V 类水比例），单位工业增加值用水量降低、单位生产总值能源消耗降低、非化石能源占一次能源消费比重、单位生产总值二氧化碳排放降低、主要污染物排放总量(化学需氧量、二氧化硫、氨氮、氮氧化物)、空气质量(PM2.5下降、优良天数比例)、森林发展(森林覆盖率、森林蓄积量)。这些指标涉及社会、环境多个维度,更加细化与全面,引领人们随着经济与社会发展阶段的变化更加追求经济发展本质,促进人的全面发展及其与环境之间的协调。正是战略目标的引领作用,2021年,合肥单位GDP能耗0.24吨标煤/万元,仅相当于全国1/2、全省2/3。度电GDP 25.7元,远高于全国、全省平均水平。"十三五"以来,合肥以年均4%的能源消费增速,支撑了年均7.7%的GDP增速,以约占全省1/6的能耗,贡献了全省1/4以上的GDP。

(三)拉高标杆,追赶超越

《论语》有云:取乎其上,得乎其中;取乎其中,得乎其下;取乎其下,则无所得矣。合肥主政者深谙此道。只有不断拉高对标标杆,不断努力,才能积跬步至千里;积小流成江海。"对标先进才能找到差距。"对标是为了更好地追赶。找准差距,方知奋进。"未来的十年,城市之间、城市群之间的竞争会越来越激烈。合肥不敢有丝毫懈怠,不能陶醉于眼前的成绩,只有保持清醒的头脑、保持危机感,才能不断向前跨越。"合肥主政者如是说,也是如是做。

合肥2016年进入"万亿城市"能级,实现从长三角"旁听生"到"插班生"再到"正式生"的身份转变,进入长三角争先进位、在万亿城市群中崭露头角的新时代。面对新的竞争格局,合肥有着清醒的认识,需要重新校准标杆。不失时机地对合肥新坐标进行重新定位,即新一轮科技革命和产业变革的开拓者,国家战略科技力量布局的贡献者,长三角一体化发展国家战略的先行者,辐射带动全省、担当省会责任的带动者,并开始新的追超。当以上海、南京、杭州等先发城市为标杆时,合肥因发展基础较弱,历史积累较薄,经济规模偏小,面对差距,合肥根据自己实际情况制定相应的战略目标,锚定相关产业领域,依靠技术引进与自主研发相结合,推进产业结构优化,并将其细化为8个方面96项追赶指标,并制定实施方案进行追赶,自"十一五"以来的发展差距都在逐年缩小,追赶先发城市的成效明显。2021年,在全国24个万亿城市的"经济赛马"中,合肥的经济总量以不到20亿元的微弱差距落后济南,排名第19位,面对更高层次的激烈竞争,合肥奋起直追,2022年初,济南、合肥又双双宣布GDP首次突破1.2万亿元。

正是合肥不断拉升标杆,追求更高、更强的目标,激励合肥持续努力,实现自身档次的升级,并在高端产业和产业高端环节引领方面实现突破,新型平板显示、新能源汽车、太阳能光伏、公共安全等行业"无中生有",在汽车、家电、装备制造等行业的某些技术环节走在全国甚至世界的前列而产生引领效应,提升了合肥的影响力。

(四)保持战略定力,持之以恒

成大事不在于力量的大小,而在于能坚持多久(约翰生语)。战略是未来的谋划,需要持续实施,方能见效。合肥历任主政官员,保持产业战略定力,"一张蓝图绘到底"。合肥主政官员换了几任,但合肥市从上到下坚定围绕"芯屏汽合""急终生智"战略新兴产业链进行布局发展,不另起炉灶,使得合肥能够集中精力、集中资源发展自己的主导产业,引领经济持续发展。

如表6-5所示的2017—2022年合肥市集成电路产业政策,不难看出,合肥聚集集成电路产业,持续进行政策支持,不仅能保证科技创新战略的连续性和持续性,还能根据不同时期的特点灵活调整科技战略的方向,明确近期科技发展的重点。正是这种政策延续性和稳定性为合肥产业发展、招引项目和优化营商环境起到了巨大作用。

表6-5   2017—2022年合肥市集成电路产业政策

时间	政策名称	主要内容
2017/1/19	《关于印发合肥市大数据发展行动纲要(2016-2020)的通知》	在智能语音、集成电路、光伏新能源、新能源汽车,高端装备制造等领域开展工业大数据应用试点示范
2017/6/2	《关于深化供给侧结构性改革促进经济平稳健康发展的实施意见》	对新认定的重点软件企业和集成电路设计企业,给予100万元一次性奖补
2018/5/11	《关于印发合肥市培育新动能促进产业转型升级推动经济高质量发展若干政策实施细则的通知》	设立主导产业投资基金、小微企业转贷基金,重点支持智能语音、新型显示、集成电路、智能制造、智能家电、光伏新能源等产业发展

（续表）

时间	政策名称	主要内容
2019/8/5	《合肥高新区 2019 年推动产业高质量发展政策体系》	打造集成电路产业基地,建设"中国 IC"之都核心支撑区,培育具有自主知识产权的芯片企业,吸引高技术、高成长的龙头企业、瞪羚和独角兽企业落户,给予研发、房租、设备投资以及流片、知识产权等补贴
2020/6/6	《合肥市 5G 产业发展规划（2019—2022 年)的通知》	数字经济重点聚焦大数据、人工智能、集成电路、新型显示、装备制造、健康医疗等领域,积极打造区域性的数字经济生产应用中心,数字经济产业发展正在向全国第一梯队城市迈进
2021/3/2	《合肥市进一步促进科技成果转化若干政策(试行)》	聚焦量子技术,集成电路、人工智能、高端装备,生物医药等重点领域,组织开展"卡脖子"关键核心技术攻关项目,单个项目给予最高 1 000 万元补助
2022/4/17	《合肥市"十四五"新一代信息技 以产业链协同发展为途径,加快建设以新型显示、集成电路、人工智术发展规划》	以产业链协同发展为途径,加快建设以新型显示、集成电路、人工智能等 3 个国家级集群为引领的新一代信息技术产业集群,进一步提升产业集群发展能力和国际影响力

资料来源:前瞻产业研究院

　　同样,合肥的创新优势从无到有、从有到优,也是一任接着一任干、一张蓝图绘到底、久久为功的结果。历任主政者始终坚持科技兴市战略方针不变,将创新作为战略实现的重要路径加以落实。从早年中科大、中科院合肥物质科学研究院的落户,到合肥综合性国家科学中心获批、首个国家实验室入轨运行,再到深空探测实验室挂牌运行、量子信息未来产业科技园入列国家首批未来产业科技园建设试点、国际先进技术应用推进中心设立等高能级创新平台的出现,每一个历史阶段、每一代人都有自己的任务,一代代人实现创新的接力,并把这些优势在自己所处的历史维度中放大。

第二节　高质量地执行

"为者常成,行者常至。"(《晏子春秋》)不论是经济发展,还是创新都需要战略规划,但再好的战略规划,没有得到有效的执行,也只是空中楼阁,镜中之花。合肥市将其经济发展战略目标,按照时空维度进行纵横分解加以落实,并组织创新和变革、创造营商环境来确保战略规划得到高质量的执行。

一、战略目标的时空分解

合肥经济发展战略规划目标,经过空间维度的横向分解而具体落实到每个单位;通过时间的分解,落实到每个单位、每个人的每天行动。然后,通过每个单位、每个人每天的行动,来确保战略目标的实现。正所谓积沙成塔,积水成渊。

(一)空间分解

合肥市依据各个区的产业发展基础和功能定位,将经济发展目标进行空间分解,落实到下辖的瑶海区、庐阳区、蜀山区、包河区,通过四个区的目标完成,来确保合肥市的目标落实。如表 6-6 所示。

表 6-6　合肥市"十三五"规划的空间分解

所辖区	2020 年目标	产业定位	实现路径
瑶海区	生产总值 680 亿元,服务业增加值 450 亿元	科技研发＋现代服务业	依托瑶海老工业基地改造,加快推动创新创业,大力建设都市科技园、物联网科技产业园等产业园区
庐阳区	生产总值 1 000 亿元,服务业增加值 800 亿元	金融＋现代服务业	充分发挥历史人文资源丰富、现代服务业基础雄厚等优势,围绕高端化、国际化、智慧化和特色化,全力打造南部中央商务区、东部高技术服务示范区、西部滨水文化生态休闲区等功能板块

（续表）

所辖区	2020 年目标	产业定位	实现路径
蜀山区	生产总值 750 亿元，服务业增加值 510 亿元	高技术服务业＋生产、生活性服务业	依托东部、中部和西部三大片区，大力突出发展电子商务、信息技术、研发设计等，提升发展商贸流通、家庭服务、文化旅游、现代物流和金融服务
包河区	生产总值 1 100 亿元，服务业增加值 880 亿元	高端制造业＋高端服务业＋	实施滨湖引领、中心驱动、产城融合、品质立区，加快现代化、高端化、国际化进程，依托滨湖新区和老城区、包河经开区、高铁片区，以及沿南淝河—巢湖北岸生态旅游带"131"空间格局

产业发展依赖于项目，合肥市还将规划目标进一步分解到每个项目上，通过项目的实施来保证产业目标的实现，通过产业目标的实现保证战略规划目标的完成，以重大工程、重大项目实施支撑规划目标推进落实（见表6－7）。

表6－7 合肥市战略性新兴产业项目分解

新兴产业	项　　目
新一代信息技术	京东方 10.5 代薄膜晶体管液晶显示器件（TFT-LCD）生产线项目、康宁 10.5 代玻璃基板项目等
新能源	锂电池正极材料项目、通威太阳能续改建项目、合作储能装置生产基地等
智能制造	微小型燃气轮机研发及产业化项目、中重型燃气轮机研发及产业化项目等
生物产业	超导质子治疗装备制造项目、龙科马生物制品重组结核杆菌 ESAT6－CFP10 变态反应项目等
新能源汽车	江淮高端及纯电动轻卡项目、江淮新能源乘用车及核心零部件项目、德电新能源汽车项目等
节能环保	华清（合肥）高科表面工程基地、固体废弃物循环利用示范中心项目、北大未名生物环保产业园等

（续表）

新兴产业	项　　目
新材料	国风新型高分子膜材料项目、博侃矿物新材料产业基地、合汇金源特种薄膜新材料项目等
应急产业	中国电科博威产业园项目、清华合肥公共安全院大型灾害实验平台项目等

（二）时间分解

合肥市发展规划目标，纵向设置年度目标，在做好年度间综合平衡的基础上，将其细化各牵头单位的目标、责任，各个单位进一步将其分解到季度、月度，最后落实到每个人日常行动。

为动态了解规划执行状况，在规划实施年度、中期、末期，组织开展年度计划评估、中期评估和总结评估，及时了解规划实施中的困难和问题，强化部门联动加以解决，并对实施动态调整修订。为确保规划目标执行的质量，合肥市完善政府向人大、政协报告和沟通机制，健全了相应的监督考核机制，以充分发挥纪检监察、组织人事、统计审计等部门和社会各界对规划实施的监督作用。

二、组织创新与变革

组织是执行战略的保证，合肥的产业升级、技术创新都需要相应组织支持，才能使规划得以高质量执行。

（一）适时进行组织创新与变革

战略家钱德勒曾言，战略决定组织，组织保证战略实现。为产业升级打造产业链，合肥进行了组织创新，实行"链长＋链主"，为确保创新战略的实施，对政府科技管理体制进行变革，以适应创新的需要。强化制度的顶层设计，围绕攻克关键核心技术构建政策体系。

1. 创新组织：推行链长＋链主制

结合国家战略方向及自身产业基础，合肥迅速梳理出集成电路、新型显示、高端装备及新材料产业等12条重点产业链。为保证产业链、供应链稳定，壮大产业链条规模，做足、做好产业链，合肥推行"链长＋链主"制。市级领导挂帅，即"链长"，建立顶格倾听、顶格协调、顶格推进服务企业机制；"链长"们考察营商环境、协调相关要素,指导"双招双引";龙头企业任"链主","链主"们协助政府编制产业链全景图、"双招双引"路线图和施工图,实施精准招商。

链长的工作内容主要包括:完善产业发展规划,厘清本产业发展基础,提出产业链发展思路;优化产业政策措施,厘清产业链发展的具体需求,研究提出支持产业链发展的政策措施;加快培育重点企业,遴选培育产业链领航企业、龙头骨干企业,大力培育"专精特新"企业;协调推进重点项目,策划一批、引进一批、建设一批、投产一批重大项目;建设产业公共服务平台,推动建设共性技术、检验检测等公共服务平台,加大产业链公共服务供给;建立常态化服务机制,常态化开展"四送一服"等。

2. 变革组织:提高组织的效能

在创新思维引领下,合肥市科技局适时进行了变革,以确保其创新目标的实现。合肥市成立科技创新委员会,并由一名市委常委担任执行副主任,进一步强化党对科技创新工作的领导,统筹协调科技创新有关重大问题,研究制定政策措施,进一步优化配置分散在相关部门的创新资源,加强科技创新系统性、体系化和制度性安排,力争以"大整合、大投入、大突破"构建"大科技"新格局。与此同时,大刀阔斧改革科技管理体制,改革科技投入体制,出台并每年修订全市自主创新政策,整合分散的科技资金形成以创新绩效为导向的后补助政策,变革原有的科技管理组织,以适应创新驱动发展的需要。

(1)变革职能定位。市科技局不再是社会事业部门,而是创造价值的经济类的职能部门,更有利于发挥科技融入经济的创新综合协调功能。

(2)变革工作目标。从抓研发转变为综合配置资源,通过建立自主创新政策体系和建设创新平台,集聚全社会创新资源,推进创新要素向企业集聚。

(3)变革工作重点。过去是抓项目科技,如今是抓产业科技。突出新兴产业的培育,围绕产业抓项目,以科技攻关支撑产业发展。建立企业库、项目库、专家库,调研分析产业发展模式和路径。

(4)变革工作方式。从管理科技向服务科技转变,取消科技成果鉴定,强化成果市场评价导向,建立绩效评价和合同管理等制度。合肥市科技局总工程师赵政对媒体说:"这些管理体制上的改革,都更好地推进了创新要素向企业集聚",而科技管理组织的变革则有利于培育新兴产业,确保战略目标的实现。

(5)围绕攻克关键核心技术构建政策体系。产业政策也随企业技术创新能力的提高,逐渐将直接指导技术创新转变为引导企业参与各方和拟定方向,并构建技术创新的外部环境为各类主体提供强有力的组织保障[152]。创新规划实施过程中,合肥市通过税收政策、投入政策、立法等渠道,逐步引导企业走向市场前沿,把握技术创新的最新趋势,激励引导创新资源向企业聚集。同时,加强对企业政策支持引导,充分发挥市场在资源配置中的决定性作用,将有为政府与有效市场进行无缝联结,积极营造机会公平、权利公平、规则公平的良好环境,在公平竞争中激发提升企业创新能力和水平。

(二)培育创新中介载体

合肥市通过重大创新平台、科技园区的建设和生态示范区的建立,为创新驱动转型发展和促进绿色创新提供有力的支撑。

1. 重大创新平台

基于对未来全球技术变革和产业发展趋势认真研判,依托现有国家大科学装置集群,合肥会同中科大、中科院合肥物质科学研究所、中电科 38 所等高校院所,谋划建设天地一体化信息网络合肥中心、超导核聚变中心、离子医学中心、量子信息国家实验室、分布式智慧能源创新中心、联合微电子中心、大基因中心等"七大平台",构成了合肥综合性国家科学中心的重要部分,有益补充和拓展了合肥现有大科学装置,并且整合、提升了现有的研发平台。

除此之外,合肥聚焦信息、能源、健康、环境等重点领域,建设了多个战略性新兴产业研究院,包括语音信息、新能源汽车、公共安全、循环经济、现代显示、家电、光伏光热等研究院,打造一批高端共性技术协同创新平台[153]。

2. 科技园区

合肥建设高新技术开发区、经开区、新站区以及科技创新示范区,将其打造成技术创新、人才集聚、科技成果产业化的重要基地,推动高新技术产业集群发展。

3. 生态示范区

建设环巢湖生态示范区,完善环巢湖乡镇污水处理建设和运营方式,创新"桶装车载"等农村垃圾处理模式,启动生态清洁小流域治理工作,用综合生态修复和治理来维护生态功能和生物多样性,突破环境发展与保护的瓶颈,实现整个城市社会、经济协调发展。

三、优化营商环境

没有营商环境的"绿水青山"，哪来企业发展的"金山银山"。为此，合肥从原先的管理型转变为服务型，政府在市场资源配置中的职能，改变只有用行政力量配置资源，充分发挥市场机制在资源配置中的决定性作用，政府除做好顶层设计，统筹引导各方力量以形成合力，更重要的是优化营商环境，激发企业作为创新主体的活力，确保规划的高质量完成。

（一）政府职能优化

深化改革行政审批制度，精简行政审批事项，动态管理权责清单。2020 年底，市级审批事项保留 186 项；调整中介服务清单 16 项，保留 153 项，规范（下放）24 项[154]。

制定出台《合肥市优化投资环境条例》《合肥市促进民营经济发展条例》，对投资者权益保护、涉企政府公开与政务服务监督、民营企业保障与鼓励措施等营商环境内容作出了全面细致的规定，并根据经济发展情况对其进行多次修订完善，加快配套制度的"立改废释"，对优化营商环境涉及的规章和规范性文件进行了全面清理。

确保市场主体监管政策合法有效和招商引资政策于法有据，避免因招商引资政策违法或不符合实际导致政府失信，为市场主体提供可预期的市场环境。建立重大行政决策征询意见、风险评估、专家论证、合法性审查等"2＋14"科学决策制度体系，保障决策权力依法、规范、阳光运行，全面提升政府工作法治化水平。出台《法治智库建设管理暂行办法》，为法治政府建设提供强大智力支撑。

（二）优化人才资源服务

在人才资源服务方面，合肥市实施人才强市战略，出台"人才政策 20 条""人才创新创业 8 条""重点产业人才 7 条"等一系列人才政策，形成覆盖各类别、各层次人才在各个发展阶段的政策扶持体系，为六大新兴产业领域提供多元化人才支撑。此外，还在科技进步领军人才引进上做出许多努力。2017 年，合肥市发布《关于建设合肥综合性国家科学中心打造创新之都人才工作的意见》,提出在未来5年内市财政每年安排不少于20亿元人才发展专项资金,依托产业集聚人才,推动科研成果转化[155]。此举不仅能吸引更多人才来到合肥,帮助他们实现自己的职业目标。还有助于提高合肥市国内外知名度和声誉,吸引更多的投资和企业进驻。

(三)优化国际贸易服务

打造内陆开放型经济高地是合肥市重要战略之一,扩大对外开放,积极优化口岸营商环境,促进跨境贸易便利化是确保该战略落地的重要举措。为此,合肥市积极复制推广自贸区改革试点经验,降低进出口环节合规成本、简化进出口环节监管证件、压缩整体通关时间、优化通关流程和作业方式、提升口岸管理信息化智能化水平。2021年以来,针对集装箱市场"一舱难订、一箱难求、运价上涨"的情况,合肥市专为京东方、美菱、惠而浦、晶澳等外贸出口企业定制了"合肥—上海外贸"直达航线,用时由过去4天,缩短至2.5天以内,有效解决了企业物流运输中的"堵点""难点"问题。同时,合肥港推广"船边直提""抵港直装"等通关新模式,实现货物"零等待",这2项工作入选安徽自由贸易试验区首批发布的10项标志性建设成果。

(四)优化公共资源交易服务

公共资源交易包括国有产权交易、土地矿权交易、工程建设招投标、政府采购等市场活动。2006年,合肥市以整合政府采购、建设工程、产权交易等交易平台为破冰之举,成立合肥公共资源交易中心,实行统一平台、统一进场,并实行统一规则、统一监管。同时,打破行政地域壁垒,实行省市共建、互联互通,并迅速形成示范效应。2013年,合肥市出台全国首部公共资源交易地方性法规《合肥市公共资源交易管理条例》,深入实施"标准化+公共资源交易"战略,建成全国首个国家级公共资源交易服务标准化示范项目。

推进省市县一体化,实现平台互联互通,运用大数据对各类交易活动进行动态监督和预警。这一系列成就不仅体现了合肥市政府以公平的交易环境激发市场活力,还透视出其提升政府透明度、提高公信力、增强社会信任的决心。2022年,苏浙皖三省一市公共资源交易主管部门共同签署《共同推动长江三角洲区域公共资源交易一体化发展合作协议》,进一步破除妨碍统一市场建设的各种壁垒,逐步实现区域内交易信息"一网尽览"和市场主体"一地注册、区域通用",体现了合肥市在推进公共资源交易服务上的成效显现[156]。

创新驱动发展是国家也是合肥市经济发展的核心战略,包容普惠创新成为营商环境考察的重要指标,包括包容合作、普惠利民和创新引领三个方面,具体涵盖创新创业活跃度、人才流动便利度、市场开放度、基本公共服务群众满意度、蓝天碧水净土森林覆盖指数和综合立体交通指数等六个维度。2023 年 3 月,合肥市在全国优化营商环境现场会上以《倾力建设创新天地养人之城　奋力打造国际一流营商环境》分享了相关经验。

在科技进步促进方面,合肥将 17% 的财力投入科技创新,布局建设 12 个大科学装置,与大院大所共建 37 家协同创新平台,组建全国首个城市"场景创新促进中心",广泛集聚全国全球优质创新资源,让八方英才在合肥"创新愉快"。在包容合作方面,合肥充分发挥"一带一路"和长江经济带双节点城市区位优势,不断激发改革开放发展活力,"亩均论英雄"、招投标"评定分离"全面实施,首创二手住房互换改革,"一业一证一码"改革等。在民生和环境保护方面,合肥坚持财政向民生领域集中,每年新建幼儿园、中小学 100 所左右,推进建设 5 家国家区域医疗中心,累计投入 400 多亿元系统实施巢湖综合治理,建成百平方公里环巢湖十大湿地,荣膺"国际湿地城市"称号,与长三角主要城市、中部省会城市实现 2 小时通勤,连续多年入选"中国十大幸福城市"[157]。

合肥充分发挥政府"看得见的手"的组织作用及其经济调节、市场监管、社会管理、公共服务等职能;打造"审批事项最少、办事效率最高、投资环境最优、市场主体和人民群众获得感最强"的"四最"营商环境,赢得了企业的信任,提升了营商环境的感召力。

第三节　高效地协同

参与城市经济建设的众多利益主体,其目标动机、利益相关度也存在差异,拥有的资源、能力也存在差异。要实现经济发展目标,必须对其进行高效的整合,使之达到高度的协同,才能取得最佳的管理效果。

一、目标协同

目标是行动的导向,要产生一致的行为,必须统一目标。城市发展有经济,也有社会、环境目标,这些目标之间存在一定的矛盾,必须采取一定措施使之达到协同,才能产生一致行动。

(一)城市发展的经济目标与社会、环境目标之间协同

随着生态环境保护治理力度持续加大,提高资源的利用率,加强节能环保,提升经济发展的"含绿量",已经成为城市发展的必然要求。合肥以可持续发展为导向,克服单纯以经济增长为目标,以技术创新与管理进步为手段,实现城市发展经济目标与社会环境目标的协同。

1. 打造环境保护设备的创新链

合肥综合性国家科学中心聚焦信息、能源、健康、环境四大研究领域;合肥蜀山经济技术开发区乘势而上,聚集了 27 个国家和省级环境领域科研平台,其中,中科院合肥物质科学研究院在大气环境监测技术方面经国际评估认为已跻身国际领先行列,成为产业发展的孵化器和加速器。合肥蜀山区打造以"中国环境谷"为代表的产业集群,形成"环保技术研发—核心基础零部件生产—环保装备"的创新链。

2. 大力发展节能环保业

节能环保产业已经成为合肥市十二个重点产业之一,以科技创新驱动产业发展,大力实施产业集聚发展工程、技术产品推广工程、碳排放达峰行动工程,加快形成一批重大战略技术,从源头加大减排减碳力度,并形成配套齐全、特色鲜明的产业链和产业集群,到 2025 年,培养节能环保产业成为合肥市主要经济增长点之一。

3. 强化四大开发区绿色管理

四大开发区作为合肥工业发展的"主引擎",对于合肥市经济发展至关重要。实施高密度、高层次开发,实现产业发展高端化,提高单位面积的经济贡献是其经济理性的选择。但开发强度增加,势必引起土地资源的稀缺,合肥对其工业布局进行调整,提高了后期进入园区项目的产业选择、科技含量、就业带动等方面要求,加快"退二进三",聚焦战略性新兴产业、高技术服务业,以及金融保险、商贸物流、咨询服务等现代服务业,使开发区内项目更加紧凑化、土地利用集约化,提升其项目的科技含量和含碳量。坚持特色、错位发展方针,发挥县域园区的新型工业化"主战场"作用,以吸纳占地面积较多的先进制造等项目落地,强化其与四大开发区分工合作,提升县域工业化水平。同时,按照"土地要素跟着项目走、能耗指标围着项目走、严守生态保护红线优化路径走"要求,大力提升园区基础设施配套水平和综合服务功能,提高大项目、大企业、大产业的综合承载能力,推动园区循环化改造,实现经济与社会、环境之间的协同。

(二)战略目标与实现目标路径之间协同

合肥市依据各个开发区的特点,确定相应重点产业和实现目标的路径,实现目标与实现路径之间的协同。高新区作为全市创新驱动示范区、大众创业引领区、产城融合样板区,其目标是生产总值 850 亿元,规模以上工业总产值 2 500 亿元,实现路径是大力推进科技创新为核心的全面创新,实施创新驱动、产业引领、开放发展、产城融合等,大力发展电子信息、智能家电、新能源、公共安全、汽车及装备制造、生物医药及高端医疗装备和高技术服务业。

作为全国知名的产城融合典范的经开区,其目标是生产总值 1 400 亿元,规模以上工业总产值 4 500 亿元,战略路径是深入实施优化提升、创新驱动、产城融合、开放引领、绿色发展五大战略,推进产业高端化,大力发展电子信息、智能家电、生物医药、快速消费品等主导制造业。

作为全球最大、水平最高的新型显示产业基地和特色鲜明的集成电路产业基地、智能制造产业基地、新能源产业基地的新站区,其目标是生产总值 800 亿元,规模以上工业总产值 2 000 亿元,实现目标的战略路径是突出"芯屏器合",加快实施高端集聚、产城融合,大力实施综合开发,优化片区功能,全面提升综合承载能力,聚焦发展新型显示、集成电路、智能制造、新能源等重点产业。

作为国家级生态工业示范园区合巢经开区,生产总值 120 亿元,规模以上工业总产值 400 亿元,实现目标的战略路径是突出"创新强区、绿色发展、产城融合",强化综合功能,优化提升半汤综合城区、花山工业园、半汤国际温泉度假区等支撑板块,大力发展生物医药、安全食品、燃气轮机、新能源汽车及高端装备、高技术和现代服务业等重点产业。四个开发区功能定位差异化,按照自己资源与能力确定战略目标,并提出了相应战略路径,以确保战略目标的实现(具体参见表 6-8)。

表6-8 **2020年合肥市四大开发区目标、功能定位与实现路径**

开发区	2020年目标	功能定位	实现路径
高新区	生产总值850亿元，规模以上工业总产值2 500亿元	全市创新驱动示范区、大众创业引领区、产城融合样板区	围绕打造"双创特区"和都市区国际化先行区，大力推进科技创新为核心的全面创新，实施创新驱动、产业引领、开放发展、产城融合等发展战略，大力发展电子信息、智能家电、新能源、公共安全、汽车及装备制造、生物医药及高端医疗装备和高技术服务业，以建设江淮运河高新港、货运外绕线南岗站为重点，发挥临空优势，打造国际陆港物流园多式联运示范点等国际级对外开放平台
经开区	生产总值1 400亿元，规模以上工业总产值4 500亿元	全国知名的产城融合典范	深入实施优化提升、创新驱动、产城融合、开放引领、绿色发展五大战略，着力优化空间开发格局，推进园区专业化、集聚高效发展；着力推进产业高端化，大力发展电子信息、智能家电、生物医药、快速消费品等主导制造业；着力加快新一代信息技术与制造业深度融合，加快发展大数据、云计算、物联网、现代物流等高端服务业
新站区	生产总值800亿元，规模以上工业总产值2 000亿元	全球最大、水平最高的新型显示产业基地和特色鲜明的集成电路产业基地、智能制造产业基地、新能源产业基地	突出"芯屏器合"，加快实施高端集聚、产城融合，大力实施综合开发，优化片区功能，全面提升综合承载能力，聚焦发展新型显示、集成电路、智能制造、新能源等重点产业

（续表）

开发区	2020年目标	功能定位	实现路径
合巢经开区	生产总值120亿元,规模以上工业总产值400亿元	国家级生态工业示范园区	突出"创新强区、绿色发展、产城融合",强化综合功能,优化提升半汤综合城区、花山工业园、半汤国际温泉度假区等支撑板块,大力发展生物医药、安全食品、燃气轮机、新能源汽车及高端装备、高技术和现代服务业等重点产业

资料来源:合肥市"十四五"规划

二、政府部门之间协同

城市创新管理涉及部门众多,这些部门拥有不同的权力,存在不同的职能分工,承担不同的行政管理责任,只有按照责、权、利匹配的原则使之相互的协同,才能确保市创新活动顺利进行。

（一）新型研发机构的设立

如合肥市新型研发机构的招引、立项审批、基础设施建设、科研立项指导、成果转化及绩效评价等工作分散在各县(市)区、开发区和市直相关主管部门,多头管理导致相互掣肘,运行效率低下日益凸显。为此,合肥成立以市主要领导为组长,分管发改、科技的市领导为副组长,市直有关部门、相关各县(市)区开发区分管领导为成员的新型研发机构建设发展领导小组,领导小组下设办公室,负责新型研发机构的规划统筹,以及重大问题协调推进等工作。同时,依据科技部《指导意见》及各部门自身职能,市科技局牵头,负责协调推动合肥市新型研发机构建设发展、认定管理、考核评估、动态调整等工作;市发展改革委负责基础设施建设项目的立项、审批等工作;市财政局负责财政资金的审核、拨付、资产管理、审计等工作;其他相关市直部门按照职责,做好配合工作;新型研发机构所在县(市)区开发区负责机构的建设、运营、管理等日常服务工作。合肥市构建了全面的责权明晰、统一高效的管理体系(如图6-1),为合肥市新型研发机构的建设与发展提供高效务实的服务保障。

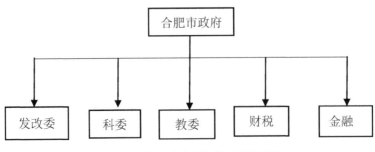

图6-1　合肥政府创新管理相关部门

(二)创新管理政策的设计

创新管理涉及的政策也是多元,包括人才引进、财政补贴、税收优惠、金融机构贷款、科技平台建设、知识产权、合作政策等方面,政策出自不同的部门,只有部门之间相互协同,才能获得最佳效果。尤其随着创新型城市试点政策的推广,人才的"争夺"愈加激烈。"人才新政"的出台是各城市吸引人才的重要一环,需要从安家落户、补贴购房到科技研究补助以及科研基地建设等不同维度,为人才提供便利,以增加城市对于高水平人才的吸引力,为城市创新奠定人才基础。如为推进创新型企业的快速发展,合肥市政府强化了人事部门与财政部门之间协同,实现人才与资金匹配以确保目标的实现。推行"产业教授"和研究生培养"双导师制";按照事权与财权相统一的要求,完善"税收属地征管、地方税收分享"的财税管理体制;拓宽中小企业融资渠道,鼓励多种债券发行方式。在获得天使投资基金或创业引导基金支持的前提下,再给予来合肥创新创业团队额度不等的配套资金资助和奖励。

(三)产学研之间协同

高校科学家的研究成果侧重于基础科学,技术上不成熟,导致其在商业化过程中技术与市场的不确定性高,许可给企业又存在可应用性与市场应用前景不明的不足;企业则更加关注技术的市场应用前景,应用效益,存在的市场风险有多大。处于创新不同阶段的两个创新主体,对技术也存在不同期望,企业期望高校能够在进行基础研究时,具有前瞻性眼光,对其未来的市场前景做出明确的预测,在技术的商业化过程中还能够进行大量的后续投入,并承担相应的市场风险。而科学家专于基础研究,关注研究的科学价值和技术的先进性,目的是能够解决职称提升、得到同行的认可,获得学界的地位。更为重要的是,专利未来的市场限于知识的宽度,科学家也无法如企业一样了解市场,必然形成高校与企业之间的"沟壑",导致实际之中技术成果难以转化,在市场前景不明的情况下,缺乏足够财力、科技实力的企业只能"望而生畏"或"敬而远之",技术成果转化低,已成为中国技术创新过程中的"顽疾"。

问题解决的关键在于建立产学研协同机制。产学研合作主体互动过程中所实现的知识的生产、转移、转化过程,其效率的高低直接决定着产学研合作的质量和效果,进而决定着产业创新能力和竞争力的高低。产学研互动是当前高校和科研机构从单纯教学、科研型向产学研紧密结合"转型"的必然选择。

合肥市借助于政府的有形之手来协调产、学、研部门之间关系,统筹规划各产业的研发,进行产、学、研整合,促使其高效率地完成各自的职能。采取建立联席会议制度、搭建服务平台、政府"牵线搭桥"、政策引导激励等多种形式,推动高校、科研院所和企业的对接,积极探索建立不同类型的产学研结合模式。

按照"协同创新、政府引导、市场运作"的原则,共建中国科学技术大学先进技术研究院、中科院合肥技术创新工程院、清华大学合肥公共安全研究院等29家新型研发机构,打破传统封闭的教育,进行研发模式的重大机制创新。以持续深化与国家重点科研院所和高等院校等"大院大所"的合作,如中科大先进技术研究院采用"省院合作、市校共建",开展高新技术研发与应用和高端应用人才培养。采用合肥市为建设主体、中科大为运行主体的"双主体""人才双聘"(高校和企业)、政产学研联合共建,形成"企业导师＋学术导师＋创业导师"的培养模式。

以解决关键技术环节为重点,按照"企业为主体、高校院所为主角、政府支持服务"的原则,促进创新链与产业链融合,与重点高校合作先后建立了京东方六代线及现代显示研究院等10个新兴产业研究院。如中科院合肥技术创新工程院实施"产业＋技术＋资本"的三轮驱动发展战略,凝聚政府推动力、市场化运作力、社会参与力于一身,破除制约创新发展的体制机制障碍,逐渐成长为集科技成果转化、高新技术企业培育、新兴产业技术研发、科技投资融资、高端人才培育等多重功能于一身的协同创新综合体。再如,中科院合肥物质科学研究院打造了"成果转移转化平台＋产业关键技术研发平台＋两链融合产业育成平台"的多元化、全链条成果转化应用体系,建成了若干有影响力的国家级平台。三年间,合肥创新院累计引入高层次创业团队 100 多个,孵化培育企业超过 300 家,累计营收超过 20 亿元,累计税收超过 5 000 万元,实现了从市级、省级到国家级孵化平台的跨越,入选国家发改委的全创改百佳案例,成为院地合作共建新型研发机构的可复制模式[158]。

启动"院企互动工程",从高校、科研院所遴选科研成果向企业推介,使一批科技成果实现转化和产业化。不断深化科技管理体制和方式的改革,推动应用型科研机构兴办产业或改制转企,鼓励一些高新技术企业改革内部分配制度,逐步建立经营者和技术骨干持股的机制。实行科技计划项目招投标制度,对科研项目申报实行"三个打破"(打破地域、所有制、隶属关系界限),政府资助的科技项目中,企业与高校院所产学研合作的项目达 70%。

搭建企业研发平台,鼓励企业实施产学研联合"1+N"计划。即:1 家市级以上技术中心企业要和 2 家以上高校、科研院所建立长期稳定的合作关系;制定了股权和分红激励政策,鼓励企业以股权或分红的形式,奖励科研团队和管理人员,进而激发他们的创新积极性等等。

三、纵向协同,形成相互支持,协调发展

建设创新型城市是建设创新型国家的重要组成部分,是在国家、省政府创新战略与政策指导下,结合城市的实际情况,国家、省政府、城市合作共同完成,因而,城市与省政府、国家之间的纵向协同,是实现全社会创新资源的有效整合,提升创新链运行效率的关键。

(一)合肥与国家

城市创新是国家创新的源头和支撑,在国家整体创新战略中发挥重要作用。城市创新战略是国家创新战略在区域层次的细化,创新政策是中央政府、国家科技创新政策的落实。

自改革开放以来,合肥的科技发展、创新城市建设,都在国家创新战略的统一部署之下实施并予以实现。如,2004 年 3 月,合肥科学城建设被列入安徽省"861 行动计划"和合肥市"1346 行动计划"。2004 年 7 月,科技部将合肥市作为科技创新型的试点城市,扶持合肥建立国家科技创新型示范基地。2005 年 2

月,安徽省政府向国务院提交了《关于合肥国家科技创新型试点市建设情况的汇报》,国务院批示说扶持合肥"国家科技创新型试点市建设"。2005 年 9 月,合肥市出台了《合肥国家科技创新型试点市工作方案》。2006 年,国务院以及有关部委相继颁发了《国家中长期科学和技术发展规划纲要》《中共中央国务院关于实施科技规划纲要,增强自主创新能力的决定》《关于实施〈国家中长期科学和技术发展规划纲要〉,增强自主创新能力的决定》和《全民科学素质行动计划纲要》。合肥市则按照国家的统一要求予以落实。这一切表明,没有国家的创新战略引导、创新政策的支持,合肥创新型城市建设很难实现。

(二)合肥与安徽

相对于合肥与国家之间存在省政府层次间隔,合肥与安徽省政府之间关系则更加紧密,二者之间协同对其发展效果的影响则更加直接。如工业化与城市化一直被认为是区域发展的"鸟之双翼、车之双轮"。处于后发地区的安徽,因缺乏强有力的中心城市的带动,第二产业的比重超过 40% 后,工业化、城镇化率都陷入双低位徘徊,成为制约安徽经济发展的瓶颈。为此,安徽省政府决策做大做强合肥,支持合肥进行区划大调整,实现城区人口与面积双双增大。与此同步,建设面向巢湖的滨湖大城市,构建联动周边的合肥经济圈,成功地促使 2006 年的生产总值突破千亿的"奇点",实现经济的快速发展。当然,合肥也没有让安徽省失望。合肥带动安徽省城市化率以每年增长超过 1 个百分点,仅用了 13 年就增长了 20%,到 2015 年达到 50.5%,首次突破 50%,以此为标志,安徽进入城市型社会。

合肥市建设符合安徽省整体发展战略。合肥经开区尤其重视符合产业发展方向、符合国家政策导向的战略性新兴产业的谋划、培育与建设,全力推进"产业＋科创"战略,战略性新兴产业占比超过 60%,规模以上高新技术产业产值占比达 80%,抢占产业发展新的制高点。

合肥围绕全省"四规合一"试点,统筹协调全市国民经济和社会发展规划、城市总体规划、土地利用总体规划、生态环境保护规划落实,全面完成"一张规划图、一个运行机制、一个信息平台、一个技术导则、一个管理办法"和"社会公共服务设施布局规划、城乡基础设施布局规划、生态环境建设布局规划、重点产业发展布局规划",逐步形成各类规划定位清晰、功能互补、统一衔接的"多规合一"运行机制,确保各级各类规划在总体要求上指向一致、空间配置上相互协调、时序安排上科学有序。

案例 "科大硅谷"建设

"科大硅谷"是聚焦创新成果转化、创新企业孵化、创新生态优化,以中国科学技术大学等高校院所全球校友为纽带,汇聚世界创新力量,发挥科技体制创新引领作用,立足合肥城市区域新空间打造的科技创新策源地、新兴产业聚集地示范工程,也是有为的政府依据基于科学、技术创新规律,谋势蓄势,顺势而为,打造合肥国际性的创新之都的典型案例。

1. 前瞻性谋划

在变革的时代,城市发展时刻面对角逐场内你追我赶,各种力量相互交织,激烈异常,不断重构的格局,要在这样的变局中,创造并赢得竞争优势,必须进行前瞻性谋划,先人一筹。

1)谋势蓄势

科大硅谷的前瞻性谋划利用其具有区位、产业、资源的位势,同时,顺应基于科学与技术创新的时势。

(1)区位势。"十四五"期间,合肥与南京、济南、福州等省会一样,已经将做大省会城市纳入重要规划,并且,发展改革委、科技部等八部门联合发布《上海市、南京市、杭州市、合肥市、嘉兴市建设科创金融改革试验区总体方案》,合肥在长三角一体化发展迎来"新定位"。

合肥不仅具有区位的经济势,还有区位的科技势。2022年,合肥高新区作为安徽省唯一入选的高新区入选首批国家级知识产权强国建设试点示范园区名单,以中国科学技术大学和合肥高新区为共同建设单位的量子信息未来产业科技园获批未来产业科技园建设试点培育单位。

(2)产业势。在创新驱动引领下,合肥已经打造并形成"芯屏汽合"为代表的先进制造产业和"急终生智"为代表的新一代战略新兴产业,制造业与战略新兴产业之间发展均衡,稳定持续。量子产业发展方兴未艾,"中国声谷量子中心"园区品牌,在国家级高新区综合排名中连续九年位居前十,合肥已经布局中安创谷、中国声谷等创业载体,正在建设中安创谷三至六期、中国声谷三期、"科大硅谷"高新孵化园等创业载体,创新创业面积将达到 1 000 万 m²。此外,在运河新城、包河区、庐阳区、经开区、庐江县等地打造若干专业片区,作为"科大硅谷"的腹地,集合相关地区优势,落地一批特色产业。先进制造产业、新一代战略新兴产业与特色产业,形成支撑合肥创新发展的产业势。

(3)资源势。2016 年以来,合肥高新区以创新为驱动,全力推动高水平自立自强,着力打造世界领先科技园区。合肥高新区已经构建了原始创新平台、新型研发机构、以企业为主体的创新平台、专业化共性技术平台等四层创新平台体系。集聚了中国科大高新园区、安徽省人工智能研究院等战略科技力量,以及中国科大先研院、中国科学院(以下简称中科院)创新院等新型创新组织37 家。同时,合肥高新区加快形成双创载体、政策、金融、人才、服务五链协同赋能,每年新建国有载体超 100 万平方米,双创载体总面积超过 700 万平方米。

建立了全国双创示范基地中的首家企业家大学,实施"领航企业家培育计划",开展"十万大学生进高新区",夯实研发创新人才基础。同时,合肥高新区实施"营商环境领跑计划",推进"合创券"等"互联网＋创新创业"服务,市场主体数量三年翻了一番。

中国科学技术大学培养了一大批在各行各业大显身手、成就卓著的杰出人才,在创新创业和双招双引方面具有巨大潜力,硕士毕业生留肥比例达 43.5%、博士毕业生留肥比例达 44%;合肥每万人拥有在校大学生数超 800 人。

作为国家综合性科学中心,合肥国家科学实验室和大科学装置数量位居全国前三;合肥市资本到访量排名全国第四,仅次于北京、上海、深圳。建立"引导性股权投资＋政府基金＋社会资本＋风险投资＋产业化专项基金"五位一体的科技金融服务支撑体系,园区基金总规模突破 2 300 亿元。

丰富的创新硬件、人才、金融、平台等资源,形成了资源势。

2)创新的时势

合肥的经济发展经过探索、起步、成长进入质量提升阶段,创新已经成为经济发展的主要驱动力。人工智能、先进制造、生命健康产业、量子信息、新能源、精准医疗等未来产业发展处于起步、成长期,皆为未来发展的方向;在国内外竞争中,合肥在人工智能、量子信息、新能源方面拥有优势,顺应科技发展的趋势,立足新发展阶段,着力建设具有全球影响力的新能源产业基地、中国声谷、量子中心,建成世界领先科技园区,打造原始创新策源地和未来产业创新中心,可以获得相应的时势。

3)顺势而为

早在 2021 年,安徽省委、省政府就与中国科大校长共同商议,提出发挥中国科大创新资源的优势,建设"科大硅谷"的战略构想,并着眼大局、顺势而为作出重要决策部署。

安徽省政府在"十四五"科技创新规划指出,安徽将聚力建设合肥综合性国家科学中心,高标准建设大科学装置集中区、国际交流区和成果展示区、科技成果交易转化区。其中特别提到,将"科大硅谷"打造成战略性新兴产业集聚地的示范工程。2023 年安徽省《政府工作报告》提出,通过科大硅谷、中国科大科技商学院、羚羊工业互联网相互赋能,推动科研机构、高校院所、大科学装置与企业、资本的协同创新,打造科技创新策源地与新兴产业聚集地融合发展的生态系统。

按照安徽省的决策部署,形成科大硅谷的创新"一区两园一镇"布局。一区,核心区位于合肥高新区,将布局一批高品质创新创业平台,建设"科创＋产业＋自由交流空间"集中连片区域,为中国科大校友来皖创业提供优质场所。两园,主要围绕中国科大布局,侧重于师生创业和成果转化。其中,蜀山园分为两个板块,一块在科大本部周边,一块在科学岛路两侧,充分利用区域位置优越的存量空间资源,打造孵化器等创业孵化载体。高新园在科大高新园区周边,利用科大先研院、中国声谷等载体,打造创业孵化、成果转移转化的集中区。讯飞小镇位于合肥高新区,主要侧重于建设企业总部、研发中心和创新者共享与交流空间等,以高端优质的配套和服务,打造"生产、生活、生态"三生共融、诗意栖居的科创小镇。

作为全国四大科教基地之一,合肥可以充分利用优势、时势,下好创新"先手棋",以企业为主体,嫁接有效市场和有为政府,促进合肥的科技创新势能转化为高质量发展的动能。到 2025 年,"科大硅谷"将汇聚中国科大和国内外高校院所校友等各类优秀人才超 10 万名;形成多层次基金体系,基金规模超 2 000 亿元;集聚科技型企业、新型研发机构、科创服务机构等超 1 万家,培育高新技术企业 1 000 家,上市公司和独角兽企业 50 家以上。

2. 高质量地执行

2022年安徽省政府工作报告中明确提出,启动"科大硅谷"建设,以最优生态集聚最高端的资源,努力打造科技体制改革的"试验田"和高科技企业成长的"高产田"。

1)统一规划,分步实施

根据"科大硅谷"建设实施方案,采用统一规划、分步实施的办法。先期规划建设"一核两园一镇",并明确了各片区的范围、功能载体和主要建设目标等;未来将按照"成熟一个、启动一个"的原则,在合肥市运河新城、经开区、包河区、庐阳区、庐江县等区域,适时打造高端产业集聚区和若干专业片区。

2)运营架构

一个以省长为组长,省、市两级相关负责人和中国科学技术大学校长任副组长的"科大硅谷"建设领导小组宣布成立,并构建了一个全新运营模式的服务平台公司。

该服务平台公司将由合肥市政府组建,由合肥市等共同出资,成立股权结构多元化的混合所有制企业,市场化运作管理,采用董事会领导下的总经理负责制,主要职责是配合领导小组办公室编制"科大硅谷"空间布局规划,研究科技体制机制改革方案,提出政策建议,推动领导小组决定事项落实、负责招引各片区细分单元运营团队、建立全球资源网络、提供一站式服务、参与基金管理等。

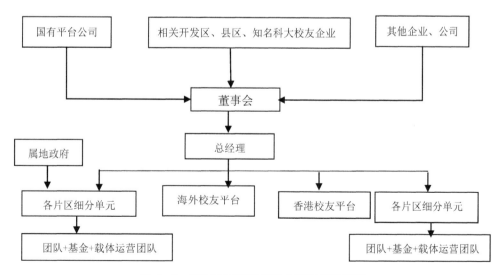

图6-2 "科大硅谷"服务平台运行组织架构

具体来说,服务平台公司、细分单元运营团队、属地政府三者将各司其职,服务平台公司与属地政府共同遴选各片区营运团队,把控入驻企业标准;由各细分单元运营团队承接项目企业落地、做好片区具体运营;属地政府负责创优环境、落实政策和做好服务保障。服务平台公司和各细分单元,均面向全球遴选专业团队(职业经理人)运营。

建立大装置、大平台市场化服务机制。"科大硅谷"围绕产业需求,推进综合性国家科学中心、国家实验室、新型研发机构等创新资源向企业开放。另一方面,强化服务平台公司及各片区专业化服务能力建设。"像概念验证中心、小试中试平台等公共服务建设,我们积极推动市场化主体进行建设完善。"

提供智力资源方面,中国科大针对科技商学院的师资队伍、课程设置、招生类型、培养方式以及管理模式,学校创新创业的目标思路、实施计划,科大硅谷的建设原则、科大定位以及学术生态的科技伦理、科技评价、组织架构等方面展开了充分的讨论,并投票表决通过了科技商学院建设议案。

"科大硅谷"通过载体建设、环境提升和机制创新,为中国科大等高校院所创新创业者提供良好创业空间;中国科大科技商学院则培养懂科技、懂产业、懂资本、懂市场、懂管理,从科技到产业的全链条复合型人才。在首批全球合伙人招募中,"科大硅谷"提出了构建"团队十基金十载体"的创新单元运营模式:将高品质的综合性孵化载体,细分成一个个单元,引入细分行业领域专业孵化器,借助基金等资本运作,深入企业内部进行孵化。

3)政策保障

为打造良好政策环境,合肥市出台《支持"科大硅谷"建设若干政策》,借鉴北京、上海、深圳等近20个地区创新创业政策,制定了7个方面30条政策条款促进创新要素集聚。如:①鼓励科技成果就地转化。对把职务科技成果放在"科大硅谷"转化落地的科研人员,将按一定标准给予奖励。②加大"高精尖缺"人才补贴力度。对在"科大硅谷"工作,且经一定程序认定的高端人才、紧缺人才等,按一定标准给予补贴。③建立拨转股、股转债成果转化模式。采取补助与股权投资相结合的支持方法,在成果转化项目启动时,政府以补助方式进行支持;社会资本进入时,财政补助则变成股权,与社会资本同股同权,政府让利培育期间的增值部分,形成财政资金循环运行的长效机制。④创新投融资模式。对"投早投小"或投资比例达到一定标准的基金公司,采取奖补等激励措施。创新国资基金管理方式,国有出资股权基金投资在"科大硅谷"注册的企业,在股份转让时可按照协议约定执行,提高国有基金投资项目退出的灵活性。

3. 高效地协同

科大硅谷发展的基础在于找准定位突破口,借助于有效市场与有为政府的协同、国内外创新资源协同、研发、转化、扩散的创新链协同,促进"科大硅谷"建设目标的实现。

1)有效市场与有为政府的协同

在中国转型经济条件下,市场与政府作为资源配置的工具,在市场化的前提下,实现有效市场和有为政府的协同,是科大硅谷建设取得成效的关键。要把市场化原则贯穿到建设运营全过程。充分发挥市场对技术研发方向、路线选择、要素价格、各类创新要素配置的导向作用,推动创新资源依据市场规则、市场价格、市场竞争实现效益最大化和效率最优化,整个科大硅谷的运营采用市场化方法,而各级政府的作用体现在规划、政策、营商环境创造上。

2)国内外资源协同

在国内,"科大硅谷"以中国科大为圆心,汇聚在学术界、企业界、投资界站在金字塔顶端的校友,集聚更多国内顶尖、国际知名的高水平大学、企业、研究机构等资源。在国外,合肥以开放的胸襟汇聚全球高端创新资源,充分发挥欧美同学会、各高校全球校友的"桥梁"作用,积极对接海外创新资源,引导国际一流高校、科研机构和企业在"科大硅谷"成立分支机构、新型研发机构或子公司,吸引优质项目入驻"科大硅谷"。按照科大硅谷的建设布局,将国内外创新资源予以配置,实现二者在空间上协同。

3)创新链各环节协同

随着一批又一批的优秀人才落户,"科大硅谷"将加快推动合肥国家实验室、大科学装置等重大平台互补和成果"沿途下蛋",支持量子科技、生命健康、人工智能、新能源、新材料等领域在"科大硅谷"应用场景下优先转化。

以把校友企业联合起来,建设全球校友产业创新中心,通过产学研体系推动创新成果商业化。会同全球高水平大学的校友组织共同组建"科大硅谷"全球校友事务部。协助建设海外创新中心。"科大硅谷"拉紧中国科大等高校全球校友、高端人才链的纽带,释放"虹吸效应",汇聚创新势能,深度融入国际创新网络。

创建"科技商学院",为"科大硅谷"持续稳定地培养专业性产业科技人才。设立"学生创新创业基金"和"成果转移转化基金"两类基金,启动"雏鹰计划""雄鹰计划"和"鲲鹏计划"三项计划,为师生开展创新创业活动提供辅导、服务,支持学校科技成果在"科大硅谷"转化落地。

通过上述措施,借助产学研机制,实现创新链上研发、成果转化、扩散等环节之间相互协同。

4. 初步成效

目前,"科大硅谷"的"磁吸"效应开始显现。"科大硅谷"对接中国科大校友超 1 300 人次,各类投资机构超 120 家。目前,中国科大公示的 35 个赋权试点项目,有 90% 落地"科大硅谷"片区内。"方案推进之快速,超出预期。"今年 3 月启动招募全球合伙人以来,一共收到来自中法美日等 5 个国家,178 个团队报名信息,包括基金投资机构、园区运营机构、特色服务机构,以及中科院、清华大学、中国科大、浙江大学等高校院所的海内外校友组织和新型研发机构。今年 5 月 7 日,"科大硅谷"香港创新中心在香港正式成立,由科大硅谷服务平台公司与中国科学技术大学校友会(香港)、兴泰控股(香港)有限公司共同发起,将实现互利共赢,为安徽、香港的科技创新注入新的活力和动力[159],[160],[161],[162]。

第七章　创新金融

　　资金是创新得以有效运营的血液,金融是创新得以持续的动力。无论是基于科学的创新,还是基于技术的创新,皆具有高投入、高风险、高收益的特征。创新链要在前期投入科学发现、创意筛选,再到完成量产上市之后,才开始赚钱。国外研究表明,越是创新的前期阶段,投入的风险越大,到产业化后期,技术创新的不确定性越小,但所需资金的投入却越大,只有后面赚到的钱能够反馈给前面的投资人,形成创新激励,鼓励投资人继续再投资,才能形成资金的循环。创新投资涉及早期的种子、天使,以及后期的 VC、PE、IPO 股权投资,具有鲜明的"创新"特色,本书称之为"创新"金融。创新金融涉及筹资、投资、投后管理、退出构成的整个运行过程。基金募集与设立是起点,科学的事前投资分析与项目甄选是前提,有效的事后管理是关键,成功退出是结果。本章从合肥创新投资基金的融资、投资、创新金融与产业生态的形成三个维度分析创新金融的运行逻辑。

第一节　合肥市创新的融资

　　合肥市创新融资包括股权融资、债权融资两方面。合肥股权融资通过三大国资运营平台实现,以政府的信用背书,采用私募方式筹措资金,并以股权投资方式投资到外地创新企业,帮助它们快速成长,获得一定收益后退出,进行再投入的创新投资良性循环;合肥市创新债权融资借助科技银行创建"1+N"的经营模式来实现,为创新中小企业提供融资服务。

一、股权融资

按照城市的生命周期理论,合肥正处于中期发展阶段,城市建设点多、面广,资金需求量大。多元化、多层次的投融资机制尚不健全,严重制约着工业兴市战略实施以及战略新兴产业的规模化发展。无论是基于科学的创新,还是基于技术的创新,融资需求存在于创新的全生命周期。虽然合肥在战略新兴产业领域具备一定的技术储备,没有足够规模的资本投入,也难以实现做大、做强。通过何种渠道募集创新所需的资金,采用何种方式管理创新资金是合肥创新金融面临的两个重要问题。尤其是,随着政府职能的转变,财政资金向产业直接投入的渠道受到越来越多的限制,社会资本因其先天规避风险的特征又不愿投资到风险较大的创新领域。如何整合政府资金与社会资金为创新提供金融支持,成为合肥创新融资需要考虑问题的关键。

合肥创新基金的募集最初由合肥市建设投资控股(集团)有限公司(以下简称"合肥建投")运作,渠道有政府财政资金与社会私人资金。2014年组建合肥市创业投资引导基金、产业投资引导基金和天使投资基金(如表7-1),覆盖种子期、创业期、成长期等阶段,基本能够满足中小企业创新孵化、成长的需求。

表7-1 合肥市创新融资主体及投资标的

基金	管理公司	投资对象
种子基金	合肥市科创集团	支持原始创新、源头创新、集成创新项目或企业,解决"最后一公里"
天使投资基金	创投公司管理	支持具有自主知识产权、科技含量高、创新能力强、商业模式新的省级以上科技企业孵化器内孵化的种子期、初创期科技型企业;支持创业大赛和大学生创办初创期科技型企业

基金	管理公司	投资对象
创业投资引导基金	合肥市财政出资,注册资本 16.1 亿元,合肥产投集团基金管理部具体负责运作	支持战略性等新兴产业及中小企业,促进新兴产业和中小企业成长
产业投资引导基金	合肥市财政出资,注册资本 3.09 亿元,兴泰控股管理,基金的日常具体委托专业的基金管理公司负责管理	支持战略主导产业及行业龙头企业,促进产业重点突破和跨越发展

资料来源:根据相关新闻整理

　　合肥建投成立于 2006 年 6 月,由合肥城建投资控股有限公司、合肥交通投资控股有限公司、合肥市建设投资公司组成,合肥市国有资产监督管理委员会负责监管,初始拥有国有净资产 51.03 亿元和合肥市财政注入的货币资金 5 亿元,后经过四次注册资本变更,至 2020 年注册资本已达 132.98 亿元,企业信用等级 AAA,拥有全资及参控股企业 50 家。合肥建投的经营领域涉及工程建设、城市运营服务、现代农业、商业百货、战略性新兴产业投资、乡村振兴、文旅博览等。

　　合肥建投最初承担着合肥城市建设发展的重担,承担合肥市 50% 的基础设施建设资金保障的重任,发挥着自身作为国有资本投资运营公司的平台功能,在合肥市重大项目投融资中起着举足轻重的作用。不仅如此,为支持合肥市创新发展战略,助力合肥市产业结构调整,合肥建投开始深度融合产业链、创新链、资本链,其投资融资范围开始拓展到整个创新生命周期,成为主宰合肥经济高质量发展的新引擎。

　　战略新兴产业投资项目与工程建设项目皆具有资金需求大、投资时间长的共同特点,二者的差异在于,前者的未来现金流具有很大不确定性,成功概率大约百分之三到五。相较之下,后者的未来现金流具有较大的确定性,成功概率几乎百分之百。合肥建投作为地方政府投融资平台,从事城市建设工程项目投资的运作模式是以政府信用和工程项目未来现金流为抵押向银行进行债务融资,进行工程项目建设运营,以工程项目的运营产出来还本付息。从工程项目转型创新项目投融资时,创新项目本身的特点决定其较难进行债务融资。面对产业资金需求压力不减反增,合肥建投不得不寻找新方式筹集资金,将目光转向私募股权基金进行股权投融资。在合肥建投出资、项目本身具有良好前景的加持下,合肥芯屏产业投资基金在 2016 年 1 月组建成立,通过股权转让方法出售股权而获利实现资本增值,并进入投资循环。

合肥建投依靠政府财政投资撬动社会资本,并引导其充分发挥作用,来拓宽创新投资基金的来源渠道,增加资金的可获得性和灵活性。首先,针对不同项目,采用差异化融资途径。产业类项目结合各种融资方式的优点,组合运用股权融资、债权融资,直接、间接地拓宽融资渠道;公益类项目上严格依法融资,遵守政府性债务管理要求;对于有一定经营能力的项目,利用政府专项债券等政策优势,并与市场化融资结合。其次,实行多元化融资。如资本市场和财政性投入、商业银行贷款、国际金融组织贷款、开发性金融合作、外国政府贷款等多种融资方式,创新城市融资模式。

合肥创新基金投资集团以功能为导向。合肥建投直接面向基建工程项目,是全国排名第三的投资平台,总资产规模是 5 300 亿。合肥市有些项目需要资金规模大,可以通过建投去发债,拓展基金资金的来源,信贷规模 400 个亿,但投资的资产质量要求非常高。合肥产业投资的资金来源主要有合肥市的财政性专业资金;引导基金的投资收益与担保收益;闲置资金存放在银行或者购买国债所得利息,个人、企业或社会机构无偿捐赠的资金等,通过参股、融资担保或跟进投资的方式,投资到创新领域,但并不直接从事基金的运作。其具有以下几个特点。

（一）政策导向性

2008 年 10 月,国务院办公厅转发财政部、商务部和发改委《关于创业投资引导基金规范设立与运作指导意见的通知》,明确引导基金是政府出资设立、市场化运作的政策性基金,主要是放大杠杆和弥补市场失灵,不与市场竞争牟利。2016 年 12 月底,印发《政府出资产业基金管理暂行办法》(发改财金规〔2016〕2800 号),政府出资产业基金来源必须是财政性资金,可采用参股、联合投资和融资担保等方式市场化运作,不干预合伙事务。

合肥产业投资严格按照国家的创业投资规范进行运作。其投资主要围绕中央政府的相关产业政策、地方政府重点发展的产业,而对特定行业、符合国家战略新兴产业标准、具有优先发展必要的行业进行投资。如政府支持的战略新兴产业、智能制造、绿色环保业等。2014年,合肥在全国率先对产业扶持政策进行了重大调整,形成"1+3+5+N"的政策体系框架。"1"指《合肥市扶持产业发展政策的若干规定(试行)》这一纲领性文件。"3"指3个政策资金管理办法。"5"指5大产业扶持政策,包括各产业扶持的重点及采取的具体投入方式。"N"指各产业政策执行部门可按照相关规定,量身定制具体实施办法。产业政策体系的整合为产业基金的融资与投资管理提供明确的导向。

(二)多阶段与多产业

根据生命周期理论,处在种子期和初创期等早期企业,产品处于研发阶段,尚未面市或者量产。该阶段企业的投资风险很高,市场化基金投资意愿较差,需要政府以弥补市场失灵,设立政府引导基金、孵化器基金和科技成果转化基金等予以支持。处于成长和成熟期的企业,产品、技术较为成熟,具有持续的盈利能力,面临市场和产品的替代等风险,应以并购基金等方式支持其做大做强。

合肥市在创新基金投资过程中,通过国资领投,招引大企业、大项目落地,尝到了甜头,但很快发现只盯着金字塔顶端的企业,忽视金字塔底座数量众多的初创型、成长型企业,对未来新兴产业培育影响很大,于是,合肥市将投资前移一步,继天使基金之后,2022年5月,设立种子基金,帮助初创一年之内的企业解决资金问题(表7-1),以"原始创新、源头创新、集成创新"为主要投资标的,把市场的目光引向创新链更前端,解决科技成果转化的"最后一公里",形成以种子基金、天使基金、创投基金、产业基金等创新基金链,覆盖技术创新的全生命周期,让处在每个发展阶段的企业,都能享受到对应的基金工具支持,实现对创新企业的"接力投"。截至2023年3月,合肥国有资本在战略性新兴产业领域累计投入资本金超过1 600亿元,带动项目总投资超过5 000亿元。

(三)融资的杠杆性

中央政府和地方政府资金主要源于财政预算出资;企业(国企和民企)可以以自有资金、发行基金债等公开市场直接融资方式募资和利用自身信用方式融资;个人投资者主要依靠自有资金。但是相较于国有企业,民企募资难度较大,成本相对较高,甚至无法募集资金。合肥建投充分发挥国有资本"四两拨千斤"的撬动作用,成立建投、产投、兴泰三大国有投资平台,设立百亿规模政府引导母基金,聚焦各地优势产业配套设立县(市)区产业基金,联合头部机构构建产业基金群,形成了"政府引导基金＋政府产业基金＋市场基金"的股权投资体系,以基金撬动社会资本,以资本引入产业。

十年来,合肥始终把抓创新摆在发展全局的核心位置,全市财政科技投入占一般公共预算支出比重,由 2012 年的 4% 提升到 2021 年的 14.2%,位列全国重点城市第一,形成了从基础研究到应用研究、技术开发、成果转化的完整体系[163]。同时,合肥市政府将原本不精准的资金投入方式,改变为对重点产业领域、重点产业项目的投资。政府基金往往是整个项目投资的 20%,借助于政府政策的支持来吸引和撬动社会资金来完成整个项目投资剩下的 80%。合肥政府设立基金,以投带引,撬动金融资本和社会资本共同投资,不仅实现了国有资本的保值,还促进了战略新兴产业的蓬勃发展。截至 2021 年底,合肥形成总规模超过 1 000 亿元的基金丛林,带动社会投资近 4 000 亿元。其中,为支持初创企业、中小企业,成立总规模 59.2 亿元的创业引导基金、产业引导基金和天使基金,带动社会资本在肥投资超过 2 000 亿元。组建总规模近 300 亿元的芯屏产业投资基金,全部投向合肥市集成电路和平板显示上下游产业链,其中仅京东方 10.5 代线项目通过芯屏基金就直接引入社会资金 79.45 亿元。通过国有资本市场化运作方式,更多社会资本流入合肥。

(四)市场化运作

政府引导基金的组织形式为独立的事业法人,具有"让利于民"的特点,资金来源相对又有保证。独立地对扶持创业投资企业行使权力并承担相应的义务,其绩效考核纳入公共财政考核评价体系,可以避免经营性国有资产运营绩效考核所所面临的保值、增值、评估等问题。运作主体有合肥城建投资控股有限公司、合肥交通投资控股有限公司、合肥市建设投资公司,政府引导基金必须按照市场化运作方式运作,政府不要过多地干预,更多地用市场化的手段支持其发展,以保证政策性基金的运行效率。

创新企业所处不同生命周期面临的风险不同,诉求也不同。企业遇到困难的情况下,需要利用政府引导、帮扶,以便走上市场化的正轨,一旦企业诉求得以解决,合肥市政府则适时择机退出。如合肥市政府投资京东方、维信诺、欧菲光等项目时,并不试图掌握产业的控制权,在产业发展势头好时就及时退出。

(五)从直投为主转变为母基金投资为主

作为一种对创新创业的中小企业的权益性投资方式,根据资金分配性质,政府创新投资基金分为三种：政府主导的直接投资基金，政府将资金直接投资于创新企业，并由国有的独资企业进行管理，投资的对象往往是具有巨大发展潜力或对城市产业建设有较大推动作用的企业。政府引导基金，是指由政府进行"引导"，同时募集社会闲散资金，将资本交由私营的风险投资机构进行管理，最终投向处于发展期的创新企业。政府创新投资母基金，是指由政府进行委托，出资方既包括政府也包括金融机构，投向某个创业投资基金，由下属的创业投资基金投资到创新创业企业，用母基金（Fund of Fund）的方式来运营，并且与私营的风险投资机构共同创立子基金，以培养专业的创业投资团队。

合肥创新投资基金从京东方的政府直接投资到后来采用母基金方式投资蔚来，不仅体现杠杆性，撬动了更大规模的社会资本，提高基金的运营效率，而且有效地规避了投资风险，保证财政资金投资的回笼，标志着合肥创新投资走向成熟。

二、合肥创新的融资管理

合肥市产业基金主要由合肥产投集团和兴泰控股管理。合肥市产业投资控股（集团）有限公司成立于2015年3月，由原合肥市国有资产控股有限公司和合肥市工业投资控股有限公司合并组建。注册资本15亿元，截至2019年12月末，集团资产总额761亿元，负债总额527亿元，营业收入39.7亿元，净利润6.8亿元。立足于产业发展，致力于产业报国、产业兴市、产业惠民，合肥兴泰金融控股（集团）有限公司成立于1999年1月，注册资本金60亿元，主体评级AAA，主要从事合肥市国有金融资产的管理。截至2019年12月底，公司总资产499亿元，负债296.5亿元，营业收入47.7亿元，净利润16.2亿元。

产业基金管理是由管委会下设办公室，办公室设在市金融办（科技局、国资委）。合肥市政府指定合肥产投、兴泰控股作为引导基金受托管理机构，在操作层面，按照基金的财务管理制度、风险管理管理制度、投资决策管理制度、绩效评价管理暂行办法、尽职免责和投资损失核销管理制度等配套体系进行运营（见图7-1）。

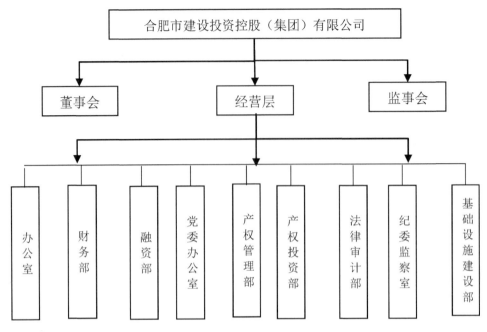

图 7 - 1　合肥建设投资集团组织架构

政府创新基金在实际运作过程中,涉及政府 LP(Limited Partnership)与民营 LP 之间的关系,以及政府与政府委托出资方,LP 与基金管理人,基金管理人与投资企业三重委托代理关系,如何解决好这些关系直接影响政府创新基金融资效率。

(一)政府投资(LP)与民营投资(LP)

民营 LP 投资的动机就是赚钱,关注基金投资最后的收益;政府 LP 动机则体现了政府的意志,支持科技发展,让处于初期的技术慢慢成熟,发展新产业,关注税收、就业;两者正好相反或者对冲。民营 LP、政府 LP 的不同动机产生不同的行为。投资期 10 年、小型硬科技项目因为时间长、失败率高,前者投资意愿低,但后者只要能够形成新产业,带来就业,即便时间长,失败率高也愿意尝试。民营 LP 关注投资的公司是否上市,不重过程,重结果;政府 LP 则重过程,不重结果,投资决策流程慢,投资过程受到严格监管,年终还面临国有资产审计。

政府投资与民营投资的投资动机、行为及关注重点不同,使得两者在基金合作中如何做到统一成为二者合作的关键。合肥在江苏益达资本混合所有制改革中找到了答案。益达资本混合所有制改革之后的股份国有只占 45%,而管理团队占 55%,成为民营控股、国有参股投资公司,较好地解决了上述决策流程慢、面临严格的国资审计等问题。这种混合所有制促进基金的投资从政府转向市场化,既有市场化的速度,又能较好地体现政府政策与意图。一方面,可以利用政府资源设立更大规模的基金,利用管理费来养活团队,另一方面,用市场化基金去投一些盈利前景好的项目,获取后面更多的利润分成。

鉴于上述的思考,合肥创新投资基金在其所有的母基金出资条件都有规定,省、市、区三级财政的政府资金在管理基金里面比例不能超过 50%,民营 LP 投资参与比例不低于 50%,至少要 1:1。一般情况下,合肥政府不干预基金公司投资决策,但是对基金投资项目的产业落实享有一票否决权,以监管投资于合肥地区的企业(含落户合肥企业)达到协议约定的比例。

(二)基金投资人—基金管理人—投资企业的激励与约束

在基金投资人—基金管理人—投资企业三重委托代理关系中,信息获取能力也存在差异,各方的利益诉求和关注点也不同。基金管理人负责合伙企业具体的运作,接受 LP 的监督,赚取基金的管理费和项目退出后的超额收益。三方的利益诉求和信息存在不对称,如不能形成共同的产业基金目标和激励约束机制,将直接影响产业基金的运作效率和效果。

合肥产业基金主要依托于基金管理人自身的储备项目库,管理人的募资能力和储备项目情况作为选择管理人的核心要素,从管理人的筛选、项目的尽职调查,以至于后期的投后管理都能需要获取比较详尽的管理人、投资企业、基金运作监管和投后管理等方面的信息,以此来确保产业基金择优选择管理人,基金投委会筛选出好的、切合基金方向的投资标的。同时,监督产业基金运作规范,并严格基金投后管理,确保产业基金运作过程中出现重大事项能及时知悉和应对,并将风险降至最低。

合肥市产业基金主要分为阶段参股、跟进投资和直接投资三种投资方式,其中,跟进投资和直接投资需经管委会审批通过后实施,参股设立子基金仅需上报管委会备案即可。合肥市绝大多数基金采用阶段参股方式。产业基金性质定位清晰,决策权属职责明确,定期决策,投资效率较高。对基金投资产业领域、单个项目投资规模(不超过 20%)、投资禁止行为及到期延长报本级政府审批等做了明确规定。

合肥市对基金的绩效评级、监督管理及产业基金信用体系建设提出奖惩要求。如合肥市天使投资基金单个项目退出后,先提取项目净收益的 5% 作为风险准备金,上缴至天使投资基金专户,用于弥补可能发生的亏损。引导基金计提风险准备金事宜,合肥市有过商议,但是目前引导基金几乎无收益,故暂不提取。

基金管理公司(合肥产投)可按当年基金投资额的 3% 提取天使基金管理费用,按当年基金投资额的 0.5% 提取引导基金管理费用,管理费主要用于项目库建设、项目调查、评审、投资管理、股权退出等日常支出。计提风险准备金可以弥补投资损失,对投资风险起到缓释作用。

不与市场争利。有些风险可通过市场化手段解决,设立市场化基金,但针对基金定位,择机参与目标企业与其风险共担,共享企业发展收益,不仅要确保增值国有资产,更重要的是让非国有资金获取低风险的高回报。

正是上述的激励与约束机制的建立,合肥创新投资基金取得了不俗的成绩。2007 年合肥政府拿出当时三分之一的财力投面板产业——京东方,赚取100 多亿元;2011 年,拿出 100 多亿元投半导体产业的长鑫/兆易创新,上市浮盈超过 1 000 亿元;投资京东方 6 代线、8.5 代线,通过二级市场减持,实现资本退出,收益近 200 亿元;投资安世半导体、闻泰科技,收益及浮盈近 1 000 亿元;2019 年,拿 100 亿投资蔚来汽车,获得千亿元的账面回报。

三、债权融资

如前所述,创新企业很难像处于成熟期的大型企业一样获得债权融资,其原因在于其成立时间不长,缺乏完善的企业管理体系和财务制度以及相应的信用记录,难以获得相应银行的信用;同时,缺乏足够资产来进行抵押,而银行债权融资为规避风险,则需要信用支持或抵押,这便形成创新贷款的两难困境。创新企业因市场、技术、生产等方面的不确定,确实存在一定的融资风险,不同于一般的中小企业,这些企业具有较好的创新能力,借助有效的管理可以成功,并为银行的投资带来良好的回报。银行不愿进行贷款的深层原因,是其与创新企业存在信息不对称、不充分,无法充分掌握创新企业的日常经营、技术研发、产品生产的相关信息,对它们经营能力、信誉、发展潜力等方面进行全面了解、甄别、研判。但这些问题并非不能解决,通过制度创新,可以突破银行传统贷款的逻辑,摆脱创新企业贷款的困境,实现银行与创新企业双赢。

合肥科技银行在这方面进行了探索,参照科技金融先进经验,进行本土化创新,创建"1+N"的经营模式,较好地解决了创新企业贷款问题。这里的"1"是指科技银行,N 是政府、创投、担保公司、创业园区、证券公司等合作方[164](见图 7-2)。

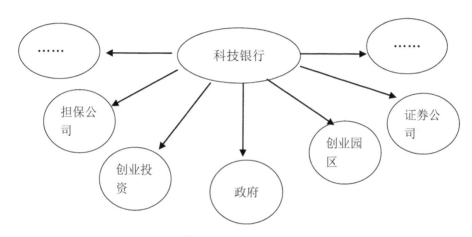

图 7-2　合肥科技银行的债权融资 1+N 模式

具体言之,在银行与政府方面,为减少银行与创新企业之间的信息不对称,合肥市政府相关部门依据国家的科技型企业标准对优质的创新企业进行认定,将其与其他中小企业进行区隔,提高银行创新金融服务的针对性。同时,合肥市政府设立风险补偿基金(风险池),对银行在创新融资方面的损失承担有限代偿,让银行愿意为创新企业贷款。

在银行与保险方面,保险公司根据创新创业企业特点,开发适合的保险产品,为其向银行借贷提供履约保证保险,弥补创新创业企业的信用不足。

在银行与担保方面,担保公司准入门槛较低,反担保物多样化,风险处置措施灵活,并可从银行获得企业的日常结算和经营活动等信息,为银行的贷款提供担保,解决了创新企业担保不足的问题;银行的风险控制和客户资源又为担保公司提供了保障,形成创新企业、银行、担保公司三方合作共赢。

在银行与创投方面,银行通过私募基金托管、客户资源共享、银投联贷等形式与创投进行合作,创投机构为企业筹划融资方案,与银行签订债权转让协议或股权认购配套协议,银行跟进对创新企业发放贷款,若贷款出现风险,创投机构通过回购企业债权或股权,以规避银行风险。

合肥科技银行还根据科技型企业发展阶段,推出雏鹰计划、起飞计划、卓越计划、投融一站通等多项综合金融服务方案,为科技型企业提供全寿命周期的债权融资服务。

表7-2　合肥科技银行对科技型企业全寿命周期的融资服务

雏鹰计划	起飞计划	卓越计划	投融一站通
针对研发结束进入产业转化初期企业,包括部分研发后期的高新技术企业的融资服务方案	专门针对创业中前期的高成长类科技型中小企业快速发展的综合金融服务方案	针对上市及拟上市科技型中小企业的综合服务方案	为快速成长的科技型企业提供的融和债权与股权双重服务的综合一揽子金融解决方案

在优惠政策上,对科技型企业贷款提供行内最低贷款定价,对1 000万元以下科技型企业贷款总行给予分支机构20%的利润补贴,通过机制创新为合肥的创新型企业提供"低门槛、低利率、高效率"的融资服务。

第二节　合肥市创新的投资管理

创新投资基金成立之后的资金投向具有不可逆性,其决策非常关键,做好投资决策的工作尤为重要。

一、投资前管理

新创企业的创生过程需要运用各种各样的创新,崭新的科学发现、重新开发现有技术的新用途,发展新的业务模式,释放潜在价值,或者将产品、服务带到新市场,创新与创业相互交织,即创业过程的核心是创新。创新企业的未来并不确定,无论创业投资家如何对项目精挑细选,仍然不能保证每一个投资都能成功。事实上,创新项目投资的成功率平均只有 30% 左右。合肥市通过政府投行队伍专业化、科学的决策流程以及多种金融工具的集成运用等方面做好投资决策前的工作,以提高投资决策的成功率。

(一)政府投行队伍专业化

合肥通过自学、高校挂职、专家智囊团多路径,组建了 200 支专业的"政府投行队伍",准确把握国家政策导向和产业发展方向,选择适合当地发展的未来产业,做有价值的投资。

首先,为了能与企业在一个频道对话,合肥从市领导到普通招商人员,都在深入学习研究产业投融资政策、行业发展报告、上市企业招股等各种与产业相关的知识,一个基层招商员都具备全产业链知识。其次,政府高校常态化互派挂职。比如,市直机关某干部在中科大先研院挂职项目挖掘经理 7 年,其主要任务是帮助科研人员梳理专利成果、对接市场需求,并精通专业知识,才能提出如专利是否侵权、专利的市场化前景等建设性意见建议和各类政策和谈判技巧,以实现与政府部门、风投、企业等不同领域人士有效沟通。再次,聘请了100 余位资深企业家作为招商团队的顾问,帮助团队深入产业研究、评估投资合理性。将财务、法务等政府不涉及、不擅长的领域,交给专业机构。招商顾问聘请大量知名企业家,企业家对行业理解和行业趋势研究透彻,为政府招商带来人脉和利益关系,在投资前,为合肥市政府提供市场、技术、供应链分析等专业研判,帮助其确定合适的投资方向或投资目标。最后,操作过程专业化,合肥政府对每一个项目都认真考量,咨询项目专家,验证项目合理性。

为降低项目后期退出风险,投前即筹划退出方案,避免项目投资无法回收。对于以债权方式投资的项目,要求被投资企业提供反担保,确保其足额按时还本付息。最后,严格履行国有资产投资决策程序,集体决策,并上报主管机关,确保投资行为合法、合规。

(二)坚持科学的决策流程

合肥对拟投资项目首先会进行科学严密的调查论证,再报市人大财经委,财经委审定后报市人大常委会主任办公会,主任办公会通过后再提交市人大常委会,最后通报市政协。合肥政府创新投资基金所有拟投资项目都需经过以上决策流程才最终确定。经这些部门汇聚来自政府部门、金融和产业、高校院所等专业领域社会人士的意见,最大程度保证决策的合理性、科学性,所有的重大投资项目都采用民主与集体决策,合肥的重大项目的决策者不仅仅是市委、市政府,而是聚各家之长,充分民主,以确保决策的成功率。

再如,对于拟投资的重点产业项目,则产业领导小组牵头,联合专业投资机构和专业人士从产业方向、竞争环境、发展空间等层面,做好全面尽职调查、市场前景评判等科学论证之后,才能进行决策。在 2021 最受投资机构欢迎的地方政府 LP 当中,合肥市排名第二,仅次于深圳,甚至高于上海浦东。

比如,合肥建投在产业投资时,会召开专家会议,通过探讨项目前景、风险防范问题,来严格筛选产业项目、对项目进行评估,最终形成完善的投资方案。如在合肥建投出资蔚来公司之初,蔚来公司现金流短缺、各项数据上并不优秀。但合肥建投为完成合肥市期望,达到新能源产业链和新能源汽车头部企业能够落地合肥的目的,合肥积极对接国投招商等专业投资机构,对蔚来的技术、供应链和市场等进行全方面的研判;高度关注国家政策导向对引进项目的支持情况;委托专业法务和财务机构等对企业进行全面的尽职调查;企业开展详细、周密、严谨的商务谈判;按照投资决策流程,完成上述四个方面工作后,才进入最后的决策。对蔚来公司在产业政策、企业经营等方面进行详细调查,最终于2020 年 4 月,对蔚来公司出资 30 亿。

(三)多种金融工具的集成运用

企业从出生到长大,再到成熟往往要经历许多艰难困苦,合肥通过多种金融工具的集成运用,帮助创新企业顺利地渡过"魔鬼之川""死亡之谷""达尔文之海"三道难关。如对京东方、蔚来等企业投资中,即采用直接投资、融资性担保、后续优惠的政府贷款等多种金融工具,较好地保证投资获得最后的成功。创业投资发展处于起步,市场机制不够完善、投资者缺乏相应的认知,政府主动承担投资市场中的部分风险,直接进行股权投资,使得企业能够较快地获得资金支持,获得立竿见影的发展成效。同时,融资性担保手段,政府与企业共同提供风险资本,减少政府所需出具的资金量,缓解了政府资金运作效率较低的问题。其三,既提供初始融资金额,还提供了后续优惠的政府贷款,以保障企业持续性发展。

二、投资决策

首先,解决"投什么"的问题,也是明确解决政府招商引资目的与意图。若政府缺乏对产业发展规律的把握,产业布局蓝图不清,产业发展战略不明,则会导致很多地方政府员工出去招商之前,不知道要招什么企业,不知道要招的企业需要什么,更不知道企业需要的资源地方能给什么,这样招商结果必然是浪费当地财政资源,同时,被引进的企业也因为得不到相应的配套而难以获得效益甚至以失败告终。

为调整产业结构、解决税收、就业等问题,政府往往通过招商引资,引进企业来加以解决。一般招商思路是地方政府能拿出什么优惠政策、有什么资源,然后逐个与有意愿的企业洽谈,并进行最终决策。这种方式可以解决引资、引进企业,但并不能深层次保证产业结构的调整,因缺乏与本地产业布局、城市配套的论证,也很难实现增加税收和解决就业问题。与此不同的是,合肥招商采用以终为始的思维,紧紧围绕合肥市未来想要发展的几个产业来遴选企业,再决定提供相应的配套和政策支持,而取得了较好的业绩。

几大产业链的"链长"(产业链的牵头人)各自做功课,既可请院士专家来开三天三夜的研讨会,也可请顶尖咨询公司来做咨询,其目的是将政府未来要发展的产业链地图拉出来,弄清产业链上的每个环节、每个分支,企业如何分布,有哪些头部公司,又有哪些配套等。然后,针对合肥缺什么,精准出击,一个个上去谈。目标企业需要什么便利条件,就给创造条件;目标企业正在推动什么策略,就配合策略。今年谈不成,明年接着谈,直到拿下目标。合肥无论招商还是投资,都是有清晰目标的加持,非常清楚知道自己要什么,并不是靠豪"赌"撞大运。合肥政府瞄准产业转移时机,通过地方融资平台,产业引导资金等方式入股,吸引产业落地,最终实现"以基金撬动资本,以资本引入产业"。

其次,解决"敢投"的问题。"你做的项目个个成功,并不代表做得完美""因为这说明你一定很保守,放弃了很多不敢做的项目!"鼓励科技团队创新创业、助力硬科技产业聚集发展是合肥创新基金设立目的所在。合肥市天使基金就专做小微直投项目,不以营利为目的,为早期项目提供资金支持与一系列配套服务。天使基金仅有30%左右的投资企业成立时间小于一年,且无法投资未成立企业的科技团队,尽管这些企业符合合肥产业发展方向,但风险太大,而导致基金投资者不敢投。因此,宽容失败,尽职免责就显得尤为重要。

合肥是全国创业投资、天使基金、种子基金风险容忍度最高的城市之一。《合肥市种子基金管理办法》《合肥市天使基金管理办法》《合肥市创业投资基金管理办法》分别规定允许基金出现最高不超过 50%、40%、30% 的亏损(如表 7-3)。在种子基金运作过程中,绩效评价按照整个基金生命周期予以评定,而不是对单个所投项目造成的投资亏损进行评定。但亏损超出风险容忍度部分,则以基金管理机构所分得的奖励资金为限进行弥补,形成利益约束。在管理模式上,执行单独的风险容忍度和问责标准,给予单独的利率定价政策。对科技型企业贷款的不良容忍度为普通贷款的两倍,对专职客户经理采取尽职免责、快速问责机制。

表 7-3　合肥市创新基金投资的风险容忍度

基金	种子	天使	创业投资
风险容忍度	≤50% 的亏损	≤40% 的亏损	≤30% 的亏损

面对审计国有资产政策保值,投资是不能损失的,基金投资机构决策需要责任追究。外部投资环境的不确定性,尤其是早期投资,投资决策的不确定较大,创投赚的是不确定的钱。过于强调投资责任,势必束缚投资决策者的手脚,而不敢、不愿投;过于强调免责,则可能导致乱投给国家造成不必要损失。这里关键在于责任范围的科学划分。如果决策者按照创新基金投资的流程进行尽职调查、项目论证,确实外部环境因素或者不可抵抗因素而致,则应该免除决策者的责任追究。正是基于上述考虑,合肥市出台相应的尽职免责机制。如在种子基金运作过程中,国家政策调整或上级党委、政府决策部署变化,因企业技术路线、工艺路径选择出现问题;因不可预测的市场风险、经营风险及不可抗力等;已按规定履行项目投资决策或审批程序,企业进入破产重整或清算等因素而导致投资损失,皆可免责。上述条款给投资者的决策"壮胆",有了"扶早""扶小""扶优"的底气。

2009 年 9 月,合肥新站斥资 20 亿元从日立引进大陆第二条等离子面板生产线,2014年3月,随着"等离子之父"日本松下终结一切等离子业务而宣告失败,意味着20亿元的投资打了水漂。但当时合肥市制定了"尽职免责"条款,减轻了因可能出现的投资失败而给干部带来的问责风险,消除了后顾之忧而鼓励投资决策者敢于拍板。其实这背后是技术创新规律在起作用。Abernathy和Utterback提出技术创新的"A—U"理论[165],将创新过程分为:不稳定阶段、过渡阶段和稳定阶段。在不稳定阶段,产品设计变化频繁,进入市场的产品类型、功能类型性较大,制造工艺和产业组织不稳定,在过渡阶段,经过大量技术和市场实践后,产品技术趋于成熟,产品的主导设计和产品标准建立,而主导设计与产品标准经过竞争而最终胜出,并受到众多因素影响。依据技术创新的"A—U"理论,面板显示技术,在过渡阶段之前,无论是等离子,还是液晶都有可能成为未来的主导技术,但最后谁胜出取决于包括市场竞争在内的多种因素。为了获得面板的最终主导技术,同时投资两种技术是比较稳妥的做法,关键在于资金实力与风险责任的承担。从这个意义是讲,投资成功与失败确实是创新常事,只有真正能够预见技术的未来发展,才是投资的王者。

再次,解决投资运营风险问题。合肥市从产业布局出发,寻找与合肥产业基础相适应的巨头企业或有发展潜力的企业,然后由政府主导对其进行创新投资并引入合肥。最终,以该企业为核心吸引一系列上下游配套企业入驻,形成一条完整的产业链。这些产业链为各个企业之间形成了技术关联,依据其相互关系形成的一条包含企业链、空间链、供给链和价值链的关联形态,不仅可以降低产业链中企业的生产成本、交易成本,从而降低各项风险,还可以形成良好的创新环境,促进区域经济的迅速发展。

2020年,合肥推出了"链长制",布局了12条重点产业链,由市委市政府负责人担任"链长"、各产业链龙头企业担任"链主",跳出细分领域、具体企业、特定环节等"点状工作思维",系统地关注要素对接与匹配状况,合力解决企业遇到的困难和问题。2022年,合肥重点产业链扩容到16条,进一步细化"链长制"的重点任务和推进机制,围绕产业链分工,重新架构服务保障体系。

坚持市领导顶格推进,实施"大兵团作战",构建起头部企业引领、核心配套完整、研发体系完善、产业基金和行业会展支撑的良好产业生态,以确保引进企业能够迅速成长,降低运营风险。

投资期间,为严控企业经营风险,合肥建投向被投资企业委派董、监事参与重大事项决策,相关决议事项须经过公司同意方可通过;部分项目同时委派财务总监,掌握经营情况、财务状况,监管资金支出;部分特殊项目,还在采购、销售环节安排相关人员,监督日常经营业务;针对重大产业项目,深入调研跟进项目进展,全力协调解决问题,保障项目顺利建成投产及有序运营管理。

三、投资后管理与退出

创业投资过程,实质既是其投资过程,也是为投资企业提供增值服务,利用其自身的优势与投资企业一起,进行价值共同创造的过程。投后管理工作质量直接关乎项目退出,影响项目的成败。通过投后管理可以检验投资逻辑,及时反馈投前,避免后续投资犯同样的错误。根据投资企业的运作状况,总结投资亮点,挖掘项目源。但是,投后管理不是一成不变的,需要根据被投资企业所处发展阶段和实际情况有所侧重,分类管理。合肥城投的投后管理服务被称为"跪式服务",即跪在地上提供多样化的服务。

对投资企业提供设计、章程制度起草、相关运营的安排等方面的服务,如产权结构、法人治理结构、资本利得模式、资本退出(上市、股权转让等)等方面的专业化设计,基金准备投资之后,提供所有诸如文件起草、股份决议章程修正、董事委派、员工保密协议,股份代持协议等方面的服务,创新企业只需要专心做研发、做技术、做业务。根据投资的企业发展战略和市场需求对资源进行识别与选择、汲取与配置、激活和有机融合,以培育投资企业的核心竞争力,通过对投资企业的同业、异业领域的客户资源整合;有形实体与无形技能、知识资源的整合,帮助投资企业创造出新的价值。充分利用自身在战略、管理、财务等方面优势,通过增值服务来优化企业的经营管理,建立起有利于企业长期发展的业务构成、财务制度和治理结构,改善其收入、成本结构,完善财务状况,提高企业运作效率和利润率,最大限度地提高企业的内在价值。

产业投资退出是创新投资基金循环的最后一步,经过多年的探索实践,合肥形成了"引进项目→国资投入引领→项目落地→股权退出→循环支持新项目发展"的产业运作模式。

在谋划项目之初,就预留国有资本安全退出通道,政府产业投资基金形成的基金份额或股权达到投资年限或约定退出条件时,依法依规通过上市、股权转让、企业回购及清算、份额退出等市场化方式安全退出。国有资本在完成培育引入产业项目使命的同时,还实现了国有资本的保值增值、做大做强。截至2020年,合肥国资系统企业综合资产负债率为59.8%,国资委重点监管企业资产总额接近8 000亿元、净资产接近3 000亿元。

对于回购股权退出的项目,在引导基金投入3年内进行回购的,回购价格按照引导基金原始投资额与回购时人民银行公布的同期贷款基准利率之和确定;超过3年回购的,回购价格按市场化方式协商确定。通过上市公司转股退出的项目,转股后,合肥创新基金持续参与上市公司战略规划及经营,包括重大事项表决。同时,密切关注资本市场走势,力争抓住最佳时间窗口,尽快完成股权退出。

对于通过股权转让方式退出的项目,充分了解行业发展情况,跟踪投资项目经营状况,在此基础上合理溢价,公开转让,阳光操作,确保交易公正透明。既培育了产业、锻炼了人才,又实现了国有资本的大幅增值。

若企业属于成熟期或已实现上市,则通过定向增发或协议转让来投资于上市公司的股权,引导上市公司将重大战略项目入驻当地,在上市公司价值提升、每股收益增加后,在资本市场进行减持,以资本利得手段实现退出。若企业属于初创期、发展期,则根据这一发展周期特性,利用国有投资基金对有发展潜力、有证券化机会的重大战略项目进行投资,待项目或企业价值提高后,通过上市公司收购或者企业IPO上市的渠道回笼资金,实现资本退出。

在合肥市政府的资本退出方案中,合肥市政府聘请了专业会计师团队对企业进行审计,保障企业财务报告的准确性与真实性;委托律师确保各项文件、合同的合法性;专业的投资团队对资本退出时机与方式做出决策建议,降低国有资产的退出风险。

案例　合肥投资芯、屏、汽

合肥市政府利用财政资金,通过市场化股权投资方式,先后投资了京东方、长鑫储存、蔚来汽车,不仅实现财政资金的保值与增值,带动了当地的就业,还成功地打造显示屏、半导体和新能源汽车产业等产业链,构建起合肥战略性新兴产业集群,有效地促进合肥市产业结构升级。虽然它们投资的产业不同,但从市场前景、产业基础、投资标的、投资条件、风险控制以及投资效果比较分析中,还是可以找出投资的共同规律。

1. 京东方

1993年4月9日创立,主要领域包括端口器件、智慧医工和智慧物联。智慧物及交通、教育、艺术等领域;智慧医工旨在搭建健康管理平台和建设数字化医院为人民提供健康管理服务;京东方生产的端口器件可应用于电视、手机、电脑等设备。

(1)市场前景。合肥市已经形成四大家电配套的上下游产业链,但缺失了彩电生产中重要一环——屏幕。进入21世纪之初,在平板LCD显示器对CRT显像管的技术替代中,合肥家电行业与中国同行一样,陷入"缺芯少屏"的困境。全球约50%以上的液晶显示器组装均由中国台湾包揽,从而导致国内液晶面板成本在彩电生产成本中占一半以上。

(2)产业基础。20世纪80年代初,合肥引进阿里斯顿冰箱生产线和三洋洗衣机开启家电产业。2000年后,迎来惠而浦、海尔、美的、格力和TCL等家电巨头的落户,合肥一跃成为国内重要的家电基地。空调、洗衣机、冰箱等家电产业皆处于全国领先地位,当时最赚钱的是电视产业。主流的27寸和32寸大屏幕电视的显示面板完全依赖进口,因国内缺乏配套的液晶面板产业,合肥电视产业发展缓慢。

(3)投资标的。面对国内电视行业显示面板存在的巨大商机,京东方投入巨资研发,并于2003年以3.8亿美元收购韩国现代的TFT-LCD(薄膜晶体管液晶显示器)业务,在北京亦庄经济技术开发区建设了液晶显示面板5代线。此后,又计划建设第6代生产线。京东方已完整掌握液晶面板核心工艺和产品技术,并拥有相应的自主知识产权。在当时全球金融危机背景下,面对国外液晶巨头的降价转让备受打压,经营状况由盈转亏,资金压力巨大,甚至2007年一度出现亏损。公司5代线、4.5代线建设效果都不理想,企业运营、市场销售皆不景气,急需建设6代线,以摆脱经营困境。

(4)投资条件。合肥市政府托底解决开建第6代TFT-LCD液晶面板线项目所需的175亿元人民币的资金。具体是:合肥市政府投入60亿,战略投资者投入30亿,如未能引入战略投资,剩下的85亿在合肥政府支持下贷款解决。

项目资本金为 90 亿元,其中 60 亿元注册资本金由合肥及其指定的投资平台投入。自量产年度起,合肥为项目公司银行贷款提供为期 3 年、每年 1.5 亿元的贷款贴息,并在地块配套条件、土地价格、能源供应、财政政策、贷款贴息等方面为项目提供政策支持。

(5)风险控制。

产业落地:在合肥投资建设一条 6 代全工序生产线,生产 37 英寸以下的 TFT-LCD 显示屏和模组等产品,项目落地于新站综合开发试验区(现为合肥新站高新技术产业开发区)。

多种金融工具集成:定向增发:合肥拥有家电制造业基础,但整体实力偏弱,2008 年 GDP 在 1 700 亿元左右,公共财政总体收入仅约 220 亿元。2008 年开始,合肥国资三次通过定向增发入股京东方,合计投入 110 亿元。京东方定向增发顺利,无须再投。

免息贷款。在增发款落实之前,合肥鑫城、合肥建投全资控股的合肥蓝科投资有限公司(简称"合肥蓝科")与京东方在 2008 年 12 月 19 日签署了《贷款框架协议》,贷款金额为 20 亿元,以银行委托贷款方式提供,6 个月内免息,6 个月后按央行半年期贷款基准利率计息,直至京东方增发完成。

(6)投资效果。

结束进口。打响了合肥政府"为国争光"的投资名声,京东方 6 代线的投产结束了我国大尺寸液晶面板全部依赖进口的局面。

大幅增加 GDP。京东方在 6 代线基础上带动后续投资,包括后来的智能制造工厂和数字医院等项目。截至 2017 年底,京东方在合肥的投资已超 1 000 亿,保守地按照 10 倍的乘数效应,京东方能够带动的 GDP 已超过了合肥市一年的 GDP 总量。

促进产业结构的优化升级。形成千亿产值面板产业链,在 2017 年吸引全球玻璃基板龙头美国康宁将最新代产线布局合肥,合肥成为国内新型显示产业发展的重镇,集聚驱动芯片、基板玻璃、关键材料、高纯化学品、偏光片等上下游企业超百家,形成"从沙子到整机"的全产业链布局,并进一步刺激屏幕驱动芯片的需求与家电芯片的需求一起叠加,催生合肥芯片产业发展,促进了合肥产业结构的优化升级。

投资回报丰厚。巅峰时期投资获得的浮盈达上百亿,2022年上半年,当地平板显示及电子信息产业增加值同比增长19.2%,对工业增长贡献率达105.5%。

2. 长鑫储存

合肥长鑫存储是一家专注于内存芯片设计、研发和生产的企业,是全球领先的内存芯片厂商之一。

(1)市场前景。随着科技的不断进步和信息技术的快速发展,内存芯片作为计算机、移动设备等电子产品的核心部件,电子设备的需求量不断增加,内存芯片的市场需求也在不断增长。据统计,2015年我国存储芯片市场规模约为45.2亿美元,而2020年时该数值达到了183.6亿美元,增速惊人。

随着云计算、大数据等新兴技术的快速发展,内存芯片的应用领域也在不断拓展,应用场景越来越多,市场对于DRAM的需求正在扩大。存储芯片市场规模约800亿美金,美韩韩国三星、SK海力士、美国美光科技DRAM Trio或D3占据了DRAM市场的95%,处于绝对垄断地位,国内自给率几乎为零。

(2)产业基础。2014年,在集成电路领域深耕近十年的北京君正,有意在国内其他城市设立主要研发基地。2015—2016年,合肥连续推动成立3个重要半导体企业,覆盖晶圆制造、存储与半导体设备等国产半导体被"卡脖子"的领域。一直是家电之城的合肥,以组装为主,缺乏核心竞争力,拥有先进的半导体技术是实现家电产业升级的必由之路。

(3)投资标的。2005年,朱一明从硅谷的高薪职位离职,创建北京芯技佳易微电子科技有限公司,从事存储器芯片的生产研发。从Nor Flash存储芯片入手,2008年设计的大温度范围和高存储密度产品一举击败美国产品,并在当年发布了国内首款180nm SPI NOR Flash产品,为中国存储器产业发展奠定了基础。2010年芯技佳易正式更名"兆易创新",品牌逐渐在Nor Flash产品市场站稳了脚跟。2013年,公司发布ARM Cortex-M3内核32位通用MCU和全球首颗SPI NAND Flash产品。2016年,兆易创新登陆了上交所主板,其产品已经在国内外市场有一定的影响力,其三大产品线均跻身全球全三。进军DRAM,收购北京矽成半导体未果,朱一明只能新建一家做DRAM的企业,需要的资金规模大,回报周期特别长,风险极大。

(4)投资条件。合肥市出资75%,兆易出资25%,成立合资公司合肥长鑫,专攻DRAM芯片研发生产。2019年,长鑫从加拿大知识产权商Wi-LAN Inc. 手中买到了全套的专利授权。同年9年,合肥长鑫宣布8Gb颗粒的国产DDR4内存量产。2021年其全年资本支出就达到300亿美元,而长鑫存储一期的180亿元投入后续的投资没有社会资本的参与,仅靠合肥政府很难支撑下去,长鑫存储对社会资本保持开放的态度。

(5)风险控制。

产业落地。项目落地在合肥经济技术开发区。

项目建设进度加速。2017年3月长鑫存储项目开工,经过10个月的建设,长鑫厂房和相关设备建设并安装完工,创下了同期芯片先进制造厂建设最快纪录。

多个主体联合投资:建信股权在芯片领域投资较多,包括高性能处理器芯片研发商中微亿芯、半导体材料研发商恒坤股份、DPU芯片研发商中科驭数等,睿力集成多轮投资、国家半导体大基金二期、安徽投资集团、小米集团、招银国际、中金资本、君联资本。

(6)投资效果。

打破国外垄断。2019年9月,合肥长鑫宣布8Gb颗粒的国产DDR4内存量产,其光威产品系列一度卖到脱销,打破了金士顿、三星等国外厂商在DRAM产业的垄断。

技术领先。长鑫存储于宣布与国际主流DRAM产品同步的10纳米级第一代8Gb DDR4量产,一期设计产能每月12万片晶圆。目前,长鑫存储已建成12英寸晶圆厂并投产,是规模最大、技术最先进的中国大陆DRAM设计制造一体化企业,DRAM产品广泛应用于移动终端、电脑、服务器、虚拟现实和物联网等领域。

形成IC产业链。在长鑫存储的影响下,一大批半导体企业相继落户合肥,紧随其后的就有深耕细分市场存储设计的兆易创新、集成电路封测企业通富微电子、智能芯片先行者寒武纪……

3. 蔚来

蔚来于2014年11月25日在上海注册成立,并获得淡马锡、百度资本、红杉、IDG 等数十家知名机构投资。拥有全球授权专利及申请中的专利 4 000 多项，拥有智能电动汽车的"三电"(电池、电机、电控)、"三智"(智能网关、智能座舱、自动驾驶系统)完全自主知识产权。代表国产高端电动汽车参与全球竞争，致力于通过提供高性能的智能电动汽车与极致用户体验，为用户创造愉悦的生活方式。2018 年 9 月 12 日，蔚来汽车在美国纽交所成功上市。

(1)市场前景。新能源汽车是信息技术与制造体系的全面融合，是产业发展的大势所趋，也是新动能的重要支点。国家《新能源汽车产业发展规划(2021—2035 年)》，提出到 2025 年，新能源汽车新车销售量达到汽车新车销售总量的 20%左右，到 2035 年，纯电动汽车成为新销售车辆的主流，并从多方面提出一系列支持举措，市场前景广阔。

(2)产业基础。合肥填补了安徽汽车工业的空白，江淮汽车制造厂和生产客车的安凯客车是本土企业，合肥还引入长安、奇瑞等车厂投资建设工厂或基地。对新能源汽车有所布局。整车，江淮从 2002 年着手研制新能源汽车，为国内最早涉足新能源汽车的车企之一。核心零部件，国轩高科为动力电池行业第二梯队的头部选手，产品装机量仅次于宁德时代和比亚迪。2016 年，蔚来与江淮汽车就代工问题达成战略合作协议。

(3)投资标的。2018 年 9 月 12 日，蔚来集团(简称"蔚来")在纽交所上市，融资额达到 68.66 亿元。到了 2019 年 6 月，因电池出现冒烟起火等安全问题，蔚来紧急召回了 4 800 多辆车。为解除车主的担忧，蔚来在服务上继续加码，推出为所有 ES6、ES8 首任车主提供终身免费质保、免费换电服务的"双免政策"。同时，为了降低高成本，蔚来需要提高销量。一系列高成本加上新能源车补贴退坡，2019 年二季度，蔚来净亏损达到 32.9 亿元，同比上升 83%，账面现金只有约 3.5 亿美元。财报公布后，蔚来股价跌幅将近 31%，投资人纷纷撤出。在公司即将量产发力之时，补贴退坡、召回事件、资金短缺等困境接踵而至。李斌疯狂自救，一年时间谈了 18 家地方政府，无一能成。

(4)投资条件。2020 年 4 月，合肥建投联手三家国资平台 70 亿元"接盘"蔚来，下注期待已久的新能源产业链。有政府背书，蔚来再获国内多家银行 104 亿元综合授信。

2020 年 4 月 29 日，蔚来与合肥建投、国投招商投资管理有限公司(简称"国投招商")、安徽省高新投组成的合肥战略投资者签署最终协议,向蔚来中国投资 70 亿元,持股比例为 24.1%。

(5)风险控制。

协议控制。既体现了合肥以及安徽国资对 PE"募投管退"四大环节的风控机制把控逐渐成熟,又最大限度地考虑了与当地产业的协同。

产业落地。入驻合肥经济技术开发区,将在中国的核心业务及资产,包括汽车研发、供应链、销售和服务及 NIO Power(统称为资产对价)投入蔚来中国。

业绩对赌。作为战略投资者,合肥的股东权包括优先购买权、转售权、优先购买权、反稀释权、赎回权、清算优先权和有条件的领售权。并就营收及新车投放要求,科创板上市进行业绩对赌。如科创板未能上市合肥市政府要求蔚来汽车按 8.5% 的年利率回购企业股份。

股转债。若蔚来中国未能在 4 年内申请 IPO,或者未能在 5 年内完成 IPO,合肥战略投资者将行使赎回权,赎回的价格等于合肥的投资价格加上按复合年利率 8.5% 计算收益。这是一种"保本"且有利息的方式。

多家联合投资。合肥建投、国投招商、安徽省高新投分别指定旗下的合肥建恒新能源基金合伙企业(有限,简称"合肥建恒新能源")、先进制造业投资基金、安徽金通新能源汽车二期基金合伙企业(有限,简称"安徽金通新能源基金")3 个平台来承担投资协议的权利和义务。

(6)投资回报。

蔚来三次赎回股权支付的对价达到 85.115 亿元,本金已经回收,并且套现了 15 亿元。截至 2022 年 3 月,合肥战略投资仅剩余 7.88% 的股权。

2021 年,当地新能源汽车产业在蔚来拉动下,产值增长 45.4%;新能源汽车产量首次突破 10 万辆大关,达到 14.5 万辆、增长 1.5 倍。

目前,合肥已拥有江淮、蔚来、大众安徽、比亚迪、安凯、合肥长安、奇瑞(巢湖)等一批新能源整车企业;国轩高科、中航锂电、华霆动力、君胜电子、联创电子等产业链配套企业;合肥工业大学新能源汽车工程研究院等高校科研机构。

4. 比较结论

(1)市场前景。无论是京东方的显示屏,国内市场巨大、处于起步阶段的 IC,还是蔚来所在的方兴未艾的新能源市场,皆是如此。赛道具有足够宽度,产业演进能力强,持续衍生的新的技术和创新方向,多个应用领域、多种场景,易于做大规模;赛道还有足够长度,产业链长,有上下游产业集群聚集的需求,积蓄力量在全球价值链上实现跃升,有了赛道的长度、宽度,才有产业持续的久度,支撑城市经济较长时期的发展。

(2)产业基础。符合合肥市的产业发展政策,产业的落地、联动、形成良好的聚集效应,是当地政府重点支持发展的产业。三个投资最终形成了显示屏、集成电路与新能源产业集群。

(3)投资标的。所投资的标的,其技术比较超前、先进。京东方的面板技术6.0,国内领先,长鑫的芯片技术则是全球领先,蔚来的智能汽车技术可与特斯拉比肩。这些技术皆处于早期或成长期,具有先进性,投资这些技术可以获取先发优势,并通过技术的累积形成路径依赖,保持技术的竞争优势。

(4)投资条件:遵从股权投资逻辑,"筹—投—管—退"全过程把控,尤其是风险把控,依赖于政府投资流程的把控和专业水平,更依赖于社会投资者的专业把控。坚持社会资金控股,政府资金参股。

(5)投资效果实现了政府与社会投资者、企业多赢。财政资金不同于社会资金,投资不仅仅以短期的财务回报为目标,更重要的是长期产业发展和当地就业。多重目标的权衡服从于政府的战略意图实现与保障国有资本的保值和增值。

(6)有为政府与有效市场的结合,是政府创新投资成功的关键。政府投资的专业经验,智囊的支持,从直接投资转移母基金投资,有效地规避投资风险。政府根据城市产业发展的需要进行投资,使得产业政策得到有效的落实,而整个基金的运作采用市场化方式,利用市场化募资,充分发挥财政资金的杠杆作用;利用市场化决策手段,提高基金投资的决策效率。政府不干预基金的运营,确保基金运作的规范性,保证了相关利益方的利益实现和财政资金的回笼。

第三节　创新金融与产业生态

一、创新资金链

创新投资是高投入、高风险、高收益,投资前期都是投入,量产之后才开始赚钱。投入在前面且高投入、高风险,将后面赚到的钱反馈给前面的投资人,形成资金的循环,同时,形成创新激励,鼓励投资人继续再投资。不同环节的资金投入与产出相互联结,构成资金链(参见图7-3)。早期的天使、VC、PE这些股权投资,是商业性项目进行筛选的重要机制,降低了投资风险,主要提供专业知识和建议,帮助初创企业解决传统创业投资家无法解决的开发和监管问题,有助于将创新想法直接转变为新的产品,推动所支持的初创企业顺利上市。因此,如何保证在创新链的各个环节连续投入,最后能够实现收益共享,并把激励传到每一个环节,是保证整个创新链正常运转的前提条件。

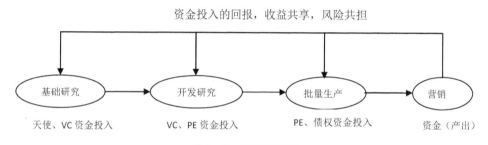

图7-3　创新资金链

在这里有必要对产业投资与风险投资的概念予以澄清,产业投资基金是对未上市企业进行股权投资和提供经营管理服务的利益共享、风险共担的一种集合投资制度,是种子、天使、创业投资、PE以及并购基金集合的统称。它是相对于证券投资基金而言的,前者投资于一级市场的实体企业,依靠实体企业的成长而获得回报,后者投资于二级市场,借助于证券的价格波动而获益。理论上,并不存在产业投资基金的概念;实践中,它产生于中国特殊历史背景。为振兴国有经济,大力发展国有企业大集团成为当时最大政治,若直接提倡发展创业投资或者私募股权投资,势必带来相应的政治风险,为此,实践界给创业投资变相说法——产业投资基金。再者,天使、VC、PE、并购基金处于创新不同阶段,投资规模、投资原则、承担的风险都不相同,以产业投资基金来概括时,不能反映它们之间的差异。另外,风险投资的说法也不严谨,VC准确的翻译应该是创业投资,是产业投资基金的一种。实际中,强调合肥模式是产业投资不是风险投资的说法,想表达的是其不仅包括创业投资,还包括天使、PE、并购等股权投资。

再来看实践界总结出来的合肥模式："股权投资，合作运营，上市退出"，即政府改变以往直接投资或借款的方式，通过找准产业方向，探寻产业规律，用投行的方式做产业的培育，成立市场化运作的产业投资基金，大手笔投入基金，以产业招商为主要方式，吸引产业落户。在确保完成投资之初设立的目标后，再通过市场方式，将股份脱手，不仅可以通过一笔投资，吸引一个企业，达到最终"产业兴城"的目的，还获得巨大收益，为下一步基金投资充盈了资本。创业投资、私募股权投资大多按照"股权投资，合作运营，上市退出"运营逻辑，差别只是基金的来源结构、进入的时间、承担风险存在差异。因此，从产业投资运营的逻辑，合肥模式确实乏善可陈。合肥模式真正的意义在于，政府将产业发展意图的贯彻、重点产业规划的落实、产业链的打造与财政资金的市场化运作结合起来，通过培育一批创新型企业，实现产业结构的升级与转型，促进经济增长。而这些关键正是四螺旋的核心，这也是本书写作的重要目的，引导实践界正确认识合肥模式，不只是看热闹，更要看门道。

二、创新项目群与创新金融生态

伴随着对创新兴市战略的重视，合肥市投资的重点从原来的工程建设项目转向创新驱动的项目。为了便于后面的讨论，不妨将其投资的创新类项目与创新支持类项目作一个比较。创新类项目按其创新驱动因素划分为基于科学的创新项目、基于技术的创新项目。

基于科学的创新项目，是天使、创业投资主要投资的重点。这类项目的特点是面向科学原理的发现，时间长、不确定性大，若能获得成功，收益也最大。比如生物医药等战略新兴产业项目就有"double ten"，就是一个新药要 10 年 10 亿美金，并且 10 年的时间在延长，10 亿美金可能已经变成 15 亿。科学原理的发现能否衍生技术的发明，技术的发明能否产业化存在很大的不确定；未来的市场也存在不确定，更重要的是，这类项目存在很大的外部性。这些特点决定了基于科学的创新项目更需要政府投资的介入。

基于技术的创新项目，面向技术的发明及其产业化，是 VC、PE 关注的重点。在这个过程中，新技术发明专利研发出一种新产品，然后进入大量生产，并经过销售而为市场接受,转化企业利润。这个过程充满着研发、生产、营销及管理风险,投资者同样没法预计回报率。为降低风险,投资者可以先用少量投资把产品完善,并证实确有市场需求,把项目再推进到风险较少的阶段,吸引基础设施、工程项目投资者加入来推广市场。

创新支持项目,是银行信贷投资关注的重点。如为支持创新而进行基础设施、工程项目、创业园、科技园、孵化器等建设。这类项目的特点是使用时间长,风险低,具有稳定的收入现金流,投资回报率不高。

基于技术的创新项目、基于科学的创新项目与创新支持项目共同构成相互推动的生态系统。城市经济发展需要产业支撑,产业发展需要创新支持,创新离不开金融。产业发展涉及创新项目和支持创新项目,围绕着创新项目衍生于天使、VC、PE,形成创新生态与创新金融生态,二者相互共生,相互促进,共同进化、协同发展(如图 7 - 4)。

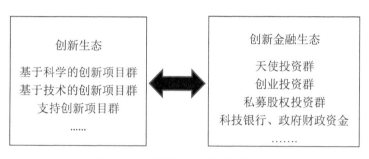

图 7 - 4　创新生态与创新金融生态

若基于技术的创新项目成功率越高,会激发更多基于技术的创新项目活动开展,还会刺激更多的 VC、PE 创新投资进入,带动创新金融生态系统的发展,并进一步激发更多基于技术的创新项目活动,形成创新生态与创新金融生态之间良性循环;但到了一定时间,创新投资增加,并不一定会增加基于技术的创新项目成功率。因为在一条价值链上不断进行基于技术的创新项目会导致报酬递减,创新投资虽然在初期会有高利润率,最后都会面临停滞,利润率也会降得很低。基于技术的创新项目边际效益递减,会刺激创新向源头延伸,追求基于科学的创新,进而刺激种子基金、天使基金以及政府资金等投资的进入,带来创新金融生态再次发展,如此,创新金融生态与创新生态实现共生演化,协同发展,促进城市创新经济的发展。

同样,对于基于技术的创新项目投资者来说,创新支持项目的投资也很重要。因为后者可以促成基于技术的创新项目市场发展,减少早期投资者的风险。早期基于技术的创新项目投资给后期的支持创新项目投资者带来更多的投资项目,支持创新项目投资者通过支持基于技术的创新项目来形成投资链完成配套,使其投资得到更高回报。这两类投资者相互之间产生了正循环效应:基于技术的创新项目投资越多,带给支持创新项目投资者越多投资机会,引导更多支持创新项目投资者加入,并提高基于技术的创新项目成功率,鼓励更多有商业经验的过来人成为基于技术的创新项目投资者。

三、产业生态的运营

合肥市按照基金—领军企业—重大项目—产业链—产业集群,不断强链、补链、延链,提升产业链现代化水平,加速产业集聚,最终形成产业生态。

为培育发展战略性新兴产业,推动产业集群发展,合肥市政府不仅制定不同时期的产业规划,并立足当前实际,着眼长远发展,确定重点发展的产业,有选择地培育和发展战略性新兴产业,最终形成一系列基于科学的创新项目、基于技术的创新项目以及支持创新的项目,将其落实到不同的基地、园区,并推出扶持产业发展的政策,以保证项目落地运营。

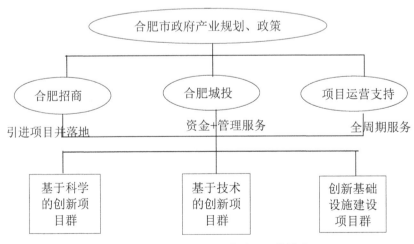

图 7 - 5   合肥市产业生态建设运营模式

政府招商部门围绕合肥新时期主导产业发展方向,精准研究产业招商内容,编制实施重点产业精准招商目录图谱,对主导产业全链条龙头企业、总部机构、独角兽企业、行业冠军企业和新兴企业进行梳理并形成重点招商名单。比如,合肥的产业链招商指南,有别于普通的风土人情宣传册,是在综合大量文献资料和行业报告的基础上,聚焦集成电路、新型显示、智能家电等重点产业,对化合物半导体、微机电系统、功率器件等 24 个细分领域,从产业趋势、市场布局、产业政策、产业链全景,到每个目标企业、对接平台等,都以文字、数据、图表的方式进行详细解读。

合肥城投的产业基金,依据政府产业规划、产业政策与招商部门一起进行招商,引进项目并加以落地,或者资助本地的科研机构、大学进行研发,将科研成果产业化,打造新的产业。如合肥市设立公共安全技术研究院,全力打造领先的公共安全产业集群,同时依托中科院合肥智能机械研究所、中电 38 所等科研院所和企业,建造智能研发产业基地、研发产业化基地,推进量子通信京沪干线等建设,建设全国性智能制造产业集聚区。

合肥政府以创业投资人的身份,直接投资重点产业和战略性新兴产业,用资本或者是基金招商的方式,使产业落地。除基金投资外,合肥还采用"借转补"、财政金融产品和事后奖补三种投入方式,实现由事后为主向事前事中介入为主转变、由分散使用向集中使用转变、由无偿使用为主向有偿使用为主转变、由直补企业为主向创造外部环境为主转变,更加主动地为产业落地、产业发展提供支持。

由众多相关的项目构成项目群为产业落地发展提供载体。为支持项目的运营,合肥市政府相关部门还对引入项目群和本地自主研发的项目群提供全周期运营服务,以确定项目产生预期效果。产业项目群借助于创新链或产业链的相互协同形成产业生态,产业生态构成产业发展的良好环境,促进产业发展,产业发展反过来为基金投资提供回报,形成良性循环和互动(如图 7-6)。

四、创新金融与产业生态

面对当今的外部环境不仅动态变化,而且变化的频率和速率均不断增大,导致创新投资的不确定性,不可预测性增加,带来城市竞争优势时间敏感度越

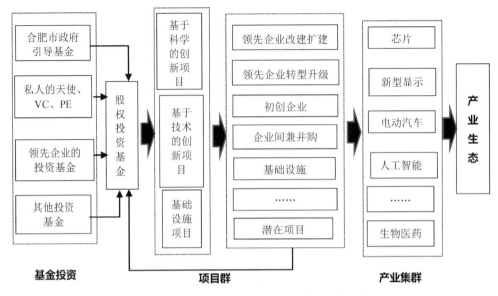

图7-6　合肥市创新基金投资与产业生态形成

来越高,持续时间越来越短,如何掌握变化的主动权,积极利用不确定性创造价值,规避其损失,无疑是城市创新投资面临的重要问题。期权理论为解决这一问题提供路径。

期权,作为金融学的术语,表达了以投资获得未来收益的权利。实物期权(real option)作为金融期权在实物资产的扩展,通过投资获得产业项目的权利,既可以扩大项目的继续投资,也可以缩减、放弃,表现出投资的灵活性和成长性。没有先前的投资,就没有后来的机会。即便投资失败,也仅仅付出当初的投资代价,若成功,获得的回报则大大超过原有投资(见图7-7)。换言之,期权投资的损失与收益呈现不对称,投资者损失是一定的,而获益则可能是无限大。投资者可锁定不利部分带来的损失,最大损失不过是权利金;尽可能追求有利的收益。因此,利用期权,投资者可以实现杠杆效应,即以最小的代价获得最高额的收益,利用期权链、组合可将投资与机会组合起来,达到减少风险和增加收益的双重目的。当然是否投资需要甄别,需要风险识别,需要专业知识。

合肥产业投资基金之所以取得好的业绩,重点在于把握投资的期权群形成期权链。无论是投资蔚来还是京东方项目,都体现着这样的思维。

智能电动力是未来的发展方向,智能化是国际国内汽车产业发展趋势,智

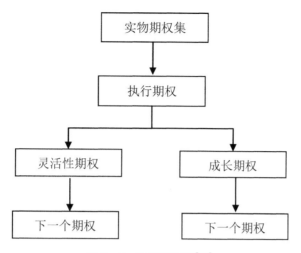

图 7－7　投资期权链[166]

能电动汽车市场则处于成长初期,具有较好的未来发展前景,从技术的角度,人工智能在数据、算力、算法获得了较快的发展,正走向与具体场景结合。更重要的是,蔚来汽车拥有智能电动汽车的"三电"(电池、电机、电控)、"三智"(智能网关、智能座舱、自动驾驶系统)完全自主知识产权。国际上同时掌握这六项核心技术的车企只有蔚来和特斯拉两家。蔚来拥有全球授权专利及申请中的专利4 000 多项。其中,自动驾驶技术、第二代数字座舱技术、150kWh 电池包、远程固件升级技术,以及电池服务体系和技术,是其在国内、国际同款竞品中引人注目的制胜法宝。

　　正是基于上述的判断,合肥产业投资基金决定投资蔚来,赋予其一系列后续成长机会,如提供新一代产品、获得充足的资源储备、进入新市场通道、提高市场地位、提升企业价值、形成整个产业链,而这些项目的落地,可进一步为蔚来的未来提供新一代产品、充足的资源储备、进入新市场的通道、提升核心能力、提高战略地位等,形成蔚来的期权链,促进其不断成长。2020 年,蔚来汽车总部正式入驻合肥经开区,整车研发、供应链与制造、销售与服务、能源服务等核心业务全面落地。2021 年 4 月,蔚来汽车第 10 万台量产车下线,这一速度创造了行业纪录。

　　同样,当年合肥投资京东方的 6 代线,获得京东方后来投资第 7 代⋯⋯第10.5 代 TFT-LCD 生产线项目的期权,当国内的面板市场依然看好时,合肥可以执行该期权,并继续投资,若当国内的面板市场不看好时,合肥可以不执行该期权,放弃继续投资,而牢牢把握产业投资和产业发展的主动权。

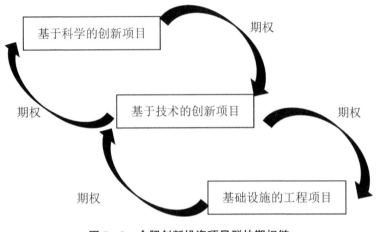

图 7 - 8 合肥创新投资项目群的期权链

期权思维不仅体现在单个项目上,还存在于项目群之间。合肥进行高新区、经开区、新站区的基础设施项目建设,为后面招商打造京东方、蔚来等项目提供了期权机会,这些企业获得投资及产业链的支持,产业链带动创新链,为进行技术创新投资提供期权机会,而技术创新过程中需要进行基础研究,对于基于科学创新的项目提供期权机会;形成基础设施项目——创新链项目的期权链;而国家自然基金、安徽省自然基金投资中国科技大学进行量子光学基础理论研究,基于科学的创新项目,为其走向产业化形成基于技术创新项目的期权机会,而这些创新项目的纷纷落地,就地转化,科大硅谷的科学研究基础设施创造期权机会。形成基于创新链——基础设施项目期权链;两者的结合形成闭环,合肥在这个期权链的循环中,投资规模不断扩大,产业聚集更多,形成产业生态 。

反思中国一些城市盲目地进行房地产项目的扩张,短期内确实得到 GDP 的增长和解决就业,但长期来看,因其面向最终消费,无法形成上述的期权链,不能形成城市的创新能力,发展后期乏力,不得不继续进行房地产的恶性循环,但房地产需求趋于饱和,资源开发有限,城市最终必然陷入衰退。

利用期权组合既可以获得更多产业发展机会,提高投资的回报,又可以提高经济发展的韧性。期权组合的整体价值取决于经营和战略项目的混合以及它们的相关性和互动。期权链中的不同阶段会有完全不同的风险特征。通过不同阶段投资,一方面为企业提供一系列后续投资机会或增长机会,即依赖于它所能产生的新的选择机会(即期权)的价值。当一个期权被执行时,它可能又会产生下一个期权,即通过这种期权链的顺次执行而产生,而每一个上一级期权都给予了进入下一级期权的优先权,借助于项目投资前后时间关联,构成企业成长过程中技术与业务的联系,形成投资机会链,而使得项目形成项目群、项目组合,而产生原来投资的放大效应,提高投资回报,促使原有产业的扩大。另一方面,随着产业的发展和科技的进步,市场的变化,合肥创新基金投资每个产业项目面临的机会是不同的,每个项目都可以依据外部环境的变化选择扩展、收缩、放弃、退出等方式,呈现出较大的灵活性。然而,合肥创新基金投资的不是一个项目,而是聚集重点发展产业的众多项目,这些项目之间面临的外部环境的变化情况、持续的时间、所在产业等方面也存在差异,在扩展、收缩、放弃、退出的选择上不会做同样的选择。另外,从项目之间的纵向关联,增长期权通过连续执行增长期权而进行下去,通过放弃增长期权而中断,当然战略期权也可以被出售,实现战略和经营投资机会之间的最优开发和利用组合。如此,项目之间就可以在一定程度上实现风险对冲,在宏观层面实现产业发展的稳定,提高合肥经济发展的韧性。

第八章　创新与合肥经济发展

从超导量子计算原型机,到毫米波芯片、"墨子号"卫星、"质子刀""嫦娥钢"、原子力显微镜……合肥走出了一条"科学—技术—创新—产业"的内生发展之路。平均每天都有一家依靠科技成果转化的公司成立,每周都有科技型企业发布创新成果,先进制造业欣欣向荣,新兴产业不断涌现,成就了合肥市经济持续发展。这一内生的过程,需要思考的是:基于科学的创新企业如何创生? 产业链与创新链如何融合? 基于科学的创新是如何通过基于科学的创新企业、集群,驱动城市经济的发展? 这些都是本章需要解决的问题。

第一节　基于科学创新的企业创生

从各国科技发展的历程来看,基础研究的深度决定前沿技术创新的高度。创新链分为三个基本环节,从最初的创新投入到基础与应用研究,再从应用研究到科技成果,最后从科技成果到技术转化与产品市场化[167]。创新链的每个环节之间并不是简单的线性关系,彼此之间交互反馈、相互联系以实现研发成果与技术转化之间的顺利衔接[168]。随着创新链的不断延伸,企业、科研机构、政府和相关的服务机构之间的关系逐渐从交易关系向网络化关系发展,通过协同创新形成集群创新链条促使科技不断增值和不断流动。

一、构建基于科学的创新链

问渠哪得清如许,为有源头活水来。创新链有基于科学的创新与基于技术的创新之分,前者是由基础研究直接推动、强烈依赖于科学发现的创新;后者则是以工艺工程和技术开发为基础的创新,对基础研究的依赖性较弱。搭建从基础研究到转移转化的全链条,强化基础研究,不断激活创新源头,缩短科学发现周期,集聚科研机构能力,提升基础研究能力,助推产业快速成长,是合肥构建国际化创新城市的客观要求。

合肥高新区依托孵化器和加速器、创客空间、国家和省级重点实验室、生产力促进中心、技术转移中心、知识产权服务机构、共性技术平台等载体,为企业提供创新、创业孵化、研发设计、技术转移和贸易、科技咨询、知识产权服务、会计和税务代理、法律咨询等服务,使基于科学的创新链不同环节之间建立联结,使之发挥创新的整体效能。

(一)科学岛——智慧岛

在基于科学的创新链中,基础研究是新知识产生的重要源泉,是科技产业持续发展的动力,为基于科学的产业快速发展提供了强大的动力支持。合肥的科学岛是以国家战略需求、学科发展前沿和国民经济、国家安全需求为导向的,以大科学工程为依托的,以配套的大型技术物理装备为平台的,国家基础科学与高技术研究开发的重要基地。科学岛现有中国科学院合肥分院、等离子体物理研究所、固体物理研究所、合肥智能机械研究所、安徽光学精密机械研究所,具有配套的大型科研装备及相对完善的公共服务设施。

合肥科学岛建设,目的在于推进多种学科和交叉学科的研究、创建利于创新的科研管理模式与人才培养机制。借助科教结合的新模式,实行国内外、院内外广泛合作的高度开放政策,引进高水平人才,建立有利创新的人才培养体制,建成中国科学院研究生院科学岛基地,使科学岛成为一处高水平人才的培养基地。通过产学研结合,实行院地共建,促进科研成果的转化,促进资源和信息共享,加快高新技术的产业化,使科学岛成为具有相当规模和影响力的高技术孵化基地。

以中国科学院合肥物质科学研究院为重点依托单位,积极推进世界一流重大科技基础设施集群建设。按照"巩固一批、建设一批、预研一批、谋划一批"的总体思路,规划 19.2 平方千米的大科学装置集中区,系统有序推进 11 个大科学装置布局、建设、运行,数量位居全国前列。其中,全超导托卡马克核聚变实验装置(EAST)目前创造 1.2 亿度 101 秒等离子体运行世界纪录,性能指标处于国际同类装置领先水平,使我国成为世界上第一个掌握新一代全超导托卡马克技术的国家。以 SHMFF 为依托,获得发明专利授权 44 项,软件著作权登记 117 项,构成了完整的自主知识产权体系,已有 11 项知识产权成功转化,取得股权和现金收益 4 300 多万元,成立了 4 家高科技企业。不管是小的初创公司,还是大企业的研发中心,这些大科学设施能够为它们提供很好的技术依托。

按照"协同创新、政府引导、市场运作"的原则,持续深化与国家重点科研院所和高等院校等"大院大所"的合作,目前共建有中国科学技术大学先进技术研究院、中科院合肥技术创新工程院、清华大学合肥公共安全研究院等 29 家新型研发机构。中科院合肥技术创新工程院孵化企业研发公务用车数字化管理平台,在全国首创"一张网"管理模式,向全国 21 个省推广应用;清华大学合肥公共安全研究院生命线监测系统已在全国 30 多个城市、10 多个"一带一路"国家推广。中国科学技术大学先进技术研究院孵化企业开发出抗原免疫直检试剂盒等系列产品,取得欧盟 CE 认证,并进入商务部出口白名单。

(二)合肥高新技术产业开发区

合肥高新技术产业开发区于 1991 年国务院批复设立,是合肥综合性国家科学中心的核心区,是合芜蚌自主创新示范区和国家双创示范基地。在这片热土之上,诞生了世界上第一台 VCD、中国第一个基因工程重组药物以及第一台 C 波段全相参移动式多普勒天气雷达,持续迸发出让世人瞩目的科技魅力,打造了领先世界的中文语音平台,研制出光电色选机、基因重组葡激酶等一大批拥有自主知识产权的高科技产品。

聚焦战略科技前沿,深耕原始创新能力。合肥市在谋划布局合肥综合性国家科学中心建设时,就提出依托中国科学技术大学在量子通信技术领域的国际领先地位,统筹全国高校、科研院所和企业相关创新要素和优势资源,建设国际一流的大型综合性开放式科研平台——量子创新院,抢占量子科技发展制高点。2017 年 7 月,中国科学院量子信息与量子科技创新研究院正式在合肥高新区的中科大先研院揭牌,全面负责量子创新院和中科大高新园区建设,为组建量子信息科学国家实验室创造条件、奠定基础。

潘建伟院士率团队在国际上首次实现 18 个光量子比特的纠缠,刷新了所有物理体系中最大纠缠态制备的世界纪录,在国际上引领多光子纠缠和干涉度量发展,研制出世界首台光量子计算机。世界首条长距离量子通信"京沪干线"及"量子科学试验卫星"、合肥总控中心全面建成并投入使用,构建了中国天地一体化的广域量子通信网络雏形。合肥高新区本源量子计算科技有限公司联合中科院量子信息重点实验室发布了全球首个上线投用的基于半导体量子芯片的量子计算云平台。高新区成功跻身国家首批太阳能光伏发电集中应用示范区。

2018 年 4 月 27 日,合肥高新区被科技部火炬中心纳入世界一流高科技园区建设序列。围绕建设具有重要影响力的世界一流高科技园区的总体目标,合肥高新区将实施创新尖峰攀登计划,组建高层次未来实验室。目前,合肥高新区正积极承载中国三大科学中心之一的合肥综合性国家科学中心核心区建设,在量子信息技术、人工智能产业、集成电路和大健康产业等优势产业集中发力,逐步形成从基础理论研究、平台支撑、技术研发到智能产品应用的完整产业链,唱响"中国声谷量子中心"区域品牌。

高新区依托合肥科教资源优势,不断加大与各类高校、科研院所的产学研合作力度,促成了中科院理化所家电技术研究院、合肥公共安全技术研究院、合肥工业大学汽车研究院等一批产学研项目在核心区内落户,科研集群基地建设初具规模。目前高新区正在更大规模、更高层次上推动中国科技大学先进技术研究院、合肥工业大学智能制造研究院、中科院合肥技术创新工程院等重点平台的建设。中国科学技术大学先进技术研究院按照省院合作、市校共建的原则设立,开展高技术研发与应用和高端应用人才培养为主的实体机构。先研院成立以来,积极开展与中科院各科研院所的对接、与中科大海内外校友的对接、与国际优质科教资源的对接、与区域发展战略需求的对接;并与英特尔、微软、阿里巴巴等知名企业共建 33 个联合研发中心和实验室,孵化校友企业 83 家,累计招录工程硕士 1 055 名;合工大智能制造研究院首期启动区于 2014 年开工;中科院合肥技术创新工程院开工建设。未来,高新区将形成产业技术研究院集群,成为产业升级、辐射发展的动力引擎。

聚焦主体,创新驱动,推进科技成果产业化、规模化。以培育高端化、有特色、上规模的优势产业集群为目标,加大扶持力度,加快科技成果交易转化,推动信息化与工业化的融合,培育高端产业,在推进科技成果产业化、规模化上狠下功夫。通过科大讯飞、国盾量子等企业的原始创新,催生了领先世界的语音产业、量子通信产业。通过四创电子、美亚光电、工大高科、科大立安等企业的集成创新,高新区成为国内唯一的国家级公共安全产业基地。2017年依据科技部火炬中心《关于通报国家高新区评价(试行)结果的通知》,合肥高新区在全国147家高新区(含苏州工业园区)中综合排名第6位;2018年被纳入世界一流高科技园区建设序列。

(三)产业技术联盟与国际合作网络

为促进基于科学的创新成果实现其经济价值,全力支持中科大先进技术研究院建设,组建公共安全产业研究院、家电工程研究院等实体性产业技术联盟,成立光伏发电、生物医药、公共安全、新能源汽车等产业技术创新联盟,推进协同创新,促进科技成果工程化、产业化。与此同时,开放合作,融入全球创新网络。合肥市充分发挥大科学装置集群优势,在核聚变能、强磁场科学、大气环境等学科领域,与欧盟、美国、俄罗斯等全球多国和地区,广泛深入地开展双边或多边科技合作。如依托EAST、SHMFF大科学装置,与150多个国际研究机构建立了国际合作网络,4次获得国家科学技术合作奖。

合肥市成立中法聚变能联合中心、中俄超导质子联合研究中心、中俄大气光学联合研究中心等国际合作机构,组建中国—俄罗斯超导质子"一带一路"联合实验室、中国—哥斯达黎加果蔬生物育种及智能化技术"一带一路"联合实验室,累计建设国家级国际科技合作基地14家,深度参与了迄今为止我国以平等、全权伙伴身份参加的、规模最大的国际科技合作项目——国际热核聚变反应堆计划(ITER计划)。利用"强流聚变中子源"实验平台,与韩国联合开展氚增殖剂释氚性能研究实验。

在世界知识产权组织发布的《2021年全球创新指数报告》中,合肥市位列"世界区域创新集群百强榜单"第73位,较2020年上升6位。在科技部国外人才研究中心主办的"魅力中国——外籍人才眼中最具吸引力的中国城市"评选中,合肥市连续三年入选榜单前 10 位,创新"磁场"效应得到广泛的关注与认可。

借助于科学岛、合肥高新技术产业开发区、产业技术联盟与国际合作网络的建设,市委市政府主要负责同志亲自挂帅,成立量子创新院项目建设领导小组,定期督查调度,目前一期工程已建成完工,构建基于科学的创新链,取得了令人瞩目的成果。以量子科学为例,中国科学技术大学作为建设主体的量子保密通信"京沪干线"项目,成功实现了跨越 4 600 千米的星地量子密钥分发,构建出天地一体化广域量子通信网雏形。潘建伟院士团队研制的量子计算原型机"九章二号"和"祖冲之二号",使我国成为目前唯一在光量子和超导量子两条技术路线上,达到"量子优越性"的国家。以综合性国家科学中心产业转化项目为牵引,采取财政补助和股权投资等多种方式,大力培育以量子通信、量子计算、量子精密测量为代表的量子信息产业,拥有核心企业 15 家,配套企业 20 余家。以"量子科技产业革命"为主题,成功举办 2021 量子产业大会,发布 13 项重大成果,展示 36 项前沿成果,签约 12 项量子产业标杆项目,在国内外产生了巨大影响。

案例 嫦娥钢

2006 年,嫦娥三号在设计软着陆系统时,需要一种关乎"落月的成败"新型缓冲吸能拉杆材料。当时,国内还没有这种材料。韩福生团队经过调研、查找文献、实验等综合分析,发现无成熟产品可用,无固有经验可循,只能从基础研究源头出发,寻找新路径。

研制这种材料最大难点在于其需要有百分之七十的高延伸率,韩福生团队为此几乎把所有高延性材料都做了调研和实验,历经数次失败,才终于找到"嫦娥钢"。

"嫦娥钢"拉杆及限力杆成为其登月的关键缓冲元件,不仅先后保障嫦娥三、四号成功登陆月球,而且也为保障"天问一号"2021 年 5 月顺利度过"恐怖九分钟"而成功着陆于火星北半球乌托邦平原立下大功。

二、创业孵化与加速

合肥在科学把握科技型企业发展规律基础上,构建"创业苗圃＋孵化器＋

加速器"全链条、一体化的创业孵化体系,以加速更多的科技型企业的创生。

(一)孵化器

孵化器作为一种孵化和培育科技型初创企业的新型经济组织和政府支持科技创新、推进区域创新体系建设的政策工具,自诞生以来已被广泛采纳、应用而得以快速发展。以美国为首的发达国家,专门的技术型企业孵化器与混合型企业孵化器二者之和已超过了总数的80%,孵化器的功能也已从当初提供共享设施与场地、商业咨询服务等提升到提供创业辅导、发展创新网络与企业加速器等新型功能阶段[169]。

为孵化更多的创业企业,合肥加快了孵化器建设,推出"创业—孵化—科技型中小企业—创新小巨人"全链条服务,并投资创建了"一中心、三基地"(科技创新公共服务中心和科研、孵化、产业基地)的公共服务平台,其孵化器建设呈现三个特点。

(1)数量多,规模比较大。国家火炬中心统计数据显示,截至2022年底,合肥市共有614个科技企业孵化器,其中国家级孵化器197个,孵化场地2 270万平方米,累计毕业企业23 394个,在孵企业44 750个,在孵企业销售收入总额2 621亿元,解决就业人数933 217人。目前已经聚集各类科技企业200多家,合肥孵化器数量已形成一定的规模,平均每个孵化器能够服务73家中小科技企业,孵化器已成为中小科技企业聚集地。

(2)品种全。孵化器有国有的,也有外资的,各类高端科技中介服务机构30多家;组建有创业苗圃、检测超市、中介服务等功能平台、46家检测分析机构、2 000多套仪器设备、1 000多家企业实现了资源共享。

(3)迭代迅速,服务功能得到不断拓展。随着技术的不断迭代,孵化器功能得到了不断迭代,更好地适应创新需要。从传统的房屋出租,发展到投融资服务、创业培训、项目路演等,服务体系更加完善。大力开展"1+1+N"系列活动,通过投融资服务、创业培训、项目路演等各类形式,打造"合创汇"资本项目路演,创建一个创业训练集中营,鼓励一批社会资本开展项目路演和创业培训。搭建科技融资平台,构筑多层次科技融资体系,鼓励初创企业发展,首期分别设立天使投资3 000万元和创新贷6 000万元;强化上市辅导,已上市企业14家,在A股市场募集资金70.35亿元。

（二）加速器

长期以来,各国都重视创业企业的扶持和孵育而忽视了对孵化毕业后企业的支持。孵化毕业并不能保证企业顺利地成长、成熟和成功,很多孵化毕业企业因为脱离了孵化器相关服务网络的支持而陷入重重困难。美国孵化器协会的研究显示,孵化毕业的企业如果不能获得加速项目的支持,其在 1 年内继续保持活跃状态的概率只有 20%。我国孵化企业的发展也存在类似的情况,很大一部分企业在完成了三年孵化、步入成长过程后夭折。这说明了成长期的企业虽然已经具备了独立发展的能力,但却面临着各种转型发展的困惑,仍然需要公共政策的密切关注。

不同发展阶段的高新技术企业具有不同的成长动力,也面临着不同的发展难题。孵化器在种子期和初创期对改善企业环境作用明显。一旦进入成长期,孵化器就难以满足企业的发展需求。随着合肥孵化事业的蓬勃发展,孵化后企业成为一个日渐壮大的新生发展力量,但孵化后服务缺失的矛盾日益突出,大量的创业企业在离开孵化器后遇到成长乏力、竞争力薄弱等问题甚至面临生存威胁。

（三）实体＋虚拟

实践之中的创新活动在物理与虚拟两个空间完成,两个空间的活动既相互独立,又相互依赖。创意的实际测试、样品的制作、产品的生产等等必须借助于实体空间的活动才能实现,但创意的提出、市场需求意向调查、产品开发与营销方案设计、企业管理、技术信息、市场信息、法律援助、知识产权等咨询性服务等活动则可在虚拟空间完成。前者属于物理活动,即在各种探索性方案比较与筛选下进行实际测试、验证并确定的最优方案,但实体空间决定了其参与人员及资源配置有限;后者属于服务活动,方式多样,分散观点碰撞与汇集,必需集思广益,参与人数越多越好,解答者多样性对于多样方案产生非常必要,虚拟手段最有用武之地。运用开放式创新思维和互联网手段,进行企业孵化新模式创新,将内部资源与外部资源共享利用,将孵化物理空间拓展至虚拟空间,激活现有科技孵化资源,提高孵化效率,是保障其持续发展的必由之路。

为此,合肥高新区快速搭建一个"互联网＋"创业创新服务平台,利用"互联网＋"、大数据分析等优势资源,整合合肥高新区管委会各部门零散平台。在政策兑现、行政审批流程优化、企业产品技术对接、线上融资对接等方面进行了试点实施,大大提升对双创企业的支持力度。

合肥已经形成了完整的基于科学的、基于技术的创新孵化链条,越来越多的初创企业可以在这片沃土之上茁壮成长。各类孵化平台将再次升级,共享模式向全球打开,吸引全球顶级的科研项目和人才,与合肥并肩打造世界级基于科学的创新高地。"合肥平均每三天就诞生一家国家高新技术企业,高新技术企业正以每年 100 多户的速度在递增。"合肥市科技局副局长陈伟介绍说。这从侧面反映出合肥的原创技术正加速商业化,"合肥制造"逐渐成为"合肥创造"。

三、基于科学的创新企业创生

基于科学的创新企业要取得最终成功,如同量子在高能的量子场,核外电子在原子核外轨道上运行时,从一个轨道向另外一个轨道跳跃的过程,必须实现量子跃迁。如图 8-1 所示,基于科学的创新企业在其创生过程中,需要经过科学价值、技术价值筛选能级,从科学原理直接或者经过技术间接进入产业化过程;经过批量生产能级,实现规模化以迅速降低成本;经过市场能级检验,为市场所接纳,并为企业创造利润。基于科学的创新企业必须经过上述阶段构成轨道的跃迁才能实现创生。它跃迁每个能级都需要吸纳能量,这些能量由能量因子包括管理服务、资金、人才等资源提供。基于科学的创新企业借助于天使基金、创业投资给予的资金与管理服务的支持而渡过初创阶段,借助于 VC、PE 的支持实现批量生产,借助于营销支持而教育市场、开发市场、拓展市场。这些能量因子的赋能使基于科学的创新企业正常运行并得以加速,最终实现其知识成果的经济价值。

然而,并不是所有的基于科学的创新企业都能实现跃迁。有些循阶而上,即企业家购买科学家的专利技术,或者理解科学家论文的原理,发明自己的新技术,然后产业化;有些则跳级而上,如生物医药,通过科学家创业直接实现产业化。当然,其中环节可以通过外包而直接获取利润。基于科学的创新企业只有完成最后"百米跨栏"的过程最终将科研成果变成利润,才能完成创新过程的"量子跃迁"。

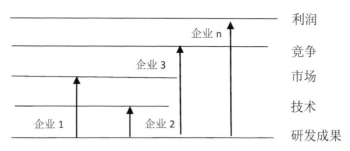

图 8-1　基于科学的创新企业量子跃迁模型

　　基于科学的创新企业量子跃迁的实质是从不确定性到确定性的转化过程，需要降低创新过程中的知识路径不确定、技术的不确定性、市场的不确定等，通过科学、技术、市场等方面的检验。但不确定性降低存在较大的难度，成本高。借助于孵化器的孵化、加速器的加速，有些企业获得足够能量，少数基于科学的创新企业可以跨过死亡之谷、越过达尔文之海，越过障碍物而获得新生，完成产业化，而更多企业则因本身基因的先天不足、环境的不适应，或者获取的跃迁能量不足而死亡。

　　基于科学的创新企业能否实现"量子跃迁"，既取决于企业自身的 DNA 所携带的内在经济价值大小，具有潜在的爆发力及抗风险能力，又取决于外部环境所提供的市场环境、生产条件等，更取决于创新过程中，科学家、工程师、企业家的认知，它们之间共识的达成以及他们之间有效互动，只有三者实现了最佳匹配，才能实现成功的"跃迁"。

第二节　创新链与产业链的融合

一、创新链布局产业链

　　创新链是指以企业、高校、科研机构为主体，以基于科学、技术的创新为核心，组织创新、市场创新为补充，实现科技成果商业化、产业化的创新组织系统。产业链是相关企业以产品为对象，以价值增值为导向，按照产业内在的技术经济关联组成的上下联动、左右关联的企业协同系统。创新链布局产业链的目标是通过科技成果的创新高地的优势，做大做强生产制造，实现产业化，将创新优势转化为产业优势，实现对整个产业链的主导力、影响力、控制力。

（一）顶层规划设计

中国政府的各级部门都比较重视创新，创新链上的基础研究、应用研究、开发、产业培育诸环节，都得到了国家或地方相应的科技计划或科技专项支持，但政府科技管理部门分散，存在着条块分割、信息不对称等问题，缺乏整体规划，各创新环节之间没有必要的衔接配套，各类科技计划彼此分割、独自循环，容易造成科技的投入不足，或者同类技术研发的重复投入，还会出现"基础研究不基础""应用研究不实用""产业开发开不出"的困境。同样，虽然合肥的高等院校、科研机构很多，具有研发能力的企业也不少，但迄今为止，并没有很强的基于科学的创新能力。

为避免创新中的多头管理问题，合肥市强化了创新顶层规划设计，以战略主导产业为导向，统筹考虑科技领域中的重大项目、教育领域中的重点学科、科研领域的重大攻关项目等，以此来带动科技、教育、经济等领域的创新资源实现战略互动，构建从基础研究、人才培养、技术开发、技术转移、中试、规模化生产等环节在内的创新系统的整合机制。

合肥市积极构建不同领域和方向的科技计划项目体系，多维度引导创新主体强化原创性、引领性科技攻关，聚力打好关键核心技术攻坚战。

在应用基础研究方面，探索设立安徽省首个市级自然科学基金，初期规模500万元，优先支持与合肥市重点发展的12条产业链和未来产业发展方向相关的科学与技术研究。

在关键技术研发方面，围绕"芯屏汽合""急终生智"等重点产业，以关键技术重大研发类项目为抓手，持续组织企业开展产业技术科技攻关，已累计组织实施项目164项，支持资金1.6亿元，带动企业研发投入超过3.7亿元。

在"卡脖子"技术攻关方面，2021年9月专项出台《合肥市科技重大专项项目管理办法》，采用多元化资助形式，包括公开竞争、揭榜挂帅、定向委托等，其中单个公开竞争类项目资助最高可达500万元，单个定向委托或揭榜类挂帅项目资助最高可达1 000万元。

（二）场景驱动创新（context-driven innovation）

以数字技术为代表的新一轮科技和产业革命向纵深演进，大量新场景、新物种、新赛道涌现，如何利用场景驱动实现技术、产品和服务迭代，将现有技术应用于特定场景,基于未来趋势与愿景需求,突破现有技术瓶颈,开发新技术、新产品、新渠道、新商业模式是数字化时代创新努力的方向。创新实践中,科研机构技术研发出来了,不知道市场适应度或者该如何落地;团队自己找市场很困难,有时彼此之间也不信任。场景创新从政府侧发力,通过市场化运作搭建平台,为新技术、新成果挖掘适合落地的场景,促进技术转化成果落地。

合肥市政府高度重视场景创新工作,把场景创新作为促进科技创新、产业培育和城市建设的关键举措。围绕高效产业、幸福社会、智能城市、绿色生态、新型消费、数字底座等六类重点场景应用方向,广泛征集并打磨形成了 50 个具备代表性的合肥场景创新方案。例如,羚羊工业互联网平台已发布应用 5 385 个,入驻企业近 5.7 万家、个人服务商 1.7 万个,汇聚科技成果超 4 万个。博清科技基于无轨式爬行焊接机器人的大型结构件自动化焊接解决方案则与中石化、中石油、国家电网等客户建立合作关系,并填补了国际焊接自动化领域空白[170]。

合肥组建全国首个城市场景创新促进中心,推进全领域、全市域、全流程场景创新工作,实现天天有推介、周周有对接、月月有路演、季季有清单。聚焦重点产业链,推介了 100 多家场景创新能力优秀企业,覆盖人工智能、量子、空天信息等 16 条合肥市重点培育的产业链,其中人工智能、量子信息、智能网联汽车、空天信息等 7 大赛道中的场景创新能力企业,在依托新技术、新产品开展场景创新方面已走在前列。

未来合肥全面推进场景创新工作,持续打磨场景创意,挖掘场景资源,发布场景清单,组织场景对接,为科学家、企业家、创业者、投资人等创新创业主体提供场景交流合作平台。通过场景驱动,让基础创新到最终应用的距离最大限度缩短,最终以场景应用引爆一系列新产业、新业态、新赛道。

(三)双向奔赴

基于技术驱动的创新链,从实验室成果到产业化落地的链式创新模式,面临研发周期冗长、技术迭代滞缓等问题,难以满足市场需求,极易陷入技术轨道锁定,造成科技创新与转化应用脱节;基于需求驱动的创新链,以市场为导向、以获利为目的,市场需求促使企业开展研发活动以为产品和工艺创新提供坚实可靠的技术支撑,但需求的界定及其动态变化难以把握。技术需求耦合驱动范式将创新视为市场环境与企业能力,尤其是技术能力匹配整合的连续反馈式链环过程,强调技术、市场及其相互作用,双向奔赴便是创新供求端不断互动,实现二者对接的精准性、有效性的关键。

一方面,合肥给中科大等高校不断搭梯子、建平台、找市场,让创新成果和创新团队走出实验室;另一方面,反向引导产业链和应用端去找创新链,聚焦地方产业发展痛点难点和市场需要,定向招募国内外知名高校院所共建方向明确的新型研发机构,开展关键核心技术攻关,让科研活动与城市发展相向而行。比如,在平台建设上,立足公共安全,与清华大学合作共建清华大学合肥公共安全研究院,打造为城市桥梁、地下管线等领域"排雷"的城市生命线工程;立足高端装备制造,与哈尔滨工业大学合作共建哈工大机器人(合肥)国际创新研究院等。还通过邀请企业家担任创新导师、派遣科技工作者赴企业担任科技顾问等方式,建立良性双向交流循环,共同打造创新联合体。中科院合肥技术创新工程院以市院合作共建、股份公司运营模式,累计孵化培育企业300多家,其中国家级高新技术企业51家、国家专精特新小巨人企业3家。

(四)组织机制建设

缩短创新链的科技端与产业端之间的距离,加速科技成果的转化。合肥用最好的环境吸引、集聚省内外高水平创新资源,激活科技成果转化源头,构建就地研究、就地产出、就地应用的"沿途下蛋"机制。

合肥成立科技成果转化专班,化身成果收集侦察兵,积极与高校院所的科技成果转化部门、科研单位等对接,深入实验室和科研团队寻宝,及时掌握对接最新科技研发动态。做好成果转化经纪人,及时给予相关资金和政策支持,推动科技成果从实验室走向应用场。在此机制作用下,众多高校科技成果完成实验室到生产线的"一跃",科大讯飞、科大量子、华米科技等合肥"自产"企业队伍日益壮大。

培养懂科技、懂产业、懂资本、懂市场、懂管理复合型的科技经纪人,将科技成果和市场转化串联起来。安徽省人民政府、中科大、合肥市人民政府三方共建中科大科技商学院,突破传统教学组织形态和专业学科局限,科学精准地设计具有极强实战导向的新型教育培养模式、跨界融合的新型课程体系,培育科技中介人才。

发挥政府在关键核心技术攻关中的组织作用,搭建产学研用新型合作平台。以中科大先进技术研究院、合肥工业大学智能制造技术研究院、安徽大学绿色产业创新研究院等为代表的平台,将高校的科技成果和先进技术与产业对接,并吸引更多人才和资金。构建国家实验室—大科学装置—国家重点实验室—省市创新平台体系,汇聚了一批领军型科学家和顶尖创新团队。

建设新型研发机构,创新多种方式与全国大院大所合作,推动城市发展和高校院所相融共生。在全国范围寻找合作伙伴,时至今日,仅落户于科大硅谷的高校院所就有 30 多家。作为安徽规模最大的创业园区,位于合肥高新区的合肥高新创业园内科技企业已经超过 1 330 家,累计培育国家级高企总量达到 828 家,上市公司 13 家。

(五)典型示范

围绕影响安徽省、合肥市长远发展的重大产业行业技术领域,推动科技成果转移转化及应用示范。人工智能安徽省技术创新中心(科大讯飞)在智能语音技术领域有 6 项指标达到国际领先水平;智能可穿戴产品合肥市技术创新中心(华米科技)已形成"芯片+操作系统+整机产品+云服务"的完整产品生态;肿瘤精准治疗合肥市技术创新中心(安科生物)自主研发国家级新药十余个。

规划引领体现出前瞻性,为新兴产业的形成创造前提,场景创新则将开辟发展新领域新赛道,不断塑造发展新动能新优势,双向奔赴创新链效能,组织建设则打通创新链之中的堵点、痛点,促进创新链两端对接具体落地,这一切为布局产业链提供基础支持。

案例　合肥利用创新聚力打造空天信息产业

信息技术产业已经走过互联网时代、移动互联时代,即将进入空天信息时代。逐梦浩瀚星空,空天信息产业成为新风口。为抓住这个新风口,合肥已汇聚空天信息产业各类主体近 70 家,利用其创新,打造航天产品设计、制造、集成、测试、试验及信息服务的全产业链。

2021 年 11 月,长三角 G60 科创走廊九城市"G60 星链"计划在上海发布,核心是包括合肥在内的九城市共同打造卫星互联网集群。中国空天院与合肥市政府签约落地"数字地球产业"。中国空天院"数字地球产业"首次与地方政府合作。在融入长三角一体化发展的长远规划中,空天信息产业如同合肥其他

15个产业链"兄弟"一般,被赋予"相互融合、相辅相成"的新使命,为建设航天强国贡献应有之力。

在战略上,进行顶层设计,科学谋划布局。合肥高新区计划打造卫星制造、卫星发射运营、数据应用等空天信息产业基地和平台,充分挖掘空天信息应用场景,促进产业链融合发展,还聚力打造空天信息核心园区。中安创谷挂牌"合肥市空天信息产业园",将空天信息产业纳入"未来科学城"空间规划,按照卫星制造、火箭制造、地面设备、终端设备、数据应用、太空探索、测试平台等产业环节,集聚产业上下游企业与项目,加速制造项目招引与科技成果转化。

出台专项扶持政策、组建产业基金等,加速落地。2022年,合肥印发《加快推进空天信息产业高质量发展若干政策》,从固定资产投资、总部经济、上市融资、人才引进、企业研发、一事一议等方面为产业发展提供支持,并通过组建"安徽空天母基金"、联动省级部门拓场景等方式,助力企业在合肥做大做强。在资金支持上,合肥已完成组建50亿元规模的"安徽省空天信息产业基金",与机构、企业加速组建商业化基金,打造"基金丛林"体系。同时,联动省级部门拓展全省场景,壮大应用市场规模和层级。举行各类专项对接活动,搭建政企对接有效桥梁。

在战术上,重视统筹推进,扎实实施。

在研究设计方面,2023年,中国科学技术大学"深空探测学院"成立,面向全球招引高层次领军人才参与学院建设,同时,深空探测全国重点实验室正式挂牌,深空科学城概念性设计规划发布。

在卫星网络集成方面,合肥基于中国电科38所的设计、制造能力,新引进的银河航天、天仪研究院等企业,不断填补卫星总体制造空白;在卫星发射方面,合肥主导或参与发射了巢湖一号、墨子号、天链二号、高分十号等多颗卫星,"巢湖一号"与"海丝一号"实现组网观测。2022年2月27日"巢湖一号"SAR卫星上天后传输回来的数据,能延伸出空天信息产业更多的应用场景。"海丝一号"卫星,以我国东南沿海和西北太平洋海域为主要观测对象,可全天候、全天时对陆地、海洋、海岸进行成像观测,为我国海洋环境、灾害监测和土地利用等提供服务。"墨子号"科学实验卫星,它的成功发射和在轨运行,有助于我国广域量子通信网络的构建,服务于国家信息安全,并开展对量子力学基本问题的空间尺度实验检验。2022 年 5 月,首次实现了地球上相距 1 200 公里两个地面站之间的量子态远程传输,向构建全球化量子信息处理和量子通信网络迈出重要一步。

在装备、工具制造方面,2015 年 12 月 17 日,中国科大研制、我国空间科学卫星系列首发星——暗物质粒子探测卫星"悟空"的唯一有效载荷的关键分系统——BGO 量能器,为我国首次实现此类大型空间探测装置作出重要贡献。中国科学院合肥物质科学研究院固体物理研究所研制了成功保障"天问一号"顺利度过"恐怖九分钟"的新一代"嫦娥钢",中国电科 8 所为梦天舱配备了一项关键设备——穿舱光纤连接器,成功突破了航天长寿命抗辐照光纤关键技术,解决了空间环境下气密封及空间站舱外抗辐照光互联难题。

一年多时间,合肥空天信息产业快速布局,航天宏图、银河航天、恩斯迈、零重力、北航天宇等一批龙头企业纷至沓来,有效带动上下游企业集聚,还有创新平台近 70 家,合肥市初步形成了设计、制造、集成、测试、试验及信息服务的全线能力。合肥市力争到"十四五"末,形成 100 亿元左右规模的卫星制造产业、300 亿元左右规模的卫星应用终端和运营服务产业、500 亿元左右规模的"通导遥"数据综合应用及配套产业,全产业链总规模达 1 000 亿元。

二、产业链部署创新链

创新链中涉及的新思想、新发明、新产品、新生产流程、新营销策略和新市场开发等活动已经融入产业链,形成对创新链活动的牵引,二者密切相关。产业链与创新链的结合,有助于推动落实创新驱动战略,实现经济健康可持续发展和产业转型升级。

产业链是具有技术经济联系的企业集合,不同企业在产业链中因为其位置、重要性的不同而存在差异。以链主企业为核心,各企业分工协作,充分激发创新活力,进而扩大产品市场,形成以创新带动产业发展,产业发展推进创新演进的良性循环。链主企业作为省内龙头,更容易与省外优秀企业建立合作关系,有效促进技术交流,加快产业链创新速度,实现协同发展。链主作为行业标杆,起着引领作用,是产业链的龙头,只要抓住了这个关键,便能起到纲举目张的功效。

　　合肥市不断强化企业创新主体地位,以高能级产业创新平台建设为突破口,通过研发源头创新带动产业发展。集成电路产业以晶合晶圆等为龙头,引进集聚了联发科技、通富微电等一批重大项目,攻克了十纳米级动态存储芯片量产工艺,构建了从材料、设计、制造到封装测试的完整产业链。人工智能产业以科大讯飞、华米科技为龙头,在智能语音、可穿戴智能终端形成国际领先优势,国家级产业基地"中国声谷"入驻企业超千家、产业规模超千亿。

　　与此同时,产业发展过程中会遇到难点、痛点和堵点以及应对竞争形成技术创新的需求,合肥引导产业链和应用端去找创新链,并聚焦产业发展痛点和市场需要,定向招募国内外知名高校院所,共建方向明确的新型研发机构,开展关键核心技术攻关,实现创新链和产业链精准对接。

　　合肥市利用产业链部署创新链的路径主要有:①沿着原来的产业链,选择产业链中薄弱的环节进行创新,产生一条完善后的产业创新链。如合肥市在已有的产业链的基础上,着力突破关键共性技术的瓶颈,建设现代显示、光伏光热、语音信息、新能源汽车、公共安全、循环经济、家电等十个战略新兴产业研究院,集聚研发人员 1 000 多名,集聚高校院所优势资源和 30 多家龙头企业,研发出国内首台太赫兹人体安检仪、液晶显示工程化样机等一批成果。②利用现有产业链对创新链的几个环节重新整合设计,生成新的产业创新链,创造出新产业、新产品。如合肥高新区将集成电路产业作为先导产业,形成了一批极具规模的集成电路企业的上下游产业链,将集成电路设计行业全球排名第 3 位的联发科技、全球最大光罩企业美国福尼克斯、全球领先的半导体 IP 提供商 ARM、国内车载系统芯片市场占有率超过 70% 的杰发科技等加以整合形成创新链,取得了发明专利授权 279 件,参与制定国家和行业标准 31 个,集成电路产业产值超 115 亿元。③对产业的链接关系进行再设计或改造,整合产业链上中下游各个环节中的创新资源,围绕产业链,进行知识创新、技术创新,在原来创新链基础上部署出一条新的创新链。如 2018 年 6 月 30 日,中国声谷获工信部发文支持,整合该领域龙头企业组建产业联盟,着力推进"智能写作"项目发展,作为全国首个人工智能产业基地,合肥高新区全力打造的中国声谷现已入驻企业 300 余家,形成了新的创新链,在教育、医疗、汽车、家居等领域孵化培育30 余款智能硬件产品,2017 年实现产值超过 500 亿元。

案例　合肥 IC 之都的打造

从产业前瞻角度分析,人们更多关注京东方的成功,2008 年承接京东方 6 代线,开启向战略性新兴产业的转型之路;参照京东方模式,在 220 亿元资本金中,维信诺出资 40 亿元,合肥市多个国资平台共同出资 180 亿元。维信诺第六代柔性 AMOLED 生产线,作为合肥深化新型显示产业布局的重要落子,项目迅速补齐了合肥在柔性屏生产上的空白,发挥 AMOLED 龙头企业的引领作用,实现了当地新型显示产业的全产业链横向升级。

就近为海尔等家电厂商配套,兼具国内最大 PC 电源制造商的航嘉追加投资 10 亿元打造航嘉产业园,翌年,又引荐同为联想重要配套商的合作伙伴——深圳一家电脑板卡巨头落户合肥。囿于板卡市场饱和,后者决定投资 20 亿元,建设年产千万级笔记本电脑、系列板卡和液晶模组的合肥基地,向笔记本电脑代工厂转型。2020 年 10 月,代工的第一台笔记本电脑问世。3 年后,它与台湾冠捷集团合资兴建 PC 显示器基地,为联想、冠捷等品牌商代工,还推出了自有品牌 PC 显示器。

有了显示屏、板卡、机箱、电源……依托供应链进行延伸,合肥向 PC 研发和制造发力。联宝带来的远不止一家工厂,而是串起一条电子信息产业链,还引入全球化的研发团队和成熟的创新体系。这些产业并非无中生有,而是有一定的资源禀赋,并且环环相扣。

合肥新型显示产业异军突起,加剧了"有屏无芯"的矛盾;电子信息企业快速集聚,更激起地方政府打造"IC 之都"的雄心。2013 年出台集成电路产业规划,制订招商路线图,2017 年 10 月,历时两年、投资 128 亿元的合肥晶合集成电路股份有限公司(以下简称晶合)12 吋晶圆制造基地建成投产,专注面板驱动芯片(以下简称驱动 IC)研制。

央视报道称,2020 年占全球出货量 20% 的手机、14% 的电视机和 7% 的笔记本电脑采用的都是晶合驱动 IC 产品。受限于国内厂商的产能规模、品类和工艺等原因,2019 年,京东方驱动 IC 采购额为 60 亿元,国产化率还不到 5%,产业链的配套差距巨大。晶合却并未受累于此,而是因应市场需求和本地产业优势,锁定"显、像、微、电"四大特色工艺,将实现盈利、公司上市、产品多元化与二期开工达产,确立为当年全力主攻的四大目标。打破国外大屏幕垄断的京东方 6 代线,恰逢移动互联网兴起,刚量产就转产需求更旺的车载和智能手机屏幕。

2016 年,合肥产投与北京兆易创新公司合作,启动安徽单体投资最大的产业项目——总投资 1 500 亿元的长鑫集成电路有限公司(以下简称长鑫)动态存储芯片基地,填补国内 DRAM 制造空白。2019 年 9 月,长鑫 12 吋晶圆厂投产,10 纳米级 8GB DDR4 亮相;2020 年 6 月,采用其内存颗粒的大陆首款自主生产内存条上市。

集成电路行业发展需要多年技术积淀布局,合肥的 IC 产业链初具雏形,整链的效能发挥尚需补短板过程,同时,竞争更意味着变化。全球存储巨头美光携手联想及联宝成立联合实验室,加快 DRAM 创新技术在联想产品设计中的应用。以晶合、长鑫为代表的集成电路产业,像雪球一样越滚越大,已发展到近 280 家。投资强度大、回报周期长、技术专利化、竞争国际化的产业,要想逆风翻盘实现国产化替代,需要创新链的支持。

三、产业链与创新链融合

高质量的经济发展必定是创新链与产业链深度融合的发展,高水平创新体系必须是能促进创新链和产业链双向互嵌、协同升级的体系。创新链为新产业的创生、产业链的转型升级提供支撑。同时,通过现有企业的技术改造与更新而赋能传统产业企业,促进其转型升级。实现科技自立自强,提高供给体系质量和水平,提升供给对需求的适配性,将科技优势转化为产业竞争优势,提升产业链的能级和韧性。

产业链、创新链通过新创企业、已有企业载体,实现双链融合,实现产业发展与技术创新两者以链式结构形成螺旋式推进,并在这一过程中对生产函数进行重构,两个链条彼此带动,促进产业升级,形成双链融合效应。产业链与创新链的融合借助先关联、再匹配、再融合的过程,实现企业间、企业与高校、院所之间通过产品或技术的关联性将两者联结在一起,这些关联路径通过技术链、人才链、资金链、政策链而实现。

(一)技术链

技术是双链融合的核心内容,创新链是关于技术的创意,通过创新过程,将潜在技术向现实技术转化的链条,处于创新链上不同成熟度的技术构成技术链,产业链是核心技术与辅助技术、共性技术的体现,不同环节的技术之间相互联结构成产业链上的技术链。无论是产业发展,还是技术创新,都遵从技术本身演化规律的路线,合肥的传统产业、新兴产业发展包含于合肥市发展路线图之中。

(二)人才链

创新的实现不是从一点到另一点的平移过程,而是一个"理论突破—核心技术—样品—产品—商品"的复杂过程,在不同的阶段需要一大批具有创新精神的科学家、企业家、工程师等,形成一个完整的人才链,来确保技术成果从创新链向产业链的平滑转移与成功转化。同样,产业链上的供应、生产、营销以及技术人才等,保证产业链的正常运营和创新活动的开展。人才链是两链融合的关键。

合肥采用培育与引进结合的方式,以满足其创新对于人才的需要。安徽新设高校3所,另有6所独立学院转设为普通本科高校,累计培养毕业生217.59万人。2022年,全省高校毕业生留皖就业率74.2%,创历史新高。除高端科研人才之外,高级技能人才也是经济社会发展的有效支撑。中国东方教育集团在全国拥有200多家职业院校。"2022年,我们在皖的3所院校的省内就业人数近4 000人。在此基础上,还有1 700多名省外院校技能人才来皖就业。"为吸引更多人才汇聚,合肥高新区开办全国开发区中首家"企业家大学",打造"中国声谷·量子中心"名校引才品牌,14年来累计引进重点高校毕业生10万余人。

(三)资金链

资金是创新与产业活动的血液,也是保持城市发展活力的源泉。资金流动具有自己的特点,不同环节的资金投入与产出相互联结,构成资金链。早期的天使、VC、PE这些股权投资,是对商业性项目进行筛选的重要机制,降低了投资风险,主要提供专业知识和建议,有助于将创新想法直接转变为新的初创企业顺利上市。创新发展,资金先行,统筹各种金融工具,不同渠道的资金积极赋能,为双链融合提供资金支持。

自2017年获批以来,安徽省和合肥市安排126.5亿元,支持合肥综合性国家科学中心五大研究院建设。作为"科大硅谷"核心区,合肥高新区以此为契机,为科技创新、产业创新提供更强劲的金融支撑。2022年12月22日,"科大硅谷"引导基金注册成立,总规模300亿元,聚焦安徽省市重点产业、战略性新兴产业及未来产业领域,重点关注在"科大硅谷"创办的科技创新能力突出的中小微科技型企业,成为国内目前首只围绕高校科技成果转化的引导基金。

瞄准小微企业融资难、融资贵的痛点,合肥高新创业园依托"青创资金"和"孵化基金"双轮驱动,通过利息补贴、银行成本补偿等方式,降低企业融资成本。七年来,"青创资金"累计通过贷款1 799笔,总额13.34亿元,累计撬动各类资金42.18亿元。

为打造创新创业生态体系,合肥高新区连续出台"创九条""金九条"等扶持政策。目前,合肥高新区基金总规模超2 500亿元,基金超过200支,由政府基金积极发挥引导作用,带头投早、投小、投科技,推进资金链与创新链、产业链深度融合。

(四)政策链

围绕着创新链、产业链的资源配置、整合,政府出台并施行各种政策,如科技政策、产业政策、人才政策、投融资政策以及信息政策等,形成与产业链、创新链匹配的政策链,及时调整疏通双链双向融合过程中出现的各种堵点和瓶颈,引导创新资源、要素和产业资源、要素的流动与配置,实现双链的双向融合。如为实现创新链与产业链的融合,合肥市早在2014年就出台了"1+3+5"政策体系,其中,"1"指一个关于扶持产业发展政策的规定,"3"指三个关于基金或资金的管理办法,"5"指五项关于促进新型工业化、自主创新、现代农业、服务业和文化产业发展的具体政策。2021年出台《合肥市推动经济高质量发展若干政策》以及相关专项政策。

技术是创新的核心内容,人才是技术的依托,人才和技术价值的实现需要政策、资金的支持,资金获益则取决于创新成果的产业化、市场化、经济化。技术链既是产业链联系的根本,也是创新链部署的基础,人才链、资金链是产业链、创新链中技术的智化、物化的体现,政策链的设计与运营需要依据技术链的要求,调控人才、资金配置得以实现。要素链在创新链与产业链融合中相互交织、相互作用、相互影响。

产业链是以行业龙头骨干企业为主、整合上下游行业资源而在特定区域形成的产业链条。创新链是产业环节中某一项产品从研发到产业化形成的创新链条。要素链是指从研发到产业化过程中资金的支持方式不同而形成的资源要素链条。产业链、创新链与要素链的"三链"融合是指建立资源要素支持创新、创新支撑产业发展的互动机制(如图8-2)。

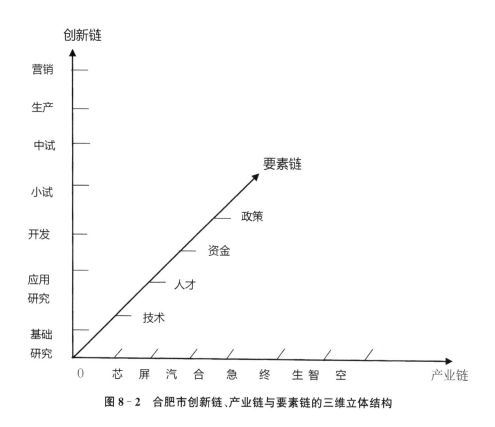

图8-2 合肥市创新链、产业链与要素链的三维立体结构

人才、技术、资本等既是生产要素也是创新要素,产业链与创新链在要素上各具优势,不同环节对要素的需求不同,对要素在数量及质量上的需求也存在异质性。要素资源的正确配置可以促进双链耦合,双链耦合反过来又能促进要素资源的优化配置。然而,要素衔接不畅、要素在投入时间及投入环节上错配、在投入的数量及质量上出现失衡等各种问题,严重阻碍着双链耦合开展与运行。要素结构失衡是造成双链耦合断裂的关键,只有人才、技术、资本等要素达到深度耦合、协同运行才能形成推动双链耦合的强大合力。因此,以要素为基点,打通双链耦合过程中的堵点及痛点,实现双链要素的供需结构平衡,促进双链耦合的良性循环,释放产业＋创新的乘数效应,加快产业转型升级,培育发展新动能。

各种资源投入在产业链、创新链上的目标是创造价值,获取相应回报,但在两条链历经的运营过程不同,面临的风险也不一样,前者低,后者高,相应的回报也存在差异。如何通过政策导向和市场手段平衡二者,科学地安排资源的投放方向、强度、方式,以提高资源的利用效率,是两链融合需要关注的因素。

案例　新能源汽车双链融合

合肥新能源汽车产业源自江淮、大众、蔚来,三家背景与风格完全不同的企业,组成了一个兼具多样化的新能源汽车产业雏形,通过招引上下游、服务龙头、带动配套等措施,合肥市集聚了江淮、蔚来、大众(安徽)、比亚迪等产业链重点企业305家,形成了涵盖整车、关键零部件、应用、配套的完整产业链,并且,围绕产业链部署创新链,合肥聚焦新能源汽车产业关键环节核心技术领域,对外"揭榜挂帅",推动科技成果转化,引导技术与产业双向奔赴,实现产业链与创新链的融合发展。

1. 产业链

培育壮大新兴产业,抢占新能源汽车发展的快车道,合肥高度重视新能源汽车产业发展,按照"大项目—龙头企业—产业链—产业集群—产业基地"产业发展思路,积极开展产业链"双招双引",重点项目建设稳步推进,积极构建新能源及智能网联汽车产业集群,一条特色新能源汽车配套产业链正加速成型。合肥市坚持外引龙头、内强主体,集聚了传统车企、外资车企和新势力车企,推动形成开放协同、利他共生的新能源汽车产业发展生态圈。

合肥产业链的打造,首先关注研发、生产、销售的创新链的构建。如被誉为滑板底盘赛道领跑者的悠跑科技,正式将集团总部落户合肥肥西,以合肥为中心,建立覆盖商用车、乘用车系列车型以及滑板底盘的完整的研发、生产及销售体系。大众汽车(安徽)有限公司已成为中国新能源汽车生态的重要组成部分,不仅建设了工厂,还建立了涉及研发、测试、市场营销与客户服务的完整价值链,并与超过1 500家供应商建立了合作关系。尤其是大众科技公司的成立,既提升了针对中国市场需求的研发效率,增强其整车平台及核心零部件的在华研发能力,使其产品开发更加便捷高效,同时,可以吸引更多的本土供应商参与到产品开发中,对打造与产业链相匹配的创新链具有重要价值。

在龙头企业带动下,新能源汽车产业链核心配套企业纷至沓来。如以大众汽车集团为代表的整车及零部件企业正在加码投资合肥,增强了新能源汽车产业圈的吸引力。越来越多的供应商紧随大众的脚步,相继到合肥经开区"拿地开工"。截至2022年,大众安徽已与16家本土企业供应商开展合作,有38家供应商跟随大众安徽进行投资。比亚迪、大众安徽、蔚来、江淮等一大批头部企业落户合肥,集聚产业链上下游企业300余家,形成了从整车到关键部件生产、配套及回收的新能源汽车完整产业链。

在构造新能源汽车产业链的基础上,合肥市采取相关措施,深化上下游供需对接,组织企业统一协商、批量采购,增强芯片、原材料、元器件采购议价能力。定期召开产需对接会,鼓励本地"芯—屏—车"企业结成稳定合作关系,支持龙头企业参与国际、国内标准制订,抢夺产业发展话语权。

2. 创新链

合肥市推动"科创＋产业"和弦共振,打造"双链协同"发展体系,新能源汽车整车制造及电池、电机、电控、智能网联等关键领域技术不断突破。2021年,规上新能源汽车产业研发费用22.97亿元,研发投入强度2.4%。推动企业与高校院所协同合作,创建省级以上创新平台49个。

按照国家级创新平台建设要求,合肥拥有汽车技术与装备国家地方联合工程研究中心等省级以上创新平台60家,并坚持结果导向,通过分类分级、"一院一策"支持建设高水平新型研发机构35个,建成研发平台超300个,孵化企业超1 000家,集聚研发人员3 500余人,授权知识产权超2 000件。

为加快实现高水平科技自立自强,促进关键技术领域国际、国内创新产品研发和产业化,推动科技成果转化形成的合肥市"新技术新产品新模式""首台套重大技术装备、首批次新材料和首版次软件"就地应用,合肥制定了《合肥市新技术新产品新模式认定及推广实施方案(试行)》,计划每年认定一批"三新"产品,打造一批示范应用场景,首批已备案新能源汽车和智能网联汽车"三新"产品13项,打造巨一科技"基于新能源乘用车自动换电站的智能网联"等示范应用场景,推动自主创新产品就地应用。

2022年以来,合肥通过"科创大脑"对外发榜新能源汽车和智能网联汽车领域项目 19 项,发榜金额超 1 亿元,包括智芯半导体"基于国产车规 40nm 工艺的内嵌闪存的高性能 MCU 开发以及产业化"等重点项目。同时,获省科技重大专项支持 12 个新能源汽车和智能网联汽车项目,财政支持资金仅 4 000 万元,支持蔚来汽车、安凯客车、国轩高科等开展智能驾驶、动力电池等关键核心技术研发。

以科技创新塑造发展新动能、新优势,合肥市较为注重新能源汽车产业的研发,持续推动"科创＋产业"共同发展,推动"政产学研用金"深度融合,打造"双链协同"发展体系。

突出企业作为技术创新主体地位,进一步加强企业的参与度、话语权,增强企业创新主体意识,鼓励企业加大科技创新投入。大众汽车集团宣布,将投资约 10 亿欧元,建立聚焦智能网联电动汽车的研发、创新与采购中心。新公司将落户合肥,涵盖整车研发、零部件研发及采购职能,新产品及技术的开发周期将缩短约 30%。

推动企业与高校院所协同合作,创建省级以上创新平台 49 个。在新能源汽车整车制造及电池、电机、电控、智能网联等关键领域技术不断突破。江淮汽车技术中心研发推出的蜂窝电池技术,破解了三元锂电池安全控制难题;国轩高科发布无需三元材料的启晨电池,可续航里程实现新突破……

继续鼓励智能网联技术创新、模式创新,修订完善道路测试管理细则 2.0 版,加强 L4 级自动驾驶和车路融合技术示范,开展商业化运营试点,在环卫、观光、路测等方面再开通一批应用场景,打造智能网联技术"合肥样板"。

3. 要素链

1)技术链

在"投资安徽行"系列活动启动大会上,蔚来、奇瑞、江淮、比亚迪、长安、汉马科技等企业共同签署并发布《建设高水平新能源汽车和智能网联汽车产业链供应链共识》,将加强关键共性技术攻关,缩短创新迭代周期,提升产业链、供应链协同水平。

要推动核心技术突破,紧盯新能源汽车产业相关领域,重点突破整车集成、智能网联、"三电"、氢燃料制储运、车身轻量化及前瞻性技术,促进互联网、软件等企业和整车制造企业的深度融合。

大众安徽核心零部件产业园的电池组紧紧围绕制造业高端化、智能化、绿色化发展要求,基本实现全自动化生产,努力为大众安徽做好核心配套。为强化企业科技创新主体地位,合肥推动企业与高校科研院所协同合作。

2)人才链

在加快人才引育方面,定期举办"全球云聘会"、汽车人才专场会,加快引进行业领军人才、紧缺人才和高技能人才。鼓励在肥高校院所开设新能源汽车专业课程,培养符合产业发展需求的复合型人才,已与清华大学等高校和科研院所在汽车动力系统、智能网联及自动驾驶、环境检测等领域开展合作,全产业集聚研发人才超5 000人。尤其在产业青年人才培养方面破题探索。推动合肥工业大学、安徽大学、合肥学院等高校与产业企业深度合作,建设"大众学院"等项目,为主导产业持续输送人才。此外,建设国家级合肥人力资源服务产业园,为产业发展提供源源不断的智力支持。

3)资金链

研发创新是新能源汽车产业的生命线,多渠道的政府直接财政补贴、基金以及企业自身的投入,保证大量创新资金的持续投入。

为完善智能网联汽车产业链布局,合肥市每年安排3亿元专项资金,用于支持新能源汽车产业发展,并不断优化财政科技创新资金投入结构,充分发挥财政资金引导作用,有效激发企业创新活力。

2022年市建投集团、市产投集团、市兴泰集团通过产业引导基金、创业引导基金、天使基金,以及债权、保理、担保等多种方式为新能源汽车产业链企业提供资金支持。基金总规模超过200亿元,基金已投资合肥新能源汽车领域项目如东胜新能源汽车、安徽中科海奥电气股份有限公司、合肥晟泰克汽车电子股份有限公司等共17个项目,投资额10.12亿元。

大众安徽将继续投资安徽合肥,计划总投资231亿元。其中,生产基地(一期)与研发中心固定资产投资总额141亿元,车型上市前研发总投入约90.5亿元。

4)政策链

合肥市的新能源汽车相关政策主要聚焦于推广新能源汽车的应用以及新能源汽车相关配套装备的建设。2014年开始,合肥开始大力推广新能源汽车的使用,2015 年,合肥提出建立新能源汽车产业集群,并在 2020－2022 年再次提出新能源汽车产业集群的建设,不仅先后出台了《合肥市"十四五"新能源汽车产业发展规划》《关于支持新能源汽车发展的若干意见》《合肥市新能源汽车绿色出行实施方案》多项政策,自 2023 年在新能源汽车下乡活动,给予 5 000元/辆补贴,政府采购、乡镇投资建设公共充电桩财政补贴,新的组合式税费优惠、退税支持政策,支持企业进行创新再投入。

合肥市从新基建加速布局、应用场景加速开放、强化政策供给、加强重大项目投资等多方面加大支持力度。合肥市每年都会出台"推动高质量发展"相关政策,对合肥市 16 个重点产业链引进的龙头企业及关键配套企业,给予相关政策支持。

按照新能源汽车技术链内在要求,合肥市政府持续完善政策链,吸引创新要素加速聚集,促进资金链、人才链更好地匹配创新链、产业链的发展要求,实现创新链与产业链深层次融合,推动合肥经济的持续发展。

第三节　创新型企业、产业集群与城市经济发展

企业是创新的主体,创新型企业是四螺旋的核心因素。对于它们是如何聚集形成产业集群的,学界更多解释为什么会形成产业集群,并没有回答创新型企业如何驱动集群发展;同样,合肥市经济发展依赖于先进制造业和战略新兴产业集群,但它们之间如何互动驱动城市经济发展的逻辑也不清楚。简言之,打开创新型企业如何通过产业集群驱动城市经济发展的黑箱,对于揭开合肥逆袭之谜,弄清创新驱动城市经济发展的逻辑具有重要意义。

超循环理论将生物化学中的循环现象划分为反应循环、催化循环和超循环3 个不同的等级。超循环就是以循环作为亚单元,通过功能连接起来构成反应循环,借助于催化循环过程,促使系统产生具有自组织所需的全部性质,以实现系统稳定地、自我优化地进化。创新型企业、产业集群、城市经济发展之间同样存在相应的反应循环、催化循环和超循环,并依靠这种超循环结构,实现创新型企业—产业集群—城市经济之间的交互作用,进而实现整个系统自动趋优、自我发展。

借鉴自组织超循环理论,以合肥市创新型企业、产业集群与城市经济之间互动发展为例来剖析创新型企业—产业集群—城市经济之间互动发展的机理与条件。在创新型企业、产业集群、城市经济所构成的系统中,包含 3 个层面的循环结构:

(1)微观层面。创新型企业内部主要受利用式学习支配,实现其物质扩大再生产的反应循环;受探索式学习支配,实现其创新扩大再生产的自催化循环。

(2)中观层面。产业集群实现产业协同并最终实现产业替代,制造业与战略新兴产业之间的交叉催化循环。

(3)宏观层面。实现集群与城市经济互动发展,集反应循环、自催化循环、交叉催化循环于一体的超循环,它们处于不同层级、具有不同功能,但相互关联与耦合,共同促进集群与城市技术创新水平提高,推动城市的产业不断升级,进而实现城市的持续发展。

一、制造业、战略新兴产业内部的反应与自催化循环

企业组织是知识的集合体,组织的运动是组织中的知识按序转化的过程。企业的经营过程不仅包括产品的生产活动,还包括知识生产活动;企业的发展过程,不仅包括以人、财、物为投入形成实物产品的物质扩大再生产,还包括新知识生产的创新扩大再生产。按照 March 的二元性学习理论[171],学习分为利用式学习和探索式学习,依据技术探索方向与实现目标的不同,本研究将探索式学习进一步细分:①沿着原有技术轨道向技术深度进发所进行的纵向探索式学习,目的是提升现有技术水平;②脱离原有技术轨道,向技术广度进发的横向探索式学习,目的是增加企业新技术的种类。

制造企业的创新扩大再生产过程通过以探索式学习为催化剂自催化循环予以完成。制造企业技术人员经过不断的试错和实践的"干中学"式的纵向探索式学习,不断提升先进制造工艺水平,既解决了制造业发展的成本、效率、品种优化问题,又同步优化配套相关技术,铸就支撑先进制造业发展的核心能力。不仅如此,合肥通过招商引进制造龙头企业的工艺创新先进经验,并在产业内部企业之间通过技术经验交流、相互参观、现场指导等方式加以推广,借助于利用式学习来加速核心技术在产业内部的复制与扩散,形成合肥先进制造业的竞

争优势。

　　与先进制造业技术学习方式不同,战略新兴产业的技术从无到有则依靠探索式学习的方式来获得。合肥在自身研发的基础上,通过招大商"走出去"的学习方式,将自身的技术和人才进行整合,并迅速地将其融入其中,越过技术的原始积累阶段,直接掌握战略新兴产业技术,大大缩短新技术掌握的时间。这样,借助于横向探索式学习,合肥掌握了战略新兴产业技术,并形成了国内战略新兴产业的生产能力。合肥制造业、战略新兴产业内自催化循环过程见图 8 - 3。

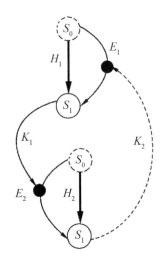

　　注:S_0 为原有技术,S_1 为新技术;E_1 为 1 循环催化剂:技术学习;E_2 为 2 循环的催化剂:技术学习;K_1 为 1 循环产生的新知识,构成 2 技术学习的基础;K_2 为 2 循环产生的新知识,构成 1 技术学习的基础;H_1 为催化反应 1,H_2 为催化反应 2(下同)。

　　→产生催化剂　　　自催化　　　交叉催化

图 8 - 3　新型产业与战略新兴产业的自催化循环

二、制造业与战略新兴产业之间的交叉催化循环

　　支撑合肥市经济发展的既包括制造业,还有战略新兴产业,因而其经济发展不仅取决于制造业、战略新兴产业内部的催化循环,还取决于二者之间的相互交叉催化循环。

　　制造业与战略新兴产业之间相互催化循环,同样也是基于技术学习的催化

作用。基于产业链上下游知识的相关性,制造业与战略新兴产业二者之间的学习形式包括探索式学习和利用式学习。前者指制造业、战略新兴产业通过相互学习对方的知识,强化它们之间的相互沟通及知识共享,促进二者的合作创新和联合探索,进行新知识的再生产,创造出创新企业或进行先进制造、人工智能等方面的新知识创造;后者指制造业、战略新兴产业通过学习并加以纵向利用,促使整个产业链在新的知识基础之上实现实物扩大再生产的顺利进行。

为了实现制造业与战略新兴产业的协同发展,合肥注重交叉学科人员培养、不同行业的人员交流学习。更重要的是,合肥还与多家国内高校、科研机构建立了长期的合作关系,这种合作式的共同学习、共享知识在集群内部进行。无论是探索式学习,还是利用式学习,既有利于显性知识的转移,也有利于隐性知识的学习,相对于外部,更有利于降低学习成本,提高知识利用率,创造出新的相关知识,实现2个自催化循环效果的放大。

总之,制造业与战略新兴产业之间,借助于技术学习、资金、管理等要素的催化作用,保持了二者之间良性循环的持续,并不断强化和提升整个产业链的核心能力,推动了制造业、战略新兴产业链竞争优势的形成。制造业与战略新兴产业之间的相互催化循环过程见图8-4。

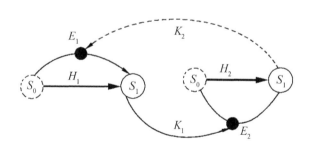

图 8-4　先进制造业与战略新兴产业之间相互催化循环

如果说招大商、引进"芯屏汽合"等先进制造业的建设、相关制造业的战略重组与整合战略实施,缩短了合肥先进制造业战线,使得重点产业被加强,核心能力被强化;那么,技术学习则是促进制造业与战略新兴产业之间的相互耦合与催化、获得二者之间协同效应的关键。

三、创新型企业、产业集群与城市经济发展之间的超循环

城市经济的发展依赖于创新型企业、产业集群的发展,产业集群是城市经济发展的中坚力量,二者之间存在相互促进的超循环机制。从技术学习视角来看,创新型企业、产业集群与城市经济之间的超循环机制存在于集群的内部各产业、产业链和产业网络三个层面。

与基于产业链的学习不同的是,集群与城市经济之间的学习是基于网络的;它既存在同一层面单元之间的相互学习,还存在跨层次单元之间的相互学习。产业集群与城市经济之间的空间相关性,使得集群所拥有的相关知识因为网络学习而产生溢出与扩散,集群之间的横向探索式学习,促使相关集群之间知识创新,实现城市网络的知识扩大再生产,增加城市网络的新知识,增进产业链上下游和不同层次、相关单元之间的相互沟通及知识共享,促进它们之间合作创新,提高整个城市核心产业集群的知识质量。与此同时,各个产业集群通过利用式学习对由探索式学习而获得的新知识加以学习与利用,促使城市的实物扩大再生产顺利实现,增加城市核心产业集群的知识数量。通过集群式的网络学习,尤其是异质知识的学习,并在城市内部进行,因为空间的相近性同样有利于隐性知识的转移,从而降低学习成本,催生相关新知识的放大,构成城市内部的知识生产的超循环,推动着新企业的衍生与繁殖和老企业的蜕变与新生,从而确保城市产业替代的顺利实现和产业转型的圆满完成。

当然,催生创新型企业、产业集群发展的催化剂除技术学习外,还有总体规划、产业政策、法规支持等,它们为城市内企业集群创建、运营提供相应的技术、资金、信息的支持,加速外部企业、资金、人才向城市聚集,从而提高城市的资源集聚力、创新力、辐射力,并最终形成城市的核心竞争力。创新型企业、产业集群与城市经济之间的超循环见图8-5。

合肥市坚持"大项目—产业链—产业基地"的发展方向,形成了"芯屏汽合""急终生智"等产业集群,其产业范围广泛,在合肥城市经济中充分发挥了带动与辐射作用,有效地促进了合肥经济发展。

四、创新型企业—集群—城市经济互动发展的超循环形成条件

创新型企业与城市经济互动发展之中超循环通过自催化、交叉循环相互协

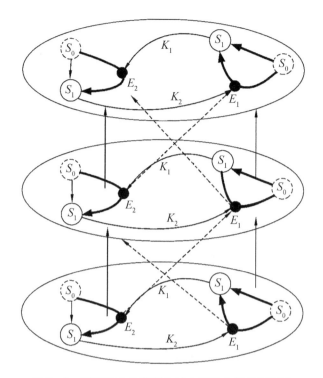

图 8 - 5 创新型企业集群与城市经济之间的超循环

同与耦合而成,下层循环是上层循环的基础,上层循环是下层循环的纵向提升。通过纵向嵌套结构,将自催化循环、交叉循环及其之间的协同予以提升和放大,维持创新型企业的不断演化与发展。纵向的自复制、自强化机制的形成,加速本层次功能的放大;而层次的相关单元之间,制造业与战略新兴产业之间的横向辐射、带动的网络扩散机制,还加剧了系统的创新网络与产业链网络的交互作用,并且形成双网耦合、立体催化、协同运作。依靠系统超循环的自催化、自组织过程产生的正反馈,使系统的非线性作用得以放大,推动整个系统由无序向有序跃迁。然而,这种自组织超循环机制并不能自动实现,有其发生作用的前提条件,具体有几点。

超循环要实现涨落的放大的前提是,必须存在涨落这种推动超循环发生的内生动力。在创新型企业、产业集群与城市互动发展中,创新就是超循环机制发挥作用的不竭动力之源。离开了它,无论超循环结构如何健全、高效,系统的有序结构和涨落都无法形成。

合肥市在制造业基础上进行产业技术的自主创新,战略新技术的引进,制造业与先进制造业及其相关产业链、以先进制造和基于科学的产业集群为核心的商业网络的新建,以及产业发展战略的重新定位等,无不给由合肥市与合肥地区构成的系统演化与发展提供了强劲的内在动力。由此,如何有效地进行创新是推动创新型企业与城市经济互动发展的重要路径。

创新形成的涨落系统是有序演化之源且为必要条件。离开了技术学习的催化作用,即便系统具有这一内在动力,单个企业创新也未必能够带动整个城市经济的发展并产生涌现。创新与城市经济之间互动发展效果的产生,与产业链内部的技术学习、产业链之间的链式学习以及城市网络学习的催化作用密不可分,这便是最好的说明。制造业内部,对先进技术利用式学习促进系统的内部反应循环,基于科学的探索式学习则是催化循环产生的关键,整个经济系统借助于利用式学习推动着技术水平的纵向提升,借助于探索式学习推动着技术的横向拓展,在利用式学习中探索,在探索式学习中利用,最终推动了创新型企业、先进制造、战略新兴产业集群与城市技术的不断衍生与提升。单个产业的技术学习与自复制,促进产业的自我增殖,产业技术优势的强化,铸就该产业的核心能力,并形成该产业的竞争优势;基于产业链的学习,促进了其上下游企业交互作用,强化彼此的技术优势,铸就该产业链的核心能力,并形成产业链的竞争优势;基于产业网络的学习,增进了整个集群的交互作用,强化整个网络的核心技术优势,铸就城市的核心能力,并形成了整个城市经济的竞争优势。技术学习、核心能力、竞争优势之间的关系见图 8-6。

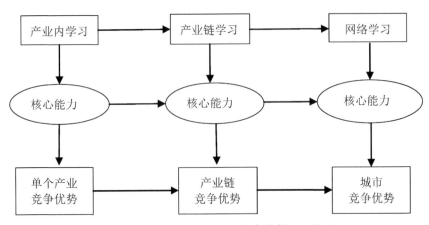

图 8-6　技术学习、核心能力、竞争优势之间的关系

　　非线性的链接与网络是实现催化创新效果放大的不可或缺的载体。创新型企业内部产业之间形成产业链,产业之间互联形成网络,它们是企业及其集群进行技术学习的载体,是技术扩散与知识溢出效应产生的平台,借助企业之间、产业之间、商业网络的纵向链接,形成系统催化作用的放大,实现功能提升,并借助它们之间的横向链接,产生交叉催化协同,促进创新型企业与城市经济发展之间的互动发展。合肥制造业、先进制造业与战略新兴产业之间相互协调、相互促进格局的最终形成,与其充分考虑各产业之间关联度、构建制造业等四大产业链并对原有广种薄收式和不适合再发展的低技术产业的淘汰密切相关。同样,合肥市经济的快速发展,与当地政府构建技术联盟、创新网络、产业网络,促进相关网络主体之间相互学习以及相关知识在城市内溢出密切关联。这对于缺乏高等院校、中介机构及科研院所的城市进行技术创新具有重要的参考价值。

　　科学的主动选择与外部环境的支持。技术学习促进创新,引起系统的涨落,带来集群、城市经济的自组织演化方向不确定性与多样化,如何确保系统沿着正确的轨道演化发展、自动趋优,是社会系统演化与自然系统演化相区别的重要标志。自然系统演化取决于自然选择,具有被动性;而社会系统因为有人的参与,可以主动地、科学地进行选择,使演化朝着优化的方向前进。

　　合肥市政府采取的一系列科学与主动的战略选择,无论是工业立市战略制定,高新区、新开区、新站区的建设,还是京东方、蔚来的引进……无不对合肥市城市经济的发展起着至关重要的作用。与此同时,创新型企业及其产业集群的发展离不开政府的支持,如合肥量子产业的从无到有,离不开安徽省对合肥的重点发展以及对中科大的支持。总之,企业内在核心的创新动力、外生的竞争压力与政策支持,借助于产业内部、产业链及商业网络的技术学习形成的催化循环,并于创新型企业—产业集群—城市经济之间存在的反应循环、自催化循环、交叉循环以及它们形成的超循环结构,产生非线性相干效应和协同效应,使得企业内部的创新逐渐放大成为城市竞争优势,并促进城市经济的发展产生涌现,进而产生更高层次的超循环组织,促使系统演化为更高级的有序结构。这样的超循环周而复始,永不停止,促进城市的核心竞争力不断提高,并支持着城市经济的持续发展。

参考文献

[1] FLORIDA R，ADLER P，MELLANDER C. The city as innovation machine[J]. Regional Studies，2017，51(1)：86-96.

[2] BALLAND P A，JARA-FIGUEROA C，PETRALIA S G，et al. Complex economic activities concentrate in large cities[J]. Nature human behaviour，2020，4(3)：248-254.

[3] ANDERSSON Å E. Creative people need creative cities[J]. Handbook of creative cities，2011：14-55.

[4] 刘红光,刘科伟,张继飞.国外推进自主创新的政策模式及其对我国建设创新型城市的启示[J].科学学与科学技术管理,2006(11):16-21.

[5] HASSINK R. Regional resilience：a promising concept to explain differences in regional economic adaptability？[J]. Cambridge journal of regions，economy and society，2010，3(1)：45-58.

[6] MARCEAU J. Introduction：Innovation in the city and innovative cities[J]. Innovation，2008，10(2-3)：136-145.

[7] 蔡翔,王文平,李远远.三螺旋创新理论的主要贡献、待解决问题及对中国的启示[J].技术经济与管理研究,2010(01):26-29.

[8] 张维迎.从套利型企业家到创新型企业家[J].中国中小企业,2015(07):24-25.

[9] SCHUMPETER J A. The theory of economic development：an inquiry into profits，capital，credit，interest，and the business cycle[M]. Cambridge：Harvard University Press，1912.

[10] 陈凤娣.论科技创新的运行机制[D].福州:福建师范大学,2008.

[11] 何传启,李宁,张凤,等.迎接知识经济时代 建设国家创新体系[J].中国科学院院刊,1998(03):165-169.

[12] 经济合作与发展组织(OECD).技术创新统计手册[M].北京:中国统计出版社,1992.

[13] SCHULTZ T W. Investment in human capital[M]. New York：Free Press，1971.

[14] GIBBONS M，JOHNSTON R. The roles of science in technological innovation[J]. Research policy，1974，3(3)：220-242.

[15] NELSON R R, WINTER S G. The Schumpeterian tradeoff revisited[J]. The American economic review, 1982, 72(1): 114 - 132.

[16] PAVITT K. Sectoral patterns of technical change: towards a taxonomy and a theory[J]. Research policy, 1984, 13(6): 343 - 373.

[17] AUTIO E. New, technology-based firms in innovation networks symplectic and generative impacts[J]. Research policy, 1997, 26(3): 263 - 281.

[18] SCOTT A J. Creative cities: Conceptual issues and policy questions[J]. Journal of urban affairs, 2006, 28(1): 1 - 17.

[19] SILVA B N, KHAN M, HAN K. Towards sustainable smart cities: A review of trends, architectures, components, and open challenges in smart cities[J]. Sustainable cities and society, 2018, 38: 697 - 713.

[20] NEIROTTI P, DE MARCO A, CAGLIANO A C, et al. Current trends in Smart City initiatives: Some stylised facts[J]. Cities, 2014, 38: 25 - 36.

[21] ROPER S, DU J, LOVE J H. Modelling the innovation value chain[J]. Research policy, 2008, 37(6 - 7): 961 - 977.

[22] AZADEGAN A, DOOLEY K J. Supplier innovativeness, organizational learning styles and manufacturer performance: An empirical assessment [J]. Journal of operations management, 2010, 28(6): 488 - 505.

[23] 梁丽娜, 于渤, 吴伟伟.企业创新链从构建到跃升的过程机理分析——资源编排视角下的典型案例分析[J].研究与发展管理, 2022, 34(05): 32 - 47.

[24] 史璐璐, 江旭.创新链: 基于过程性视角的整合性分析框架[J].科研管理, 2020, 41(06): 56 - 64.

[25] 温兴琦, 李燕萍.创新链条裂缝的表现、成因及接续路径研究[J].科技进步与对策, 2014, 31(24): 157 - 160.

[26] 邵记友, 盛志云.领军企业创新链的嵌套式结构与协同机制——基于华为的案例研究[J].科技进步与对策, 2022, 39(18): 67 - 76.

[27] 孙琴, 刘戒骄, 胡贝贝.中国集成电路产业链与创新链融合发展研究[J].科学学研究, 2023, 41(07): 1223 - 1233 + 1281.

[28] HERRMANN A M, TAKS J L, MOORS E. Beyond regional clusters: on the importance of geographical proximity for R&D collaborations in a global economy—the case of the Flemish biotech sector[J]. Industry and Innovation, 2012, 19(6): 499 - 516.

[29] HENDRY C, BROWN J. Organizational networking in UK biotechnology clusters[J]. British Journal of Management, 2006, 17(1): 55 - 73.

[30] KIRCHER M, BREVES R, TADEN A, et al. How to capture the bioeconomy's industrial and regional potential through professional cluster management [J]. New biotechnology, 2018, 40: 119 - 128.

[31] 陈莞, 谢富纪.协同定位对高科技产业集群内合作创新的影响分析[J].研究与发展管理, 2007(03): 17 - 23.

[32] HEATON S, SIEGEL D S, TEECE D J. Universities and innovation ecosystems: A dynamic capabilities perspective[J]. Industrial and Corporate Change, 2019, 28(4): 921 - 939.

[33] BELTAGUI A, ROSLI A, CANDI M. Exaptation in a digital innovation ecosystem: The

disruptive impacts of 3D printing[J]. Research policy, 2020, 49(1): 103833.

[34] COHENDET P, SIMON L, MEHOUACHI C. From business ecosystems to ecosystems of innovation: the case of the video game industry in Montréal[J]. Industry and Innovation, 2021, 28(8): 1046-1076.

[35] KEALEY T, NELSON R R. The economic laws of scientific research[M]. London: Macmillan, 1996.

[36] 张庆芝,雷家骕.基于科学的创新[M].北京:清华大学出版社,2018.

[37] STYHRE A. Science-based innovation: From modest witnessing to pipeline thinking[M]. New York: Palgrave Macmillan, 2008.

[38] PISANO G P. The evolution of science-based business: innovating how we innovate[J]. Industrial and corporate change, 2010, 19(2): 465-482.

[39] 张庆芝,段勇倩,雷家骕.基于科学的创新研究——以诺贝尔奖科学成果到商业产品为例 [J].科学学研究,2015,33(12):1770-1778+1866.

[40] ARORA A, BELENZON S, PATACCONI A. The decline of science in corporate R&D [J]. Strategic Management Journal, 2018, 39(1): 3-32.

[41] 杨建昆,雷家骕.基于科学的行业的国家间追赶模式研究——以制药业为例[J].科学学研 究,2016,34(10):1479-1486.

[42] 陈劲,赵晓婷,梁靓.基于科学的创新[J].科学学与科学技术管理,2013(34):3-7.

[43] 俞荣建,吕建伟,张树满.国立科研院所促进科技成果转化的路径研究[J].科学学研究, 2023,41(04):669-678.

[44] 胥和平,雷家骕.前瞻布局基于科学的产业创新[J].经济导刊,2021(04):32-35.

[45] ETZKOWITZ H. The new visible hand: an assisted linear model of science and innovation policy[J]. Science and public policy, 2006, 33(5): 310-320.

[46] LEYDESDORFF L. The triple helix, quadruple helix, …, and an N-tuple of helices: explanatory models for analyzing the knowledge-based economy? [J]. Journal of the knowledge economy, 2012, 3: 25-35.

[47] 吴卫红,陈高翔,张爱美.基于状态空间模型的政产学研资协同创新四螺旋影响因素实证研 究[J].科技进步与对策,2018,35(14):22-29.

[48] 张秀萍,卢小君,黄晓颖.基于三螺旋理论的区域协同创新网络结构分析[J].中国科技论坛, 2016(11):82-88.

[49] KRIZ A, BANKINS S, MOLLOY C. Readying a region: Temporally exploring the development of an Australian regional quadruple helix[J]. R&D Management, 2018, 48 (1): 25-43.

[50] 肖国华,贺德方,张娴,等.基于互信息的四螺旋模型创新协同度研究[J].情报学报,2021,40 (01):1-10.

[51] ETZKOWITZ H, DE MELLO J M C, ALMEIDA M. Towards "meta-innovation" in Brazil: The evolution of the incubator and the emergence of a triple helix[J]. Research policy, 2005, 34(4): 411-424.

[52] ABD RAZAK A, SAAD M. The challenges arising in the evolution of the triple helix institutional system: the case of Malaysia[M]. London: Routledge, 2011.

[53] RUUSKA I, TEIGLAND R. Ensuring project success through collective competence and creative conflict in public—private partnerships—A case study of Bygga Villa, a Swedish

triple helix e-government initiative[J]. International journal of project management, 2009，27(4)：323 - 334.

[54] JOHNSON W H A. Roles，resources and benefits of intermediate organizations supporting triple helix collaborative R&D：The case of Precarn[J]. Technovation，2008，28(8)：495 - 505.

[55] LEYDESDORFF L. The measurement and evaluation of triple helix relations among universities，industries，and governments[C]. Copenhagen：Fourth International Triple Helix Conference，2002：6 - 9.

[56] LEYDESDORFF L，SCHARNHORST A. Measuring the knowledge base：a program of innovation studies[R]. Berlin：Berlin-Brandenburgische Akademie der Wissenschaften，2003.

[57] LEYDESDORFF L，DOLFSMA W，VAN DER PANNE G. Measuring the knowledge base of an economy in terms of triple-helix relations among 'technology，organization，and territory'[J]. Research policy，2006a，35(2)：181 - 199.

[58] LEYDESDORFF L，FRITSCH M. Measuring the knowledge base of regional innovation systems in Germany in terms of a Triple Helix dynamics[J]. Research policy，2006b，35(10)：1538 - 1553.

[59] BELKHODJA O，LANDRY R. The Triple-Helix collaboration：Why do researchers collaborate with industry and the government? What are the factors that influence the perceived barriers? [J]. Scientometrics，2007，70(2)：301 - 332.

[60] SHAPIRO M. The Triple Helix paradigm in Korea：A test for new forms of capital[J]. International Journal of Technology Management & Sustainable Development，2007，6(3)：171 - 191.

[61] 庄涛,吴洪,胡春.高技术产业产学研合作创新效率及其影响因素研究——基于三螺旋视角[J].财贸研究,2015,26(01):55 - 60.

[62] 王成军.官产学三重螺旋创新系统模型研究[J].科学学研究,2006(02):315 - 320.

[63] BIANCHINI F，LANDRY C. Indicators of a creative city. a methodology for assessing urban vitality and viability[M]. London：Comedia，1994.

[64] HALL P. Creative cities and economic development[J]. Urban studies，2000，37(4)：639 - 649.

[65] LANDRY C. The creative city：A toolkit for urban innovators[M]. London：Earthscan，2012.

[66] SIMMIE J. Innovative cities[M]. London：Routledge，2003.

[67] AUDRETSCH D B，BELITSKI M. Entrepreneurial ecosystems in cities：establishing the framework conditions[J]. The Journal of Technology Transfer，2017，42：1030 - 1051.

[68] CARAGLIU A，DEL BO C F. Smart innovative cities：The impact of Smart City policies on urban innovation[J]. Technological Forecasting and Social Change，2019，142：373 - 383.

[69] 杨冬梅,赵黎明,闫凌州.创新型城市：概念模型与发展模式[J].科学学与科学技术管理,2006(08):97 - 101.

[70] 王程韡.创新型城市之思：多重资本的生产与分配视角[J].科学学与科学技术管理,2011,32(04):5 - 12.

[71] 陈潇潇,安同良.基于地方政府视角的创新型城市建设比较及启示[J].经济问题探索,2016

(08):76-82.

[72] 王晓红,张少鹏,张奔.创新型城市试点政策与城市产学研知识流动——基于长三角城市群的空间 DID 模型分析[J].科学学研究,2021,39(09):1671-1682.

[73] HOSPERS G J. Creative cities: Breeding places in the knowledge economy[J]. Knowledge, Technology & Policy, 2003, 16(3): 143-162.

[74] 尤建新,卢超,郑海鳌,等.创新型城市建设模式分析——以上海和深圳为例[J].中国软科学,2011(07):82-92.

[75] 李靖华,李宗乘,朱岩梅.世界创新型城市建设模式比较:三个案例及其对上海的启示[J].中国科技论坛,2013(02):139-146.

[76] 辜胜阻,杨嵋,庄芹芹.创新驱动发展战略中建设创新型城市的战略思考——基于深圳创新发展模式的经验启示[J].中国科技论坛,2016(09):31-37.

[77] LANDRY C, HYAMS J. The creative city index: Measuring the pulse of the city[M]. Gloucestershire: Comedia, 2012.

[78] JUNGMITTAG A. Innovation dynamics in the EU: convergence or divergence? A cross-country panel data analysis[J]. Empirical Economics, 2006, 31(2): 313-331.

[79] PINTO H, GUERREIRO J. Innovation regional planning and latent dimensions: the case of the Algarve region[J]. The Annals of Regional Science, 2010, 44: 315-329.

[80] 马秀贞,马达.基于 DEA 的城市科技投入产出相对效率分析与评价——以青岛市为例[J].青岛科技大学学报(社会科学版),2014,30(02):9-13.

[81] 章文光,李伟.创新型试点城市绩效评价与提升的对策[J].中国国情国力,2016(12):69-71.

[82] 许治,陈丽玉.国家级创新型城市创新能力的动态演进——基于技术成就指数的研究[J].管理评论,2016,28(10):58-66.

[83] 章文光,李伟.创新型城市创新效率评价与投入冗余分析[J].科技进步与对策,2017,34(06):122-126.

[84] 王默,魏先彪,彭小宝等.国家创新型城市效率评价研究——基于两阶段 DEA 模型[J].北京理工大学学报(社会科学版),2018,20(06):65-74.

[85] 李政,杨思莹.创新型城市试点提升城市创新水平了吗?[J].经济学动态,2019(08):70-85.

[86] 聂飞,刘海云.国家创新型城市建设对我国 FDI 质量的影响[J].经济评论,2019(06):67-79.

[87] 胡兆廉,石大千,司增绰.创新型城市能否成为产业结构转型的"点睛之笔"——来自国家创新型城市试点建设的证据[J].山西财经大学学报,2020,42(11):70-84.

[88] 晏艳阳,谢晓锋.区域创新政策对微观主体创新行为的影响——基于创新型城市建设的研究[J].财经理论与实践,2019,40(06):2-8.

[89] 罗斯托.经济增长的阶段:非共产党宣言[M].郭熙保,等,译.北京:中国社会科学出版社,2001.

[90] 钱纳里,鲁宾逊,赛尔奎因.工业化和经济增长的比较研究[M].吴奇,等,译.上海:上海人民出版社,1995.

[91] ROSENBERG N D. Factors affecting the diffusion of technology[J]. Explorations in Economic History, 1972, 10(1):3-33.

[92] 孙武.孙子兵法[M].罗志野,选译.北京:中译出版社,2022.

[93] 刘雪芹,张贵.创新生态系统:创新驱动的本质探源与范式转换[J].科技进步与对策,2016, 33(20):1－6.

[94] 硅谷传奇:硅谷的心脏与大脑——斯坦福大学(Stanford University)(一)[EB/OL].[2016－ 02－09].http://lao-qian.hxwk.org/2016/02/09/硅谷传奇:硅谷的心脏与大脑,斯坦福大 学 stanford-univer/.

[95] 新经济导刊:硅谷模式研究[EB/OL].[2006－09－01].https://tech.sina.com.cn/it/2006－ 09－01/21121116263.shtml.

[96] HELLMANN T, PURI M. Venture capital and the professionalization of start-up firms: Empirical evidence[J]. The journal of finance, 2002, 57(1): 169－197.

[97] 阿伦·拉奥,皮埃罗·斯加鲁菲.硅谷百年史:伟大的科技创新与创业历程(1900—2013) [M].闫景立,侯爱华,译.北京:人民邮电出版社,2014.

[98] JOINT VENTURE SILICON VALLEY. 2015 Silicon Valley index[R]. San Francisco: Joint Venture, 2015: 6－15.

[99] 钟坚."硅谷"与"硅谷文化"[J].特区经济,2000(05):31－34.

[100] 萨克森宁.地区优势:硅谷和128公路地区的文化与竞争[M].曹蓬,等,译.上海:上海远东 出版社,1999.

[101] 陈华杰,黄俊娴.三螺旋视角下的硅谷科技产业[J].科技和产业,2015,15(07):52－56.

[102] 米歇尔 E.梅西纳,乔纳森 C.贝尔.解密硅谷[M].李俊,李雪,译.北京:机械工业出版 社,2019.

[103] 亨利·埃茨科维兹.三螺旋创新模式[M].陈劲,译.北京:清华大学出版社,2016.

[104] KING R G, LEVINE R. Finance and growth: Schumpeter might be right[J]. The quarterly journal of economics, 1993, 108(3): 717－737.

[105] 苟燕楠,董静.风险投资背景对企业技术创新的影响研究[J].科研管理,2014,35(02):35 －42.

[106] LANGE D, BOIVIE S, HENDERSON A D. The parenting paradox: How multibusiness diversifiers endorse disruptive technologies while their corporate children struggle[J]. Academy of Management Journal, 2009, 52(1): 179－198.

[107] 刘洪昌.中国战略性新兴产业的选择原则及培育政策取向研究[J].科学学与科学技术管 理,2011,32(03):87－92.

[108] RAMEY G, RAMEY A. Cross-country evidence on the link between volatility and growth[J]. American Economic Review, 1995, 5: 1138－1151.

[109] 吕铁,贺俊.技术经济范式协同转变与战略性新兴产业政策重构[J].学术月刊,2013,45 (07):78－89.

[110] LERNER J. The government as venture capitalist: the long-run impact of the SBIR program[J]. The Journal of Private Equity, 2000: 55－78.

[111] TOOLE A A, TURVEY C. How does initial public financing influence private incentives for follow-on investment in early-stage technologies? [J]. The Journal of Technology Transfer, 2009, 34: 43－58.

[112] CROCE A, UGHETTO E. Switching lead investor: the choice between independent and governmental venture capital[J]. Available at SSRN 2294542, 2013.

[113] MINOLA T, VISMARA S, HAHN D. Screening model for the support of governmental venture capital[J]. The journal of technology transfer, 2017, 42: 59－77.

[114] BUZZACCHI L，SCELLATO G，UGHETTO E. The investment strategies of publicly sponsored venture capital funds[J]. Journal of Banking & Finance，2013，37(3)：707－716.

[115] GUERINI M，QUAS A. Governmental venture capital in Europe：Screening and certification[J]. Journal of Business Venturing，2016，31(2)：175－195.

[116] MUNARI F，TOSCHI L. Assessing the impact of public venture capital programmes in the United Kingdom：Do regional characteristics matter？[J]. Journal of Business Venturing，2015，30(2)：205－226.

[117] BRANDER J A，DU Q，HELLMANN T. The effects of government-sponsored venture capital：international evidence[J]. Review of Finance，2015，19(2)：571－618.

[118] GRILLI L，MURTINU S. Government，venture capital and the growth of European high-tech entrepreneurial firms[J]. Research Policy，2014，43(9)：1523－1543.

[119] CUMMING D，LI D. Public policy，entrepreneurship，and venture capital in the United States[J]. Journal of Corporate Finance，2013，23：345－367.

[120] MURTINU S. The government whispering to entrepreneurs：Public venture capital，policy shifts，and firm productivity[J]. Strategic Entrepreneurship Journal，2021，15(2)：279－308.

[121] BERTONI F，COLOMBO M G，QUAS A. The role of governmental venture capital in the venture capital ecosystem：An organizational ecology perspective［J］. Entrepreneurship Theory and Practice，2019，43(3)：611－628.

[122] 周春彦,亨利·埃茨科威兹.三螺旋创新模式的理论探讨[J].东北大学学报(社会科学版),2008(04):300－304.

[123] 邓楠.营造创新政策环境建设国家创新体系——在科技计划通气会上的讲话(摘要)[J].中国科技月报,1999(02):5－7.

[124] 搜狐网.高校驾到! 中国科学技术大学:新工科发展迅猛 开创人才培养 2＋X 模式[EB/OL].[2020－06－28]. https://www.sohu.com/a/404511758_701436.

[125] 丁兆君,丁毅信.中国科学技术大学的创办背景与动因[J].科学文化评论,2018,15(05):37－55.

[126] 中国科技大学党委.关于中国科技大学几个问题的请示报告(代拟稿)[R].合肥:中国科学技术大学档案馆,1975.

[127] 王光荣,李陈续.中国科大为何能培养出三十四名院士[N].光明日报,2004－05－28.

[128] 李陈续.真知在兴趣中形成[N].光明日报,2006－06－04 (1).

[129] 常河.红专并进 科教报国——中国科学技术大学人才培养模式探秘[N].光明日报,2018－11－13(8).

[130] 王蕾,袁胡骏,裴旭.为创新人才培养打造一流平台——中国科学技术大学研究生实验平台建设[N].中国青年报,2009－10－30.

[131] 和金生,熊德勇,刘洪伟.基于知识发酵的知识创新[J].科学学与科学技术管理,2005(02):54－57＋129.

[132] ARRFELT M，WISEMAN R M，HULT G T M. Looking backward instead of forward：Aspiration-driven influences on the efficiency of the capital allocation process［J］. Academy of Management Journal，2013，56(4)：1081－1103.

[133] 赵红洲,蒋国华.知识单元与指数规律[J].科学学与科学技术管理,1984(09):39－41.

[134] 尹贤哲.高校科研院所科研型师资团队的建设与管理问题研究[J].农业技术经济,2020 (07):143.

[135] TRENN T J. The Self-Splitting Atom. The History of the Rutherford–Soddy Collaboration[M].London:Taylor and Francis,1977.

[136] 赵红洲,蒋国华,李亚军.科学发展的动力学模型[J].科学学研究,1987(02):13-23.

[137] ALLEN T J. Managing the Flow of Technology:Technology Transfer and the Dissemination Within the R & D Organization[M]. Cambridge:MIT Press,1977.

[138] 王极盛.科学创造心理学[M].北京:科学出版社,1986.

[139] DAVIS P,WILKOF M. Scientific and technical information transfer for high technology:Keeping the figure in its ground[J]. R&D Management,1988,18(1):45 -58.

[140] FARRIS G F. Technical supervisor:Beyond the Peter Principle[J]. Technology Review, 1973,75(5).

[141] TUSHMAN M L,MOORE W L. Readings in the Management of Innovation[M]. Cambridge:Ballinger Publishing Company/New York:Harper & Row Publishers,1988.

[142] PETERSON A,WU A. Entrepreneurial learning and strategic foresight[J]. Strategic Management Journal,2021,42(13):2357-2388.

[143] 徐泽磊,于桂兰.战略变革前瞻性对企业创新绩效的影响研究[J].管理学报,2020,17(08): 1150-1158.

[144] 柳卸林,程鹏.科学驱动的创新在中国[M].北京:科学出版社,2018.

[145] 习近平. 论科技自立自强[M]. 北京:中央文献出版社,2023.

[146] 克利斯·弗里曼,罗克·苏特.工业创新经济学[M].华宏勋,等,译.北京:北京大学出版 社,2004.

[147] 梅新蕾,李伟.科大讯飞:探寻人工智能的实现路径[J].清华管理评论,2018(12):11-19.

[148] 中国发展观察. 合肥经开区:多维创新成就"中西部第一"[EB/OL].[2021-8-24]. http://cdo.develpress.com/? p=11763

[149] ROGERS E.M. Diffusion of Innovations[M]. New York:Free Press,2003,pp.200-236.

[150] 房良钧.机遇论[M].天津:天津社会科学出版社,2003.

[151] 王永成,王长远.商机创造[M].北京:中国经济出版社,2000.

[152] 李振.大国竞争格局下新型举国体制的实践与完善——以中国移动通信产业发展为例[J]. 国家治理,2020(4):42-44.

[153] 王哲.合肥综合性国家科学中心知识协同创新网络构建[J].经济研究导刊,2020(19):141 -143.

[154] 安徽省合肥市.高标准推进法治政府建设为经济高质量发展提供坚强法治保障[EB/OL]. [2021-1-19]. http://unn.people.com.cn/n1/2021/0119/c435200-32004736.html

[155] 安徽省合肥市. 未来 5 年将投入不少于 20 亿元吸纳人才[EB/OL].[2017-06-22]. http://m.xinhuanet.com/2017-06/22/c_1121192341.htm

[156] 全国公共资源交易平台.合肥推进公共资源交易长三角一体化发展成效初显[EB/OL]. [2022-12-26].https://ggzy.hefei.gov.cn/ptdt/001001/20221226/553cfff5-f143-4fff- aa66-44a2c55de479.html

[157] 安徽省合肥市. 倾力建设创新天地养人之城,奋力打造国际一流营商环境[EB/OL].[2023 -04-11]. https://www.zhonghongwang.com/show-291-270531-1.html

[158] 合肥高新区.打造一流创新平台加快科技成果转化[EB/OL].[2022－11－10].https://www.163.com/dy/article/HLR0L8460538ADLT.html

[159] 合肥日报."科大硅谷"怎么建? 重磅解读[EB/OL].[2022－07－07].https://tzcjj.hefei.gov.cn/tzdt/gzdt/18301887.html

[160] 安徽日报."科大硅谷",打造全球创新中心[EB/OL].[2023－04－24].https://szb.ahnews.com.cn/ahrb/content/202304/24/c970467.html

[161] 新华网."科大硅谷"建设蓝图出炉[EB/OL].[2022－06－22].http://m.news.cn/ah/2022-06/22/c_1128763969.htm

[162] 澎湃网.科大硅谷:聚力打造生态好活力足的科技体制改革"试验田"[EB/OL].[2023－07－31] https://www.thepaper.cn/newsDetail_forward_24053926

[163] 决策.把握国家大局、抢抓战略机遇、接续擦亮合肥创新"金字招牌"——对话合肥市委副书记、市长罗云峰.[EB/OL].[2022－10－17].http://www.juece.net.cn/DocHtml/1/22/11/00005962.html

[164] 张杰.创新科技金融结合"1＋N"模式加速合肥科技型中小企业大发展[J].安徽科技,2014(11):40－41.

[165] UTTERBACK J M，ABERNATHY W J .A dynamic model of process and product innovation[J].Omega，1975，3(6):639－656.

[166] BOWMAN E H，HURRY D. Strategy through the option lens：An integrated view of resource investments and the incremental－choice process[J]. Academy of management review，1993，18(4)：760－782.

[167] HAGE J，HOLLINGSWORTH J R. A strategy for the analysis of idea innovation networks and institutions[J]. Organization Studies，2000，21(5)：971－1004.

[168] ROTHWELL R. Industrial innovation and government environmental regulation：Some lessons from the past[J]. Technovation，1992，12(7)：447－458.

[169] THEODORAKOPOULOS N，K. KAKABADSE N，MCGOWAN C. What matters in business incubation? A literature review and a suggestion for situated theorising[J]. Journal of small business and enterprise development，2014，21(4)：602－622.

[170] 王海涵,王磊.场景创新来袭 创业者机遇多多[N].中国青年报,2022－09－16.

[171] MARCH J G. Exploration and exploitation in organizational learning[J]. Organization science，1991，2(1)：71－87.

索 引